Russendämmerung

РУССКАЯ ЗАРЯ

Für Julia

Ilia Ryvkin

RUSSENDÄMMERUNG

CYBORGS
(Dezember 2016)

Es war in einer Gegend, in der man die Flure so stark weißt, dass bei einer Berührung ein Fleck an der Kleidung zurückbleibt. Und die Decken beklebt man mit Tapete. Eine Wohnung im frontnahen Awdejewka zu mieten war schwierig. Niemand wollte einen Fremden in sein Haus lassen. Aber eine Freundin von Freunden, die nach den Kämpfen die Stadt verlassen hatte, überließ mir ihre leerstehende Wohnung im letzten Haus vor der Frontlinie. Dort verbrachte ich eine Woche.

Morgens erhitze ich auf dem Gasherd Wasser in Emaille-Töpfen, um mich zu waschen. Die Herdflamme entzünde ich mit Streichhölzern – auf der Schachtel eine rote Nelke. Solche Hölzer hatte ich zum letzten Mal vor dreißig Jahren benutzt, noch zu Sowjetzeiten. Man könnte zwar durchaus billige Feuerzeuge aus China importieren, aber der konservative Alltag im Donbass widersetzt sich nach Möglichkeit solchem modernen, ausländischen Schnickschnack. Ein Wandteppich. Handgemalte Ikonen. Bände russischer Klassik stehen dicht an dicht in den Regalen eines Glasschranks.

In der Fensterscheibe ein Einschussloch, das man mit Tesafilm zugeklebt hat. Die Fenster klirren leise in Begleitung zum fernen Wechselspiel der Granatwerfer. Man schießt von der Schulter. Die Explosionswelle lässt sich so von feindlichem Gerät nicht seismisch orten und der Gegner kann kein Ziel finden.

Unter den Fenstern Brachland, überwuchert von vertrocknetem, gefrorenem Unkraut, das im Wind rauscht. Eine Betonmauer läuft dem Horizont entgegen, oben zwei Reihen rostigen Stacheldrahts. Dahinter erstrecken sich Minenfelder bis hin zum Donezker Vorort Spartak und den Ruinen des Flughafens.

Weiter östlich liegen vereiste Überreste von Industriebauten und verlassenen Häusern. Die Menschen überließen das Getreide den Hühnern, ließen die Hunde von der Leine und machten sich mit dem Nötigsten aus der Kampfzone davon. Die nächste Mauer, Eisengitter, Stacheldraht, wieder Brachland, dahinter die Donezker Volksrepublik und die Volksrepublik Lugansk, die Russische Föderation und Nordkorea.

Auf der anderen Seite dieses grenzenlosen, von einem grünlichen Sichelmond beleuchteten Brachlands liegt Nordkorea. Auf der anderen Seite der koreanisch-koreanischen Innengrenze müssen wieder Lichter leuchten.

Ich fuhr nach Awdejewka, um Freunde zu besuchen. Wir hatten uns diesen Sommer in den Brandenburger Feldern kennengelernt. Goldene Juniwärme ergoss sich damals wie Honigwein über alles. Das Dach eines ehemaligen Schweinestalls glühte vor Hitze. Auf dem Dachboden veranstalteten freiwillige Helfer *Workshops* für Kinder aus dem Kampfgebiet. Auf einem weiteren Dachboden – mit Holzbrettern und Spanplatten in Kämmerchen unterteilt – schliefen die Kinder. Hinter dem Stall wurde eine Bühne für die Oper *Dido und Aeneas* gebaut. Dieser Bereich war für die Kinder verschlossen, aber er interessierte sie auch nicht besonders. Sie tummelten sich lieber in der Nähe der Waschräume, wo es WLAN gab, jeder mit seinem elektronischen Schnickschnack. Musiker vom Rundfunk-Sinfonieorchester Berlin stellten mit den Kindern Musikinstrumente aus Abflussrohren, Plastikeimern, Draht und anderem Baumaterial her. Es tönte, quietschte und pfiff kreuz und quer. Ein polyphones Orchester kleiner Musiker entstand. Schlaginstrumente gab es nicht. Bei scharfen Geräuschen warfen sich die Kinder zu Boden, standen aber dann wieder auf und lachten: »Wir dachten: ein Beschuss.«

Ich half, das Drehbuch für einen Trickfilm zu erarbeiten, den wir selbst produzieren würden: Ein Junge und ein Mädchen spielen Ball und schießen aus Versehen einen Stern ab. Im Trickfilm fällt der Stern mit einem pfeifenden Geräusch vom Himmel – so eines geben auch Phosphorbomben von sich. Ein Sturm zieht auf und weht das Mädchen in ein Fledermausschloss davon. Der Junge rettet sie natürlich.

Vier Monate waren vergangen. Ich vermisste meine jungen Freunde und auch sie luden mich immer wieder ein, sie zu besuchen. Also beschlossen wir, in ihrer Heimatstadt, dem frontnahen Awdejewka, zusammen eine Hauswand zu bemalen.

Der Zug Kiew–Konstantinowka fährt mich in die Vergangenheit. Eigentlich hätte er rückwärtsfahren müssen – die Räder sich in die entgegengesetzte Richtung drehen, die Schaffnerin mit dem zitternden Löffel in der glühend heißen Tasse entschlossen rückwärts schreiten, das waghalsige Radio die Sowjetlieder rückwärts spielen, als suchte man geheime Botschaften, die Hühnerknochen wieder Fleisch ansetzen und sich in Alufolie wickeln. Nur die geweiteten Pupillen der Kämpfer, die damit zur Front fahren – Wasserstrudel im umgekehrten Jordan der Zeit –, sind erstarrt.

Am Bahnhof von Kramatorsk, einem gelben Gebäude mit zwei Seitenflügeln und Stuckplastiken aus den lokalen Tonvorkommen, erwartet mich ein demolierter Geländewagen, ein Toyota mit litauischem Kennzeichen. Er ist bedeckt von einer öligen Staubschicht, ein Scheinwerfer eingeschlagen, ein Kotflügel verbeult – zweifellos ein Frontwagen.

Wir ruckeln über Schlaglöcher vorbei an Betonmauern mit ukrainisch-patriotischen Graffiti, Verwaltungsgebäuden aus weißem Kalkstein im Stil des sowjetischen Pseudoklassizismus. Wenn wir Wagen der OSZE passieren, reckt mein

Fahrer konsequent den Mittelfinger. Ihm zufolge haben die OSZE-Mitarbeiter mehr als einmal ukrainische Standpunkte an die russische Artillerie weitergegeben: Beobachter fahren vorbei, kurz darauf erfolgt der Beschuss. Solche Geschichten werden auf beiden Seiten der Front erzählt.

Die Häuser sind von Einschusslöchern und Minensplittern übersät. In der Stadt gibt es viele alte Sowjetautos. Der Fahrer sagt, dass die pro-russischen Milizen, als die Stadt unter ihrer Herrschaft stand, alle Fahrzeuge, sowohl aus Autohäusern als auch die auf den Straßen, beschlagnahmt haben. Garagenbesitzer hatten, meint er, mehr Glück. Unser Weg führt am Markt vorbei. Das Wellblech ist durchsiebt von zerfransten Einschusslöchern – präzise Löcher findet man kaum, in der Regel reißt die Kugel ein Stück von der Blechoberfläche heraus. Der herausgerissene Teil schaut dann scharfkantig hervor wie der Rand einer Konservendose.

Hinter der Stadt beginnen graue Felder, ausgedünnte Waldstreifen, Ketten von weißgetünchten Hütten mit hellblauen Zäunen. Links ist eine strategische Anhöhe – der Berg Karatschun. Hier liegen, so heißt es, Tausende unbestatteter Leichen unter der Erde. Ich weiß nicht, ob es stimmt. Rechts erstreckt sich ein Stück Wald, das im Winter 2014 den Kämpfern der 95. Brigade der ukrainischen Armee als Feuerposition diente. Die Bunker wurden mit Erde zugeschüttet; sie ist mittlerweile gefroren. Dahinter eröffnet sich die Sicht auf Semjonowka. Die Sonne geht unter und ihr Abendlicht vergoldet das Steppengras. Verunstaltete Bäume strecken die Stummel ihrer Äste nach allen Seiten und gemahnen daran, wie sie vor dem Artilleriebeschuss einmal ausgesehen haben.

Nach anderthalb Jahren haben in den metergroßen Kratern karge Bäumchen Wurzeln gefasst, dazwischen streunen herrenlose Hunde. Auf einem Hügel erheben sich imposante Ruinen. Eine halbzerstörte Säulenreihe stützt einen einstürzenden Architrav. Was war das früher einmal? Ein Gutshaus? Wohl eher ein sowjetisches Kulturhaus: die Säulen aus Ziegelstein, die Konstruktion aus Stahlbeton. Unwichtig. Der Abdruck eines barbarischen Stiefels verwandelte unser zwanzigstes Jahrhundert in eine neue Antike. In den Anlagen einer ehemaligen Klinik hatten die Kämpfer von Igor Strelkow[1] ihr Quartier. Ein paar Gebäude stehen noch, die Sternbilder aus Einschusslöchern zeugen von den Kämpfen, vom Rest sind nicht mehr als ein paar kupferrote Ziegelmauern und Tragebalken geblieben.

Die örtliche Psychiatrie – ein kleines Städtchen, verborgen vor den Augen von Nichteingeweihten. Zwei Reihen vierstöckiger, kasernenartiger Bauten, Spazierwege, Parkbänke. Die anspruchslose Topographie des Wahnsinns. An einigen Fenstern sind Gitter – vermutlich Isolationszimmer, womöglich sind sie von innen mit Matratzen verkleidet. Aber mit Gittern lässt sich dem Wahnsinn nicht Einhalt gebieten. Die Verwünschungen der Leidenden sind hinausgedrungen und als Feuerlawine aus Granatwerfern und 122-mm-Haubitzen auf Semjonowka niedergegangen.

Das Herannahen an Awdejewka hallt als dumpfer Schall in meinem Kopf wider. Stehst du plötzlich auf, schwimmt alles in bunten Flecken, das Blut rauscht, aber du hältst das Gleichgewicht, fällst nicht. Wir kommen aus nördlicher Richtung, von der Fabrik *Koksochim*.

Dreihundertvierzig Hektar Vulkanreich: glühende Felder von Kohlesplittern und Staub, Flüsse aus Schwefelsäure, Koksgasfackeln. Eine Wolke am grauen Himmel über dem riesigen Rohr. Ein Berg, der mal entschlummert ist, mal alarmierende Lebenszeichen von sich gibt. Im Produktionsprozess kommen Ammoniumsulfat, Benzol und Schwefelsäure zum Einsatz. Wer weiß, was für einen Ausstoß ein Treffer zur Folge hätte? Schon entdeckst du in den Augen deines zufälligen Trinkgenossen die Fachkenntnis eines Metzgers, der in Gedanken bereits deine Leiche zerlegt.

Entlang der Straße führt ein fünf Meter dickes Rohr von der Fabrik zur Siedlung Chimik, es befördert das Heißwasser vom Wärmekraftwerk in die Stadt. Auf dem Markt verkaufen Rentnerinnen auf der Stelle tretend welkes Gemüse. Bei Sonnenuntergang erlischt die Leuchtreklame genau wie das Licht in den Auslagen der Stadt am Fuße des menschengeschaffenen Vulkans. Nicht aus Gründen der Lichttarnung – Chimik wurde in letzter Zeit nicht bombardiert –, sondern aus einer Eulenweisheit heraus. In Frontnähe ist die Dunkelheit aktiv. Wie das Wasser Feuer löscht, so löscht die Dunkelheit das Licht. Neben den Kiosken bewegen sich Schatten – Grüppchen von Männern in schwarzen Jacken. Alkoholdämpfe. Ein Liter Wodka kostet hier etwa einen Dollar.

Die Verkäuferinnen, Schönheiten mit markanten Gesichtszügen und ausladendem Körperbau, sprechen mit den männlichen Kunden, als stellten sie potenzielle Gefahrenquellen dar: »Junger Mann, was wollen Sie hier?« Auf meine fremd anmutenden Manieren antworten sie mit einem kaum merklichen Lächeln.

Im Zwielicht zeichnen sich Silhouetten der rotgekachelten Plattenbauten ab, die hier und dort in Form von gebogenen Rohren an die Oberfläche treten, um dann wieder unter der Erde zu verschwinden. Die Gegenwart ist eine Ahnung aus der Vergangenheit. Ein Modell des Flugzeugs MiG-19, ausgerichtet nach der Hyperbel des Abflugs – es wird niemals auffliegen. Graffiti der Anhänger der Volksrepublik sind mit ukrainischen Symbolen übermalt. Auf einem neunstöckigen Bau prangt die Aufschrift »Gazastreifen«. In Awdejewka gibt es keine gewählte Regierung, die Stadt wird von einem Militärkommandanten kontrolliert, einem stämmigen Galizier.

Ich trage ein rot-schwarzes Palästinensertuch, sie sehen nur ihre Farben[2] und das Gespräch beginnt gleich auf Ukrainisch. Man stellt mich als einen Künstler aus Deutschland vor, der in der Stadt ein Wandgemälde malen möchte, und schlägt mir vor, »irgendwas Patriotisches« zu machen, zum Beispiel ein Portrait von Taras Schewtschenko[3] (»Wir sind nicht wir, und ich nicht ich«). Aber um eine Arbeit über Schewtschenko, diesen düsteren Romantiker, zu machen, hätte ich mich für ein paar Wochen in seine Texte vertiefen müssen, diese Zeit steht mir hier nicht zu. Schließlich einigen wir uns auf meinen Vorschlag, *Cyborgs* zu malen.

Beim Wort »Cyborg« denkt der heutige Ukrainer nicht an einen Maschinenmenschen, sondern an schwerbewaffnete Soldaten, die den Flughafen von Donezk verteidigten. Vom Mai 2014 bis Januar 2015 versuchten die Streitkräfte der Volksrepublik Donezk den Flughafen einzunehmen, doch seine Verteidiger bewiesen – so ein von den ukrainischen und westlichen Medien verbreitetes Bild – zwischen den Massen von verbeultem Metall der Panzer und Flugzeuge eine übermenschliche Standhaftigkeit.

Der Flughafen wurde somit zu einer Art Troja und die Cyborgs zu Ikonen eines neuen ukrainischen Heldentums. Krieg ist nur zwischen Menschen, zwischen den Bewohnern einer Ökumene möglich. Cyborgs tauchen an der Grenze des Zerfalls des Menschlichen auf. Hier, hinter der Betonmauer mit dem Eisengitter, endet die Ökumene, es beginnt das Land der Zentauren, der Kynokephale[4].

Ja, von dort stamme ich her und ich bin wohl auch ein *Ork*. Gegen Kynokephale ist kein Krieg möglich, nur eine »antiterroristische Operation«, und die können nur Cyborgs durchführen.

»Bestens«, sagt der Militärkommandant, »dann male einen ukrainischen Cyborg-Krieger mit einem roten Sensor statt einem Auge. Ich will deine Kleidung, deine Stiefel und dein Motorrad.«

Am nächsten Tage mache ich mich auf den Weg, um die Kokerei zu fotografieren. Verlassene Tramgleise ziehen sich in grauen Nebel zurück wie ein Diversant auf feindlichem Gebiet. Rostiges Gras rennt den Hügel herab zu von Unkraut überwucherten, sumpfigen Feldern. Darin verstecken sich – fürs ungeschulte Auge unsichtbar wie todbringende Blumen – Landminen. Früher brachte die Tram Arbeiter von der Kokerei in die Stadt, aber nach dem Rost auf den Gleisen zu urteilen, ist das schon einige Monate her. Entlang der Gleise verläuft ein mit Glaswolle und Blech ummanteltes Wärmerohr. Dadurch gelangt das in der Fabrik erhitzte Wasser nach Awdejewka.

Ich kehre mit leeren Händen zurück: Die Uniformierten am *Checkpoint* haben mich gezwungen, jegliche Foto- und Videoaufnahmen zu löschen. Unter dem Betontrapez der Tramstation friert ein stämmiger, alter Mann in einer schwarzen Daunenjacke und mit einer Lederkappe auf dem Kopf. Er zieht den Kopf ein und zuckt unfreundlich mit seinem Hufeisenbart.

»Hast'n Granatwerfer dabei?«, fragt er und schielt auf die längliche Tasche über meiner Schulter.

»Nein, ein Stativ, ich bin Journalist aus Deutschland.«

»Zeig mal deine Genehmigung«, herrscht er mich an.

»Ich hab' sogar eine Genehmigung, um Genehmigungen von Kerlen wie dir zu überprüfen, alter Mann!«

»Woher soll ich denn das wissen?«, wird er plötzlich friedfertiger und fügt hinzu: »Warten lohnt sich wohl nicht. Wer weiß, ob der Bus überhaupt kommt.«

Diesem unstrittigen Postulat stimme ich zu und schlage vor, zu Fuß nach Awdejewka zu laufen. Wir machen den Rücken krumm und schlüpfen unter dem Wärmerohr hindurch, laufen den Hügel herab und verschwinden auf einem Feldweg im Herbstzwielicht.

»Wassilij«, stelle ich mich vor.

»Ich bin ja für die Ukraine«, sagt mein Weggefährte, anstatt seinen Namen zu nennen, und macht plötzlich einen Schritt rückwärts, als würde er einen seltsamen Tanz vollführen: »Ich weiß auch nicht, was mich geritten hat. Vielleicht bist du ja ein Separatist. Hm, ich kenn' dich gar nicht, was machst'n in Awdejewka?«

»Ich bin ein Journalist aus Deutschland.«

»Aus Deutschland sagst du, klingst aber russisch!«

»Bin in Karaganda geboren«, lüge ich. Es ist besser, das Wort »Russland« nicht zu erwähnen: »in Kasachstan«.

Mein Gesprächspartner mustert mich ein zweites Mal: »Ich hab' mal mit einem Volksdeutschen aus Kasachstan gedient, Witja Bauer, hier, gleich bei Donezk gab's eine Einheit. Der hat ein Gedicht geschrieben:

›Der Mond strahlt hell wie'n Mädchenarsch
auf Kirche und Friedhof herab.
Was glotzt du, Saukerl, fick und sauf,
bald liegst du schon im Grab!‹
Und wie ist das Leben in Deutschland?«

»Ein Stück weit reicher.«

»Es ist, wie es ist!«

Er springt über eine Pfütze und fährt fort: »Awdejewka ist eine Separatistenstadt. Schon damals, als die ganze Sache gerade erst anfing, hat man die Fabrikarbeiter von hier zum Anti-Maidan gebracht. Nur die Jugendlichen und die Hooligans, die sind für die Ukraine!«

Und er fügt zusammenhangslos hinzu: »Was denkst du eigentlich über Hitler?«

»Bescheuert war er, Hitler ...«

»Einerseits ja, andererseits, versuch's mal anders! Als bei

uns 2014 das Unabhängigkeitsreferendum für die Donezker Volksrepublik anstand, da sind alle los, zum Volksentscheid, die junge Republik zu unterstützen. Die Schuldirektorin, wo die Abstimmung stattfand, hatte Urnen mit der ukrainischen Fahne aufgestellt. Die hat man mit der Fahne zur Wand gedreht. So war das Referendum!«

»Gibt's denn viele Separatisten in der Stadt?«

»Früher waren's um die siebzig Prozent, jetzt haben sie gesehen, wie's auf der anderen Seite läuft, jetzt ist ein Drittel für die Ukraine, ein Drittel für die Volksrepublik Donezk und dem Rest ist es egal. Aber es ist besser, die Schnauze zu halten, wenn du sagst, du bist für die Ukraine, kann sonst was passieren.«

»Und wenn du die Ukraine kritisierst?«

»Mit der Kiewer Regierung sind wir unzufrieden, die klauen – noch schlimmer als die Vorgänger. Und wovon sollen wir leben? Ich hab' ja Geld, hatte ich schon immer, ich bin Bergarbeiter«, fügt er stolz hinzu. »Aber das sollte man besser nicht zu laut sagen. Wir treffen uns mit den Jungs immer bei den Garagen, da kann man über alles reden.«

Über die Stadt legt sich frostiger Nebel, durchsetzt von Kohle- und Schneegeruch, selbst seine Umrisse scheinen aus schwarzen und weißen flimmernden Punkten zu bestehen. Die kalte Front rückt der Stadt Bataillon für Bataillon näher, nimmt Stellungen auf den Dächern der fünfstöckigen Plattenbauten ein, schafft Verteidigungslinien in Form von Knoten des Widerstandes, langfristigen, befestigten Stellungen.

Wir stapfen durch den allgegenwärtigen Schlamm über zerschlagene Bordsteine. Der Schlamm lässt uns nicht einfach so ziehen, er hinterlässt seine Markierungen auf Schuhen und Kleidung. Auf der Hauptstraße angekommen machen wir uns auf die Suche nach einem Ort, wo man ein, zwei Gläschen trinken könnte. In dem Lokal, auf das letzten Endes unsere

Wahl fällt, kostet der Wodka zwanzig Hrywnja – nicht einmal einen Euro.

Der Wodka gibt der Welt ihre warmen Farben zurück. Am Nachbartisch sitzen drei Männer: Einer trägt einen Lammfellmantel und eine Goldkette, der zweite ein Brioni-Sakko mit Hornknöpfen und Kombimanschette über einem Jogginganzug – ganz nach der letzten Mode eines Berliner Hipsters –, der dritte hat ein Basecap mit einem rot-schwarzen Dreizack auf dem Kopf, was ihn zu den Anhängern des *Rechten Sektors*[5] zählen lässt. Wie es aussieht, hat sich ein gewisser Teil der lokalen Gangster mit dem neuen Regime gut angefreundet.

Wie Seiltänzer bewegen wir uns durch die dunklen Straßen von Awdejewka, um nicht in die nächste Pfütze oder einen der Sprengkrater zu fallen. Aus einem der Krater steigt dichter Dampf auf. Fünf Minuten später tauchen aus der Dunkelheit zwei Reihen Stacheldraht auf, bald darauf eine verrostete Kinderrutsche, dann endlich die Tür des Plattenbaus, in dem Wiktor Semjonowitsch wohnte.

»Ich würde dich ja zu mir einladen, aber meine Frau lässt uns sowieso keine Ruhe, schreit rum, was ich wieder für Alkis mit nach Hause bringe ... Hier ist meine Nummer, ruf an, wenn du nicht weißt, wohin.«

Wiktor Semjonowitsch winkt zum Abschied und ich sah den freundlichen Alten nie wieder.

Am nächsten Tag treffe ich mich mit Alina, einer Schülerin vom Projekt, in einem Café – einem Keller der feineren Art. Im ersten Raum sitzt ein Dutzend kurzgeschorener Jugendlicher. Es dauert nicht lang, bis die jüngeren beginnen, schlüpfrige Witze auf unsere Kosten zu machen. Alina zuckt verächtlich mit den Schultern. Ihre siebzehn Jahre hat die große, auf ihr Aussehen bedachte junge Frau in dieser Gegend verbracht, zwischen Obstgärten und Berghalden. Ihre Augenbrauen – zwei weit ausgebreitete Vogelschwingen.

Im Radio läuft ein Lied: »Du bist einfach ein Macho, ein Supermacho, ihr alle seid doch Schweine, nun sitz ich da und weine.« Ich bestelle den viel zu süßen ukrainischen Wein, Alina nimmt etwas Alkoholfreies. Sie spricht leise, fast wie ein Kind, das im Schlaf murmelt: Sie ist müde von den Bombardierungen, von der Angst und der Aggression, die die Luft restlos durchtränkt haben. Das Leben ist hart, erst recht für eine junge Frau. Die ukrainischen Soldaten an den *Checkpoints* können dich bis auf die Unterwäsche ausziehen und was spricht für einen bewaffneten Kerl schon dagegen, eine schöne Frau auszuziehen. Konflikte gibt's auch, letztens starrten Soldaten sie unverhohlen an; ein Freund sagte etwas, der Soldat verpasste ihm eine und er schlug zurück.

Eine von Alinas Geschichten blieb mir aber besonders im Gedächtnis: ein Hochhaus am Stadtrand. Als die Front bis vor die Fenster kam, verwandelte sich das Haus in einen Beobachtungs- und Schießstützpunkt. Die Hälfte des Baus wurde von Artilleriebeschuss niedergerissen, aber Alinas Wohnung war unbeschadet geblieben. Eines Tages hörte das Mädchen Stimmen im Flur, die Mutter steckte den Kopf ins Zimmer und befahl flüsternd, keinen Ton von sich zu geben und nicht rauszukommen.

Alina lauschte: Es ging um ein Foto, das aus dem Fenster gemacht und in einem Sozialen Netzwerk veröffentlicht wurde. Die ungebetenen Gäste verschwanden wieder. Kurz darauf erschallten Schläge von Gewehrkolben. Die Tür gab nach und flog aus den Angeln. Alina verkroch sich in eine Ecke, konnte aber wegen des Lärms und der Schüsse einen panischen Schrei nicht unterdrücken – als wollte das Mädchen den Krach übertönen. Ein Mann in Uniform drang ins Kinderzimmer ein und zerrte sie heraus. »Her mit den Laptops und Kameras«, brüllte er den Vater an, »sonst nehmen wir die Weiber mit.« Die ukrainischen Soldaten schlugen die

Möbel kurz und klein, schmissen alles aus den Schubladen und Schränken. Der Mutter schossen sie ins Bein, nahmen die Computer und Kameras mit und verhafteten den Bruder. »Wenn wir das Bild finden, werde ich deine Frau und deine Tochter vor deinen Augen vergewaltigen«, rief der Offizier zum Abschied.

Sie fanden nichts. Die Nachbarn hatten das Bild gemacht.

Die Schule, in der das Treffen mit den Kindern stattfindet, ist ein gedrängter, zweistöckiger Bau mit Dreiecksgiebel und Balustern. Die feste Hand des Architekten ist nicht zu übersehen, man hört förmlich die Kohle auf der Skizzenrolle knirschen. Die Schule ist die Stimme des Offensichtlichen, das Eichmaß der Grenzmarkierungen des Chaos. Die niedrigen Decken sind mit Ornamenten aus Kramatorsker Ton verziert.

Die Eingangshalle schmückt eine verkleinerte Kopie des sowjetischen Ehrendenkmals aus dem Treptower Park in Berlin. »Ein Soldat tut einem Kinde nichts.« Die Politik der Entkommunisierung schreitet selbstbewusst durch die Weiten der Ukraine, aber an der Frontlinie gerät sie ins Stolpern.

Die Sowjetsterne und sämtliche Hämmer und Sicheln sind nicht abgeschlagen, sondern mit Blumengirlanden aus Plastik verhängt. Die Einwohner der Stadt versuchen unumkehrbare Handlungen zu vermeiden. Niemand weiß, ob die ukrainische Regierung von Dauer ist. Das Sowjetische hingegen ist omnipräsent. Stalin ging wie ein neuer Adam im Paradies umher und gab jedem Ding und Tier unter dem Himmel seinen Namen. Die kommunistische Utopie, eine Traumvorstellung in weiter Ferne, sie rannte vor dem Sowjetvolk mit dem Tempo einer Schildkröte davon, verfolgt von Achill. Dann machte sie einem tollkühnen Piloten gleich einen *Looping* und war plötzlich Vergangenheit, verwandelte sich in ein verlorenes Paradies. Die Erinnerung an das Unerreichte zeigt sich in der Toponymie und der Architektur, in jedem Detail des alltäglichen Lebens und auch in der Infrastruktur zwischenmenschlicher Beziehungen: ein rotes Gespenst, das wandernde Feuer der Salamandra, das Reisende in Sümpfe und Schiffe auf Klippen lockt.

Die Schule wird gerade renoviert. Das Gebäude ist innen bedeckt mit Kreide aus dem Steinbruch bei Slawjansk und von außen mit Schnee. Der Wachmann, ein alter Mann von vierzig Jahren, wie ein russischer Klassiker es ausdrücken würde, sucht im Kreidestaub auf dem Tisch im Lehrerzimmer etwa fünf Minuten lang den Schlüssel zum Informatik-Raum. Das ist mit Ausnahme des Lehrerzimmers und des Büros des Schulleiters der einzige Raum mit Internetzugang – museales *Paleocomputing.* Die Flurwände himmelblau. An einer davon prangt eine Wandzeitung mit den Heldentaten der Junggardisten-Komsomolzen[6]. Die Kinder und ich gehen an der Aula vorbei.

Dort findet jeden Montag ein Fahnenappell statt: Erst singen die Schüler die ukrainische Hymne, danach werden diejenigen, die sich etwas zuschulden haben kommen lassen, vor versammelter Mannschaft gerügt.

Ich gehe zur Tafel, nehme die Kreide in die Hand und sammle Vorschläge für mögliche Cyborgs: ein Mensch im Körper eines Cyborgs, ein Computerbewusstsein in einem menschlichen Körper, verschiedene Mischformen von Mensch und Maschine. Hummer gleiten durch den interplanetaren Raum, eine biologische Geleemasse in festsitzenden Raumanzügen. Daneben sind *Daleks* aus dem Universum von *Doctor Who*, die sich alles Biologischen entledigt haben, ihr Leben ist dem Organismus des robotisierten Untoten enthoben.

Die Architektur »Befehl – Steuerung – Kommunikation – Information« setzt ein *Interface*-System für den Anschluss von wahrnehmenden und ausführenden Modulen voraus. Signale, die sich menschlichen Sinnesorganen entziehen, können empfangen werden. Man kommuniziert nicht nur durch Sprache, Hände und Haut, sondern auch mithilfe von Techno- oder Biokomponenten. Ein Füllhorn an Kommunikationsformen. Schließen Cyborgs Freundschaften? Natürlich! Ihre Architektur setzt Offenheit voraus. Gibt es unter Cyborgs nur Jungs oder auch Mädchen? Gibt es Liebe unter Cyborgs – eine Verschmelzung von Fragmenten ihres Programmier-Codes? Sind alle Cyborgs erwachsen oder gibt es unter ihnen auch Kinder? Wohl kaum Erwachsene, es gibt keine Notwendigkeit, zu altern, das ist ein überholter Nebeneffekt der Evolution, aber ob sie Kinder sind? Das Kind ist einheitlich, natürlich, unschuldig, im Cyborg aber verbinden sich mehrere Naturen, Organisches und Anorganisches existiert Seite an Seite. Der Cyborg ist entkoppelt, offen. Womöglich leben Cyborgs inmitten von Industrieruinen auf entwässertem Steppenboden, der durchsetzt ist von Ruß, Schwermetall, Sulfaten und Dioxin. Gibt es einen Unterschied zwischen Realität und *Sci-Fi*, wenn die Realität aus allen Nähten platzt vor lauter Phantasmen? Vielleicht ist die Phantastik mit all ihrem Cyberwahnsinn wesentlich näher am unaussprechlichen Kern der Wirklichkeit? Dort gibt es keine gespenstische Natürlichkeit oder Ganzheit, wegen der menschliches Blut in Strömen vergossen wird. Das Cyborg-Mädchen oder das Cyborg-Kind, Ausgeburten dieser wahnwitzigen Kriegsparty, brauchen ihrerseits keinen Krieg, sie haben nichts zu verteidigen.

Ich verteile Stifte und Papier, damit die Kinder ihre eigenen Cyborgs malen können: Da ist ein *Terminator* – das halbe Gesicht menschlich, die andere Hälfte aus Metall, eine Alice im Hasenbau der gigantischen Rohre der Kohlefabrik und ein merkwürdiges Wesen – ein friedfertiger, kluger Cyborg mit drei Beinen und wellenartigem Körper, der in einer märchenhaften Fabrik der Zukunft arbeitet.

Ich erwache vor Morgengrauen, ferner Artillerielärm donnert noch in den Feldern, der Schall zerfällt im frostigen Morgennebel. Mir bleibt nichts anderes übrig, als die gesamte warme Kleidung, die ich bei mir habe, anzuziehen: Lederjacke und Wattehose über Jeans und Wollpullover, Militärmütze auf den Kopf. Ein zwölf Meter hoher Kran wartet schon vor dem Gebäude, auf das ich eine Kombination aus den Skizzen der Kinder übertragen soll. Erst war die Rede vom fünfstöckigen Gebäude gegenüber mit einem Mosaik »70 Jahre Oktoberrevolution«.

Aber Oktoberrevolution hin oder her, dieses Mosaik war harte Arbeit gewesen und mir ist nicht nach Vandalismus. Der Kranfahrer wärmt sich bei laufendem Motor in der Kabine und schnippt eine Kippe nach der anderen aus dem Fenster, die Kabine verlässt er nur widerwillig. Meine Helfer bringen einen Zwanzig-Liter-Eimer weißer Fassadenfarbe und Pigment. Ich renne schnell zu einem Baumarkt, besorge Pinsel und Rollen und beginne mit den Umrissen. Unten versammeln sich Neugierige und kommentieren das Geschehen, fragen, was das werden soll und wer uns überhaupt erlaubt habe, die Wand anzumalen.

Eine ältere Frau mit einer rosa Fellmütze und Goldkronen im Mund tritt ganz dicht an mich heran, so nah, dass sie mich fast berührt. Sie mustert alles aufmerksam mit ihren blauen, tiefliegenden Augen und bittet mich leise, schön zu malen, ob Cyborgs oder sonst noch was, aber sie wird es jeden Tag sehen müssen – da drüben ist ihr Fenster! Mit zittrigem Finger deutet sie auf Spitzenvorhänge im zweiten Stock, an der Fensterscheibe lehnt eine Ikone der Gottesmutter *Umilenije*[7], Blattgold auf Karton.

Ich gebe mir größte Mühe, schön zu malen. Erst werfen die Cyborgs gelbe gespenstische Schatten an die Wand, anschließend treten sie selbst aus diesen Schatten hervor:

Der *Terminator* mit einem flammenden Stern auf der Brust und einem weiteren auf der Handfläche, daneben lenkt der friedfertige Cyborg einen Greifarm vor dem Hintergrund von Kohlebergen. Ich fühle mich wie ein Sowjetkünstler, wie der Urheber eines großangelegten Projektes, das den Kriegs- und Arbeitsalltag rühmt.

Die Bewohner von Awdejewka stellen in der Regel ein und dieselbe Frage: »Was is'n das?« Die Schüler sind interessiert, die Erwachsenen verständnislos. Irgendwann kommt ein proletarisch ausschauender junger Kerl in Jogginghose und Lammfellmantel zu mir: »Sag mal Künstler, kapierst du eigentlich selbst, was du da malst?«

»Von Herzen mal ich!«

Der junge Arbeiter scheint mit meiner Antwort zufrieden. Ich ziehe die letzten Konturen nochmal nach. Die Farbe gefriert schon beim Auftragen. Dann steige ich vom Kran herunter, um mir die Arbeit als Ganzes anzusehen, und setze mich mit einem Plastikglas Wodka auf den Bordstein gegenüber. Unbemerkt gesellt sich ein Mann in unförmigem Mantel, Wattehose und Militärstiefeln zu mir. Die Hälfte der Zähne in seinem Mund fehlt, vorn funkeln ein paar Metallkronen.

»Sind Sie der Künstler?«, fragt er höflich.

»Ja.«

»Und was haben Sie da gemalt?«

»Cyborgs, die Kinder gemalt haben.«

»Sie hätten uns besser mal Jesus malen sollen!«

Aus dem fahlen Auge fließt eine Träne.

»Wissen Sie, wie er für uns gelitten hat? Alle unsere Sünden hat er auf sich genommen, alles Böse. Ihn sollte man malen!«

Eine kalte Schauerwelle durchläuft meinen Körper, als fiele ich in einen Abgrund. Ich hole tief Luft, atme aus und halte den Atem an. Was für Cyborgs? Die Kinder haben sie gemalt, vor ihnen ist mein Gewissen rein. Aber dieser Abgrund, diese

Frontlinie zwischen dem Lebenden und dem Toten. Eine abgründige Arbeit. Wie alle meine Arbeiten. Genauso werde ich die Ausstellung nennen: Abgründe.

»Man mag sich noch so sehr verkleiden und diese oder jene Rolle spielen, man ist als Mensch geboren und man stirbt als Mensch«, sagte mal ein schnurrbärtiger sowjetischer Klassiker. Sein in Nationalfarben getauchtes Denkmal hat sich bei Torezk zwischen Fabrikruinen und mannshohem Unkraut verirrt.

Die Cyborg-Utopie – ein Fluchtversuch aus der Unerträglichkeit des Menschseins. Hier ist ein Abgrund im Netz der Bedeutungen. Kontinuität ist Unsinn, eine Psychose. Erhalte die Spaltung, erhalte die Leere nach dem Ausatmen. Der Mensch ist unvorhersagbar wie die Trajektorie einer Granate.

WAS FÜR EIN RUSSLAND
(5. September 2020)

»Was für ein Russland?«, fragt mich verwundert eine alte Berlinerin auf dem Pariser Platz, als sie die Demonstranten mit den Fahnen in der ungewohnten Farbkombination entdeckt.

»Weißrussland!«

»Was für ein Russland soll das denn sein?«

Es scheint, als ob dieses Land mit der Namensgebung nicht so richtig Glück hatte. Manch einer fragt sich, ob es noch irgendwo Rot- und Blaurussland dazu gibt. Das Land liegt mitten in Europa, doch wissen die meisten Europäer von seinen Wäldern und sumpfigen Landschaften genauso wenig wie vom ruhigen und robusten weißrussischen Nationalcharakter – und auch nichts von seiner partisanenhaften Tradition. Ist es überhaupt ein eigenständiger Staat? Die Frage darf man sich stellen. In manchen Ländern sind die Merkmale der Staatlichkeit nur Kulissen, die dazu dienen, fremdgesteuerte Machtstrukturen zu verbergen.

Die unter weiß-rot-weißen Fahnen versammelten Weißrussen protestieren gegen das Ergebnis der Wahlen, bei denen angeblich massiv gefälscht wurde. Die alternative Nationalflagge wird von Skeptikern als »Speckfahne« verspottet. Nach offiziellen Angaben gewann der amtierende Präsident Alexander Lukaschenko die Wahl mit mehr als achtzig Prozent der Stimmen. Das Ergebnis wird sowohl von der Opposition als auch im Ausland angefochten.

»Das Volk ist das Risiko eingegangen und hat mich wiedergewählt. Sowas passiert in der Geschichte selten und wird nicht nochmal vorkommen«, kommentierte er in seiner typisch paradoxen Art die eigene Wiederwahl.

Ich treffe einen Kollegen aus der Theaterwelt, den in Berlin lebenden weißrussischen Regisseur Z. Euphorisch schwärmt er von den angeblichen Fälschungen der Regierung, die bald auf solch eine Ablehnung im Volk treffen werden, dass es garantiert zu einem Aufstand kommen wird.

»Höchstens drei Prozent der Wähler unterstützen Lukaschenko, weil er keine Covid-Maßnahmen ergriffen hat«, sagt er.

»Wo hast du das denn her?«

»Da gab's eine Abstimmung von *Radio Liberty*[8] im Internet.«

»Und du meinst, dass auch die regierungstreuen Weißrussen die Webseite von diesem CIA-Laden besuchen, um die Umfrage durchzuklicken?«

Die in Warschau und Prag angesiedelte »alte« Opposition nannte die Entscheidung der Regierung, die Präsidentschaftswahlen trotz der Pandemie abzuhalten, einen Versuch, den Weißrussen das Wahlrecht zu entziehen. Ihre Zentrale forderte die Mitglieder des Repräsentantenhauses auf, die Wahlen zu verschieben. Man dürfe die Gesundheit der Bürger während des Wahlkampfes nicht gefährden.

»Ein Ungeheuer schleicht sich an unser blauäugiges Weißrussland heran.« So äußerte sich Lukaschenko über den Versuch des Westens, sein Land durch die Corona-Panik zu destabilisieren. Im Gegensatz zu den Nachbarländern in Ost und West führte er keine Maskenpflicht ein, verhängte keine Ausgangssperren, auch nicht, um regierungskritische Demonstrationen vor und nach den Wahlen zu unterbinden, wie es etwa in Serbien der Fall war.

»Auch wenn ihr auf die Straße geht, erzwingt ihr keine Wende«, antworte ich dem Regisseur Z. »So kann man keine Festung einnehmen. Lukaschenko gibt bestimmt nicht nach.

›Was man liebt, gibt man nicht auf!‹ – du kennst doch sein Motto!

Weder nach Sun Tzu noch nach Lenin noch nach Malaparte kann man eine Festung so einnehmen. Lenin hat gesagt: ›Für die Revolution reicht es nicht, dass das Volk nicht mehr so leben will wie bisher. Sie setzt voraus, dass die Oberschicht nicht mehr wie bisher regieren kann‹. Der Staatsapparat bleibt Lukaschenko treu.

Im Vergleich zu Litauen und der Ukraine ist das Leben bei euch gut. Für Malaparte ist die Frage der Revolution ein logistisches Problem, die Kontrollergreifung durch eine kampffähige Vorhut, was diese sich angeblich übers Internet selbst organisierenden Massen nicht sind. Und Sun Tzu würde sagen, ihr seid schon zu spät dran. ›Wenn du Festungen angreifst, musst du deine Truppen für einen einzigen Angriff versammeln, so plötzlich und schnell, als fällst du vom Himmel! Greif an, als würdest du ein Ei mit einem Stein treffen‹.«

»Und wie bringt man das Regime zu Fall? Wie nimmt man die Festung ein?«

»Nur mit russischen Panzern.«

»Möchtest du russische Panzer auf den Straßen von Minsk sehen?«

»Nein. Ich bin für eine multipolare Welt. Auch unsere russische Welt soll multipolar bleiben. Es soll neben Moskau auch ein souveränes Minsk geben. Was soziale Absicherung und Ordnung angeht, seid ihr uns weit voraus.«

Ob hinter den Minsker Protesten auch der Kreml stecken kann? Von den drei prominentesten Lukaschenko-Gegnern behauptet einer, der verhaftete Blogger Sergej Tichanowskij, dass die russische Welt alle umfasse, die russisch sprechen und denken, dass Weißrussland ein integraler Teil davon sei. Ein weiterer Kandidat, Wiktor Babariko leitet die weißrussische Tochterbank von Gazprom. Der dritte, der *Hightech-*

Unternehmer Walerij Zepkalo, forderte Wladimir Putin auf, die Weißrussen vom Tyrannen Lukaschenko zu befreien.

Dazu kam noch die Festnahme der Kämpfer der russischen Wagner-Truppe in einem Urlaubsort nahe Minsk. Laut einer Meldung handelte es sich um 33 Söldner, die gekommen sind, »um die Lage während des Wahlkampfes zu destabilisieren«. Die Männer kamen in der Nacht vom 24. auf den 25. Juli in Minsk an und verhielten sich verdächtig: Sie tranken nicht, feierten nicht, sondern »erforschten die Lage«, was zur Festnahme führte.

Der Regisseur Z. ist nicht der einzige, den ich aus der weißrussischen Kunstszene kenne. Bald chattet mich ein überdrehter *Performance*-Künstler an. Er lädt mich ein, an einer subversiven Aktion teilzunehmen, er will die weißrussische Botschaft in einer osteuropäischen Metropole besetzen. Er plant, dass Clowns mit riesigen Wasserpistolen das Gebäude stürmen, den Giebel erklimmen, weiße und rote Fackeln anzünden, in deren Rauch anstelle des heutigen Staatswappens das Emblem des mittelalterlichen litauisch-weißrussischen Fürstentums, ein Ritter zu Pferd, dargestellt wird. In seiner Vision ersetzt er den Ritter mit einer nackten Frau.

Das Angebot habe ich höflich abgelehnt. Eine weißrussische Botschaft zu stürmen wäre für mich eine Missachtung der nationalen Souveränität des Landes. Zudem gibt es keine Beweise für die Wahlfälschung. Zwar legte eine elektronische Wahlbeobachtungsplattform Belege in Form tausender Fotos von ausgefüllten Stimmzetteln vor, bei denen teilweise die Zahl der für die Opposition abgegebenen Stimmen die Gesamtzahl der Stimmen überstieg. Dennoch konnte sie keine Verifizierung der Daten gewährleisten. Es gab bei diesen Wahlen auch keine externe Instanz, die den Sieg einer Partei bestätigen konnte. Weder die OSZE noch Russland hatte diesmal Beobachter zu den Wahlen geschickt.

Es ist, als hätte sich der Osten mit dem Westen verbündet, um Lukaschenko die Unterstützung zu entziehen und das Land in eine geopolitische Instabilität zu versetzen. In solch einer Situation wird der Gewinner auf der Straße entschieden, mittels eines Streiks, einer Konfrontation – einer friedlichen oder gewaltsamen. Hier entscheidet über die Wahrheit nach einer alten barbarischen Art der Gerichtsbarkeit der Kampf. Wer gewinnt – so entscheiden die höheren Mächte –, der hat Recht.

Die Zeit seit meinem letzten Besuch des Landes ist im Flug vergangen, und in der Republik sind bedeutende Veränderungen passiert. Damals, als auf den russischen Straßen Scharmützel zu hören waren, meine Freunde, St. Petersburger Künstler, sich fast nur noch von Brot und Wodka ernähren mussten, war der Alltag der Weißrussen sicher und ihre Kühlschränke voll. Dieser Frieden und der relative Wohlstand waren nicht zuletzt dem Präsidenten Lukaschenko zu verdanken.

Der erste Präsident von Weißrussland wurde in dem kleinen Ort Kopys am Ufer des an der Stelle noch schmalen und ruhigen Flusses Dnjepr geboren. Seine Mutter Jekaterina Trofimowna war eine einfache Arbeiterin in einer Flachsfabrik, dann ein Milchmädchen auf einem Bauernhof. Der kleine Alexander ist dort aufgewachsen, ohne den eigenen Vater zu kennen. In der Schule war er ein Problemkind. Sein Name wurde sogar im Register minderjähriger Krimineller aufgeführt. Obwohl es zur Person des Vaters keine offiziellen Angaben gibt, erinnern sich die Alten im Dorf an einen Zigeuner, der Rygor hieß und dessen Schmiede nicht weit weg von Jekaterina Trofimownas Haus gelegen war. Nachdem er wieder einmal auf eine seiner Zigeuner-Wanderschaften gegangen war, kehrte Rygor nicht wieder heim und blieb verschwunden.

Nach dem Abschluss des Geschichtsstudiums an der örtlichen Universität trat Alexander in das öffentliche Leben ein.

Er leistete Wehrdienst als Kommissar bei den Grenzschutztruppen des KGB, leitete eine Kolchose. Als die Wende kam, wählte man ihn als Abgeordneten in den Obersten Sowjet der Weißrussischen Sowjetrepublik. Wenn man Video-Chroniken aus dieser Zeit anschaut, wie er sich als Kandidat mit Wählern trifft, merkt man, wie offen sein Auftreten war, seine aktive Aufmerksamkeit jedem Mütterchen gegenüber, wie ausdrücklich sein Interesse an den Bedürfnissen der Wählerschaft. Streng, aber fürsorglich, ja geradezu väterlich wirkte er damals.

»Die Jungs, die jeden Tag saufen, sollten lieber nicht für mich stimmen, von solchen Typen bin ich kein Freund«, sagte er ironisch. In der Zeit war das Land von der Kontroverse zwischen dem alten sowjetischen Parteiapparat und der aufkommenden pro-westlichen *Intelligenzija* zerrissen.

»Am Trog, dessen Name Macht ist, grunzen alle – die Roten wie die Weißen – gleich. Kriminalität und Korruption nehmen zu. Es ist an der Zeit, das Volk vom Abgrund wegzuführen, der Verarmung Schranken zu setzen, die Mafia abzuknallen, die Beziehungen zu Russland wiederherzustellen!«

Ende Juni 1994 wurde der aufstrebende Politiker vom Sicherheitsdienst am Eingang des Regierungsgebäudes verprügelt, doch schon am 10. Juli errang er bei den Präsidentschaftswahlen einen erdrutschartigen Sieg, sowohl über die Nationalliberalen als auch über die Kommunisten. Zum ersten Mal erhielt er seine sagenhaften achtzig Prozent der Stimmen. Seine Wahlversprechen nahm er ernst. Diesem Mann aus dem Volk gelang es, die weißrussische Wirtschaft und soziale Absicherungen – aus den Sowjetzeiten vererbt – aufrechtzuerhalten, die organisierte Kriminalität zu besiegen, einen bewaffneten Konflikt mit dem östlichen Nachbarn zu vermeiden und die Staatssouveränität zu bewahren. Es mag sein, dass sein Kampf gegen das organisierte Verbrechen nicht immer sauber ablief. Laut zahlreicher Zeugenaussagen tauchten in den Neunzigerjahren in weißrussischen Städten Autos mit getönten Scheiben ohne Nummernschilder auf, die Gangster ohne Worte abknallten. Dafür erteilte Lukaschenko den Spezialeinheiten zur Bekämpfung der organisierten Kriminalität einen Freibrief: »Tut was nötig ist, keiner lädt euch dafür vor.«

Tichari[9], »Leisetreter«, heißen sie im Volk, »Todesschwadronen« nennt sie die Opposition. Knallhart, aber effizient, so wurde im Land Recht und Ordnung hergestellt und die Korruption besiegt.

»Kapiert bitte, Lukaschenko kann nichts stehlen«, sagte er von sich selbst, »er könnte das Gestohlene nirgendwo verstecken.« Die Frage, ob jemand, der über dem Gesetz steht, nicht selbst zwingend zu einer Gefahr für die Allgemeinheit wird, lasse ich an dieser Stelle offen.

Bilder, auf denen der weißrussische Präsident Alexander Lukaschenko und sein fünfzehnjähriger Sohn Kolja Schulter an Schulter mit Maschinengewehren in den Händen das Minsker Regierungsgebäude verteidigen, erinnern mich an die vom chilenischen Demokraten Salvador Allende, als er gegen die neoliberalen Putschisten kämpfte. Apropos der Sohn: Im Zeitalter eines staatlich verordneten Kampfes gegen das Patriarchat, also gegen das Vaterrecht, wird natürliche Vaterliebe selbst zur politischen Position. »Ich liebe Kinder bis zum Wahnsinn«, sagte der Präsident einmal über sich selbst.

Ich kenne Dutzende von Weißrussen, die meisten aus dem urbanen Bildungsbürgertum. Sie sind dem Westen gegenüber aufgeschlossen, aber auch nicht anti-russisch, sondern vor allem regierungskritisch. Mein *Facebook-Feed* liefert täglich Unmengen von Beiträgen zu den dortigen Zuständen. Profilbildchen, auch von jenen, die von diesem Land erst gestern gehört haben, sind mit weiß-rot-weißen Streifen geschmückt:

»*I support the current thing.*«

Ich tue das *nicht*, die Geschehnisse der letzten Wochen sind mir zu intransparent, der Wahlausgang zu klärungsbedürftig. Um mir selber ein Bild zu machen, fliege ich nach Minsk.

Die Geschehnisse in Weißrussland treffen mich persönlich, fast auf der körperlichen Ebene. Wie bei einem örtlich Betäubten, der den eigenen Körper unter dem Messer sieht und nichts machen kann, erklingt in meinem Kopf eine ständige, fast obsessive Note: »Bitte kein Blut!«

ANKUNFT IN MINSK

(11. September 2020)

Der bedeutendste Politexperte in Osteuropa ist der Taxifahrer. Der Kollege Iwan ist mit meiner Wahl des Hotels unzufrieden. Es gebe eines zu den gleichen Konditionen, aber in einer besseren Lage, schön mittig. Dort könnte ich auch abends ausgehen.

»Sind die Clubs wegen der Quarantäne nicht geschlossen?«

»Quarantäne? Ach was!« Sein breites, typisch baltisches Gesicht verzieht sich zu einem verschmitzten Grinsen.

»Die Clubs und Theater sind also offen?«

»Ein paar Theater sind zu, aber nicht wegen der Quarantäne...«, antwortet der Taxifahrer und schweigt andeutend.

Der Rasen zwischen den Fahrbahnen ist grün wie im Frühling und ordentlich gemäht. Wir passieren den *Hightech*-Park. Seit meinem letzten Besuch sind viele Wolkenkratzer gebaut worden, fällt mir auf.

»Der Staat hat Baukredite zu fünf Prozent vergeben. Der Immobilienmarkt boomt«, erklärt Iwan.

Der Weg verläuft durch nördliche Vororte, die sehen dörflich aus, märchenhaft und zart, wie von Marc Chagall gemalt. Ihnen folgen die Stadtteile aus der Zeit sowjetischen Bauens. Im Gegensatz zu manchen Nachbarländern wird das sowjetische Erbe in Weißrussland gepflegt. Ja, es ist zum staatsstiftenden Mythos geworden. Eine barbarisch marktradikale Desowjetisierung scheint hier keine zwingende Bedingung des Fortschritts zu sein. Bald sind wir am von Iwan vorgeschlagenen Hotel angekommen. Alle Inschriften darin sind in drei

Sprachen verfasst: Russisch, Englisch, Chinesisch. Chinesen – fast nur sie tragen Masken. Gut, auch manche Einheimische, aber nicht mehr als ein Prozent.

Auf der Straße sind kaum Bettler oder ärmlich gekleidete Menschen zu sehen, Glitzer und Glamour sind auch selten. Haltung – Höflichkeit – Sauberkeit.

Am Abend nehme ich wieder ein Taxi für umgerechnet nicht mal drei Euro Richtung Allee der Unabhängigkeit, wo was los sein muss. Mir entgegen passiert eine Prozession der Regierungstreuen, um die siebzig Personen mit rot-grünen Staatsfahnen, roten Bannern und schwarz-orange gestreiften Flaggen der Volksbefreiungsbewegung. Vorne weg, als Avantgarde, marschieren vollbärtige Typen, ein russisch-orthodoxes Prozessionskreuz und ein Großporträt des Präsidenten tragend. Ihnen folgt eine Schar dunkler Frauengestalten mit Kerzen in den Händen, den Rosenkranz murmelnd. Eine Madonnen-Statue ist die Mitte der Prozession. Dem römisch-katholischen Erzbischof von Weißrussland, Tadeusz Kondrusiewicz, wurde die Einreise ins eigene Land verwehrt. Ob das Einreiseverbot rechtskonform sei, wird noch überprüft, so Lukaschenko. Als ich zum Platz der Unabhängigkeit komme, wird die Gegenkundgebung von dreißig Regierungskritikern bereits aufgelöst. In der Dunkelheit stehen einzelne Bereitschaftspolizisten, unter diesen auch ein paar Vermummte ohne Abzeichen: die erwähnten *Tichari*, die »Leisetreter«. Die seien richtig gefährlich.

Einige Gebäude auf dem Platz sind für mich von besonderem Interesse: die konstruktivistische Fabrik-Küche aus dem Baujahr 1936 ist ein bedeutendes Projekt sowjetischer Biopolitik gewesen. Das Kleinfamilien-Alltagsleben gehörte abgeschafft, der kommunistische Mensch hatte in öffentlichen Einrichtungen zu wohnen und in Kantinen öffentlich zubereitete Gerichte gemeinsam zu verzehren.

Die Fabrik war in der Lage, täglich mehrere Tausend Menschen zu ernähren. Abends fanden hier oft Bankette und Bälle für Arbeiter und Bauern statt. Das Bauwerk des heutigen Gorkij-Theaters rechts von der Fabrik-Küche wurde ursprünglich als Synagoge errichtet. Die sakrale Architektur hat sich auch für das darstellende Schauspiel als perfekt erwiesen.

Spät in der Nacht treffe ich mich auf einen Drink mit einer jungen weißrussischen Journalistin. Sie trägt handgemachte Ohrringe mit Fuchsgesichtern und hat selbst etwas Fuchshaftes an sich. Mit ihren postironischen Designerklamotten würde sie perfekt in eine hippe Galerie in Berlin-Mitte passen.

»Bist du gut angekommen? Gab es Fragen an der Grenze?«

»Gar keine, einfach den Pass vorgezeigt und vorbeimarschiert.«

»Verstehe. Problematisch ist eher die östliche Grenze. Wegen der Pandemie verwehrt die Russische Föderation, außer aus triftigen Gründen, ihren Bürgern die Aus- und Ausländern die Einreise. An der russisch-weißrussischen Grenze floriert der Menschenschmuggel. Man passiert die weißrussisch-russische Grenze für mehrere Tausend Rubel.«

»Was für 'ne russisch-russische Grenze?« – den Witz spreche ich natürlich nicht aus.

Als regierungskritische Westlerin verurteilt sie die coronaskeptische Haltung der eigenen Regierung. Lukaschenko begründet dagegen seine Kritik an den Isolationsmaßnahmen so: »Menschen in stickigen Wohnungen einzusperren ist krank! Bei einer Grippe tut frische Luft gut. An Problemen muss man tüfteln, nicht Grenzen schließen, nicht Leute einsperren! Wir dürfen Patienten anderer Krankheiten nicht vergessen. Es gibt mehr Todesfälle durch andere Krankheiten, aber ihr habt euch ausschließlich auf ein Virus konzentriert.«

Mein Gegenüber erzählt mir eine herzzerreißende Geschichte von einer Mutter vieler Kinder, die – leider Gottes – an Covid gestorben sei.

»Kanntest du denn diese Mutter persönlich oder sonst irgendwelche Leute, die daran schwer erkrankt sind?«

»Nein, persönlich keine …, nein …«

Auf einmal schweigt sie und schaut durch das Fenster in die Dunkelheit draußen. Es passieren fensterlose Minibusse ohne Autonummern: *Tichari*, die »Leisetreter«.

HELDENMARSCH
(19. September 2020)

Akkordeonklänge dröhnen um die Ecke der Unterführung. Ich erkenne das Lied: »Krieger des Lichts, Krieger des Guten bewachen den Sommer, kämpfen bis zum Morgen.«

Man sang es einst auf dem *Majdan Nesaleschnosti*, dem »Platz der Unabhängigkeit« in Kiew.

Hier in Minsk ist aber kein Maidan. Die protestierenden Weißrussen greifen weder zur Gewalt noch errichten sie Barrikaden aus flammenden Autoreifen. Nach den Kundgebungen räumen sie den Müll selbst auf, und wenn sie überhaupt mal auf die Idee kommen, eine Sitzbank mit Füßen zu betreten, ziehen sie vorher ihre Schuhe aus. Bis jetzt war in der Stadt noch kein einziges politisches Graffito zu sehen.

Das Sprachrohr des Protestes, der *Telegram*-Kanal NEXTA, der von Polen aus geführt wird, setzt dort den pathetischen Aufruf »an alle Helden des Landes« ab, zur Residenz Lukaschenkos in der exklusiven Appartementanlage Drozdy zu marschieren – und diese friedlich zu belagern.

Eine mir bekannte Minsker Journalistin ist von NEXTA ganz eingenommen, der Sender sei in der Republik eine *ex nihilo* entstandene neue politische Kraft. Weder stecke die Regierung dahinter, noch die organisierte Opposition, sondern eine krypto-anarchistische Initiative, die eine Selbstorganisation der weißrussischen Zivilgesellschaft anstiftet.

Warum diese ohne jegliche demokratische Legitimation aus dem Ausland geführte, undurchsichtige Einsatzzentrale als »selbstorganisierend« gelten soll, verstehe ich nicht.

Heute sollen die gewaltlosen Angreifer drei Kolonnen bilden. Eine im Zentrum, zwei andere im Nordosten und Nordwesten der Stadt als Flanken, die die Residenz des Staatsoberhaupts in die Zange nehmen werden.

Ich nehme mir vor, mich der frontal angreifenden Kolonne anzuschließen. Der Weg zum Hauptstadtzentrum führt am von der Bereitschaftspolizei umzingelten Regierungsviertel entlang. Die Beamten, mit einer martialischen schwarzen, ja nahezu außerirdischen Uniform bekleidet, bewegen sich hektisch und aggressiv.

Die Atmosphäre andernorts in Minsk: »Gestern war ich im Wald«, erzählt der Taxifahrer, »Pilze gesammelt, an den alten Plätzen vorbei, eine Katastrophe ist das! Überall Traktorenspuren, Autoreifen herumgeworfen, keine guten Pilze mehr.« Er führt aus: Lukaschenko ist heute früh nach Sotschi geflogen. »Hoffentlich verhaftet Putin ihn!«

Ich erwidere, dass bis zum neunten Oktober noch die vorige Amtszeit Lukaschenkos gültig und diese Legitimität erst einmal nicht anzuzweifeln sei.

Am ausgemachten Treffpunkt haben sich schon einige Demonstranten versammelt, die meisten davon Teenager. Einige tragen weiß-rot-weiße Fahnen über ihren Schultern.

Staatliche Medien des Landes diffamieren die weiß-rot-weiße Symbolik als faschistisch, da in den Vierzigern auch Nazi-Kollaborateure sie verwendeten.

Das stimmt zwar, dennoch kämpften auch berüchtigte weißrussische Partisanen unter einer weiß-rot-weißen Fahne. Schon bei der Gründung der Weißrussischen Volksrepublik im Jahr 1918 wurde sie zu einem Nationalsymbol erklärt. Es war ein kurzlebiges Staatsvorhaben, das sich zum größten Teil kraft deutscher Bajonette aufrechterhielt und keinerlei wirkliche Macht besaß. In den Zwanzigern kämpften unter ihr die Banden von Ataman Bulak-Balachowitsch[10]. Historisch erinnert man sich eher an die Judenpogrome als an Erfolge auf dem Schlachtfeld. Immerhin weisen die heutigen Proteste keinerlei rassistische Züge auf. Protestierende als Faschisten abzustempeln ist unfair.

Als wir ungefähr tausend Menschen sind, bewegt sich die dicht gedrängte Menge scharenweise Richtung Norden. Kurz vor dem Sportpalast versperrt uns eine Kette von Bereitschaftspolizisten den Weg und gleichzeitig trennt eine motorisierte Truppe unter rot-grünen Staatsflaggen die Fahrbahn entzwei.

So wird die Hauptmenge der Demonstranten eingekesselt, vereinzelt flieht man über Hinterhöfe. Ich laufe Richtung Altstadt, streame für meine Freunde auf *Facebook* und schildere den Vorfall *live*. Meine Kommentare auf Deutsch nimmt ein Mann Mitte Sechzig in einem abgetragenen grauen Anzug wahr. Ein Facharbeiter, wie sich später herausstellt. »Führer!«, ruft er heiter in meine Kamera – das sind eben so die Worte, die ihnen auf Deutsch einfallen, wenn sie sich nur an ein paar Brocken aus ferner Zeit erinnern.

Und weiter: »Faschisten, alle Faschisten!« – und dann zeigte er mit dem Finger auf die Bereitschaftspolizisten: »Diktatur! Kaputt!«

Ich bin kein Freund von Hitler-Vergleichen, kann aber dem Kollegen die Aussage nicht verübeln. Gleich darauf zeigt sich, wie sich *Fake-News* entwickeln. Der Mann schreit weiter aufgeregt während der *Live*-Übertragung in die Kamera. Es geht um die Grausamkeiten des – seiner Meinung nach – faschistischen Regimes und auch um sechsundfünfzig Vermisste. Diese überzogene Zahl kann einfach nicht stimmen. Laut des Berichtes des Hochkommissariats der Vereinten Nationen für Menschenrechte sind in Weißrussland sechs Personen bei den Unruhen spurlos verschwunden. Inzwischen wenden die grünen Gefangenentransporter und fahren weg. So leer wie sie gekommen sind. Der Angriff wird beendet, so plötzlich wie er angefangen hat. Einzelne Demonstranten begeben sich auf die Strecke – die Symbole versteckt –, als ob sie spazieren gingen. So scheint die Demonstration aufgelöst zu sein. Ich folge der Route, bis sich in der Ferne weiß-rot-weiße Banner erblicken lassen. Zerstreute Aktivisten eilen aus allen Richtungen dem neu gesetzten Treffpunkt zu.

Von außen mit Menschenketten umringt, klatschen die Demonstranten im Takt und rufen zugleich: »Einer für alle! Alle für einen!« Nach einer Viertelstunde schreit die Volksmenge begeistert: »Hoch lebe Weißrussland!«

Entlang der Allee nähert sich uns die Verstärkung, ein Menschenstrom von vielen Tausenden von Köpfen: »Hoch lebe Weißrussland. Es soll frei leben!« Inmitten des weiß-rot-weißen Meeres tauchen einzelne rot-grüne Staatsflaggen auf, auch rote Banner des Sieges, sogar eine russische Trikolore.

Keine einzige EU- oder gar NATO-Fahne. Es ist auch keine Fahne eines westlichen Landes zu sehen. Die Forderungen lauten: »Rücktritt des Staatsoberhauptes! Befreiung aller politischen Gefangenen! Neuwahlen, ehrlich und transparent!« Es gibt in Minsk keine nationalistischen oder pro-westlichen Forderungen auf der Straße. Masken? Keine. Kaum jemand will Maßnahmen einführen, die es hier einfach nicht gibt.

Die Menschenflut löst jegliches Gefühl einer möglichen Gefahr in ihrem allgemein herrschenden Enthusiasmus auf. Als das Volk an einem Verwaltungskomplex vorbeimarschiert, schalten die Absperrbeamten patriotische Lieder ein und verleihen damit der Protestkundgebung einen flüchtigen Schimmer sowjetischer Feierlichkeiten.

Die vorbeifahrenden Autos, sogar solche, die aufgrund der Großdemonstration in einen Stau geraten, hupen zustimmend im Takt der Motivationsrufe. Sogar die vorbeifahrenden S-Bahnen hupen mit.

Die Einwohner der Gebäude an der Demonstrationsstrecke öffnen ihre Fenster, winken den Passanten, rufen: »Hoch lebe Weißrussland! Es soll frei leben.«

Wie viele gingen an diesem Sonntag auf die Straßen von Minsk? Hunderttausende jeden Alters und Berufs, die meisten jung und männlich. Das von westlichen Medien verbreitete Bild weißrussischer Proteste als »Revolution der Frauen« kann ich somit nicht bestätigen.

Die Lage in der Provinz mag anders aussehen, eines steht aber fest: Eine Zustimmung für die Proteste in der Hauptstadt ist allgegenwärtig. Einmal nur nehme ich eine abweichende Stimme wahr, ein altes Mütterchen schaut mir in die Augen und sagt: »Die wissen nicht, wieviel schlimmer es noch kommen kann!«

GEHEIMKRÖNUNG
(23. September 2020)

»Das Stadtzentrum ist voll mit gepanzertem Zeug! Was haben die denn vor?«, schreibt mir ein Freund an einem sonnigen Vormittag.

Am Nachmittag meldet die staatliche Presseagentur *BelTA*, dass Alexander Lukaschenko das Präsidentenamt angetreten habe. Die Zeremonie fand im Unabhängigkeitspalast unter Anwesenheit von rund siebenhundert ausgewählten Personen statt. Dazu zählten weder Journalisten noch Diplomaten. Lukaschenko legte seine Hand auf die Verfassung und schwor feierlich, dem Volk der Republik zu dienen, die Menschenrechte und Bürgerfreiheiten zu respektieren. Als die Zeremonie zu Ende war, verließ er die Hauptstadt.

Den Abend habe ich für ein Treffen mit dem liberalen Politiker Ales Michalewitsch reserviert. Vor zehn Jahren trat er als Kandidat bei der Präsidentschaftswahl an und wurde in der Wahlnacht von Mitarbeitern des Geheimdienstes verhaftet. Einige Tage später zeigte man im russischen Fernsehen die Videoaufnahme einer versteckten Kamera aus einem Wahllokal. Ein Mitglied der Wahlkommission fragt seine Kollegen, wohin mit den Wahlzetteln, auf denen die Stimme für Michalewitsch abgegeben wurde, obwohl offiziell in diesem Wahllokal keiner für ihn gestimmt hat. Es gibt auch ein anderes Video, ebenfalls mit einer versteckten Kamera gefilmt, diesmal aus dem Kabinett eines Beamten im Minsker KGB-Gefängnis. Das Gesicht des Beamten ist verpixelt, eine weitere Figur, die dort auftritt, ist Ales Michalewitsch.

»Sind Sie zufrieden?«, fragt der Beamte.

»Das Essen ist lecker«, antwortet Michalewitsch.

»Frühstück am Morgen, ein gutes Mittagessen. Wenn mich draußen jemand so verpflegen würde, wäre ich glücklich. Wenn ich Ihnen helfen kann, würde es mich freuen, dies zu tun.«

»Ich sehe, dass wir ein vertrauliches Verhältnis aufgebaut und Sie begonnen haben, Fragen zu beantworten.«

Zwei Monate nach der Festnahme wurde Michalewitsch aus der KGB-Haftanstalt entlassen, woraufhin er eine Pressekonferenz abhielt und bekannt gab, dass die Freilassung unter Vorbehalt einer Zusammenarbeit mit den Sicherheitsdiensten stattgefunden habe. Das Zugeständnis dafür sei unter Folter erzwungen worden. Dann erklärte er, dass er sich hiermit von dieser Vereinbarung entband. Er tauchte unter, ging ins Exil. Seit fünf Jahren ist er wieder in Weißrussland auf freiem Fuß.

»Heute Abend, wenn du keine Angst hast, schlage ich vor, durch die Stadt zu flanieren«, sagt Michalewitsch am Telefon, »bestimmt kommt es zu Raufereien.«

Gegen Sonnenuntergang laufen wir zusammen Richtung Obelisk »Minsk – eine Heldenstadt«. Menschen strömen dahin aus allen Richtungen, einige mit Pappkronen auf dem Kopf, selbstgebastelt oder von *Burger King.*

»Angriff!« Die Menschenmenge schwankt. Der letzte Sonnenstrahl beleuchtet geordnete Reihen des Sondereinsatzkommandos. Eine Phalanx marschiert mit Schlagstöcken auf Metallschilder im Takt klopfend auf uns zu. Halb geblendet von Laserstrahlen sehe ich, wie aus dem Nebel Wasserwerfer herauskriechen, dann fallen auf uns Ströme oranger Farbe. Das Volk ist im Rückzug. Wir steigen ins Auto und brausen dahin. Die ganze Straße hupt.

Tausende von Stadtbewohnern stehen mit Fahnen und weiß-rot-weißen Bändchen den Bürgersteig entlang und rufen: »Hoch lebe Weißrussland!« und: »Verrecke du Ratte!«

»Der ekstatische Jubel der Untertanen übertrifft alle Erwartungen«, meldet sich Michalewitsch.

»Glaubst du, dass die Autos hier einfach so unterwegs sind? Es sind alle auf der Straße, um stockenden Verkehr zu erzeugen und das Sondereinsatzkommando zu behindern. Die ganze Stadt sabotiert die Geheimkrönung!«

Doch nicht alle. Am Siegesplatz feiern rund zweihundert Regierungstreue die Inauguration ihres Präsidenten. Kurz danach fährt zwischen den Fahrbahnen ein Auto der Straßenverkehrskontrolle, ihm folgt eine Kolonne von Kastenwägen ohne Kennzeichen. Auf den schwarzen Gefangenentransportern lese ich die Aufschrift »Menschen«.

»Fenster zu!«, ruft Michalewitsch.

»Die *Mercedes*-Autoscheiben sind nicht so leicht mit Schlagstöcken zu zerschlagen! Merkst du, wie praktisch es ist, ein sicheres Auto zu haben?«

Menschen …

MYZELIUM
(10. Oktober 2020)

Nach der Niederschlagung der Proteste im August gehen nun die Frauen auf die Minsker Straßen. Westliche Medien interpretieren in den sogenannten Frauenmarsch feministische Motive hinein, obwohl bei näherem Hinsehen von der vermeintlichen Gender-Agenda nicht viel übrig bleibt. Vielmehr wollen die Teilnehmerinnen den friedlichen Charakter ihres Protestes betonen. Sie gehen davon aus, dass die patriarchalen weißrussischen Ordnungshüter gegenüber weiblichen Demonstranten nicht gleich handgreiflich werden. Wer sind diese Frauen, die sich auf den Minsker Straßen versammeln? Was treibt sie an? Ich mache mich auf den Weg zum Minsker Frauenmarsch.

»Liebe Mädels, ACHTUNG! Wir haben alle Annoncen vom Schönheitssalon am Sportpalast gelöscht, weil der Kosmetiker dort einem brutal die Haare ausreißt. Der Besuch dieses Salons geht auf euer eigenes Risiko!«

»Wir sind nicht die Salonleitung, aber morgens waren wir zu zehnt, jetzt sind wir schon 1500 Freundinnen.«

»Ich schließe den Chat über die Nacht, passt gut auf euch und eure Freundinnen auf.«

Unter einem Besuch des »Schönheitssalons« ist im *Telegram*-Kanal *Nails & Sugaring* eine Beteiligung am Frauenmarsch gemeint und unter einem »Kosmetiker«, der »einem brutal die Haare ausreißt«, das Bereitschaftskommando.

An den selbstironischen Formulierungen im Chat zeigen sich die feinen Unterschiede zwischen dem weißrussischen

Frauen-Protest und dem Feminismus des Westens. Bei der Auflösung des letzten Frauenmarsches wurden mehr als dreihundert Teilnehmerinnen festgenommen.

Ich will mir den Arrest sparen und flüchte in ein Café hinter der Straßenecke. Zwei Mädels folgen mir und gesellen sich an meinen Tisch. Wir bestellen Wein und tun so, als ob wir keine Ahnung von nichts hätten. Die beiden unterhalten sich über ihr *Business*. Ja, die Damen sind tatsächlich in der Schönheitsbranche tätig, kein Witz! Dass es ein solch unpolitisches Milieu in den Straßenkampf zieht, ist für mich bis dahin unvorstellbar gewesen.

Als die Lage sich draußen entspannt und ich das Café verlasse, ruft mich eine junge Dame beim Namen. Ich erkenne sie, es ist Tatsiana. Wir lernten uns vor ein paar Jahren in einer der abgelegensten Ecken des Berliner Nachtlebens kennen. Damals führte sie einen *Travel*-Blog für *Backpacker* und war alles andere als politisch. Das änderte sich mit der Verhaftung des liberalen Präsidentschaftskandidaten und Kulturmäzens Wiktor Babariko. Der Geschäftsmann wurde wegen angeblicher Geldwäsche- und Steuervergehen festgenommen und von der Kandidatur ausgeschlossen. Zuvor hatte er ein ehemaliges Industriegelände in ein buntes Vergnügungsviertel mit Techno-Clubs, trendigen Cafés und *Coworking-Lofts* umgewandelt. Deshalb ist er vor allem beim hippen urbanen Publikum beliebt.

An jenem Tag, dem 28. Juli, stand Tatsiana vor dem KGB-Gebäude, um als freiberufliche Fotografin zu dokumentieren, wie man eine Bürgschaft für die Freilassung von Wiktor Babariko beantragte. Doch entgegen ihrer Erwartung, schob sich vor den Eingang keine Menschenschlange.

Die Straße war fast leer. Aus einem Minibus sprangen plötzlich Vermummte und packten die wenigen Anwesenden.

Die Liste der Festgenommenen lautete wie folgt:

- ein Typ, der seinen Kaffee trank,
- ein Typ, der eine Zigarette rauchte,
- ein Mädchen, das bei ihm stand,
- ein Typ, der gerade aus der U-Haft entlassen wurde,
- ein Mädchen, das doch ihre Bürgschaft für den Politiker abgeben wollte,
- und sie, Tatsiana, eine Fotografin.

Drei Stunden lang standen sie im Innenhof des Polizeireviers, das Gesicht gegen die Mauer. Es regnete dreimal.

Heute ist Tatsiana wieder auf dem Weg zum naheliegenden Polizeikommissariat, weil die dreiundsiebzigjährige Nina Baginskaja, eine lebende Legende des weißrussischen Protestes, entlassen wird. Seit mehr als dreißig Jahren ist Baginskaja im Einsatz für die weißrussische nationale Erinnerungskultur in einer Version, die von der offiziellen abweicht. Tag für Tag geht sie allein auf die Straße mit der weiß-rot-weißen Fahne.

Ich entschließe mich, Tatsiana zu folgen, und sehe gleich vor dem Reviereingang Frauen, die sich über die Gegensprechanlage über den Verbleib ihrer Freundinnen erkundigen.

»Nicht so schnell, bitte!«, ruft die Stimme aus der Anlage, »eure Liste ist zu lang!«

»Dann sollten Sie nicht so viele auf einmal festhalten!«, antworten die Mädels.

Nina Baginskaja steht auf der Eingangstreppe, stramm und hager, graue Haare kurz geschoren, graue Augen leuchtend. Die Aktivistin spricht fest und überzeugt.

»Ein Generalstreik ist notwendig, aber das reicht nicht. Keine Steuer und keine Mieten mehr zu zahlen, nicht mal ein U-Bahn-Ticket zu kaufen, das wäre das Richtige!«

Sie meint ihre Sache ernst und hat trotzdem ihren Humor nicht verloren.

»Als meine Geldstrafen 16 000 Dollar überstiegen, habe ich aufgehört zu zählen. Ein wirtschaftlicher Zusammenbruch ist kein zu hoher Preis für die Freiheit! Auch bei Wasser und Brot überlebt unser Volk, solange noch ein paar Kräuter auf den Feldern wachsen.«

Wenn Baginskaja zur Sabotage aufruft, trägt sie die Konsequenzen auch selber. Wenn die Appelle aus dem Ausland erklingen, von jemandem, der keine persönlichen Risiken trägt, kommen diese im Land nicht so gut an.

So fand der Aufruf des jungen *New-Media*-Stars Stepan Putilo, des Machers von NEXTA, zum Generalstreik bei den zweieinhalb Millionen Abonnenten seines *Telegram*-Kanals vergleichsweise wenig Anklang. Putilo wohnt mit seiner gesamten Familie in Warschau. Er hat keine nahen Familienangehörigen in Weißrussland.

Sein Büro befindet sich im aus der polnischen Staatskasse finanzierten »Weißrussischen Haus«[11]. Er leistet für die Bewegung viel, wurde aber auch bei der Verbreitung von *Fake-News* erwischt. Seine Entschuldigung für die unkorrekte Nachricht, es seien in Minsk russische Spezialeinheiten unterwegs, würde ich ihm noch abkaufen. Anders verhält es sich mit seinen Gewaltaufrufen gegen Bereitschaftspolizisten: »Man fängt bald an, die Kriminellen in Schwarz zu verbrennen.«

Im Mai 2014, als ich einige Wochen nach dem Feuertod von Dutzenden Menschen Odessa besuchte, erlebte ich persönlich, welches Leid solche Sprache hervorruft.

NEXTA ist die lauteste, aber nicht die einzige Stimme aus dem Westen, die in Weißrussland mitmischt. Polnische und amerikanische Regierungen betreiben jeweils den Sender *Belsat TV* und *Radio Liberty* für Weißrussland. Mit der Frage, ob die Proteste im Westen Unterstützung finden, wende ich mich an den Theaterregisseur Z. Als Mitglied des Koordinationsrates der Weißrussen im Exil vermittelt er zwischen den eigenen Landsleuten und deutschen Politikern.

»Unterstützung? Die polnische und die tschechische Regierung leisten ärztliche Behandlung für Opfer von Polizeigewalt.«

»Und für den Aufbau oppositioneller Strukturen?«

»Die Kostenübernahme für alles, was die Politik angeht, sowie für die Unterstützung der Streikenden, kommt aus privaten Quellen. Von weißrussischen IT-Firmen, die ins Ausland gegangen sind, zum Beispiel.«

»Ist das nicht ein Kauf des Protests und der streikenden Arbeiter?«

»Der weißrussische Staatsapparat wird das vielleicht als Kauf ansehen. Bei der Lobby-Arbeit für die Sanktionen haben wir großen Zuspruch von den Grünen und den Liberalen. Erst ein wirtschaftlicher Zusammenbruch bringt das Land zum Umsturz.«

Wenn einer, der nicht einmal seinen täglichen Cappuccino in einem Berliner Café riskiert, dem eigenen Land den wirtschaftlichen Kollaps wünscht, scheint mir das nicht allzu patriotisch.

»Ihr wollt doch kein ukrainisches Szenario, oder?«

»Die Ukrainer versuchten am Anfang eine Radikalisierung unserer Proteste anzustoßen und wollten diese in eine antirussische Richtung lenken. Wir wollen aber unseren eigenen *Belaruski Schljach*, den ›weißrussischen Weg‹[12] gehen, friedlich und blockfrei«, so der Berliner Regisseur Z.

Es ist in solchen Situationen immer interessant, wo das Geld wirklich herkommt und wer damit Einfluss nimmt. Das macht mich neugierig. Ich fange an zu recherchieren.

Was da unter der Oberfläche vor sich hinwuchert, erinnert mich an ein Pilzgeflecht, ein Myzelium, ein riesiges Netzwerk aus Verbänden, Medien, politischen Parteien, denen von allerlei westlichen Regierungen, Banken und sogar der Europäischen Kommission selbst großzügige Gelder zufließen.

Nicht alles ist gleich auf den ersten Blick politisch. Weißrussische Bibliotheken erhalten von der *United States Agency for International Development* (USAID) jährlich sechs Millionen Dollar, wenn sie Bücher in ihr Programm aufnehmen, die die USA in einem positiven Licht darstellen.

Das Geld fließt grundsätzlich unauffällig über profilierte Stiftungen und Agenturen. Die USAID verschenkt auch 3,2 Millionen Dollar an das *Consortium for Elections and Political Process Strengthening* (CEPPS), das wiederum Gelder an politische Parteien weiterleitet – was laut weißrussischem Gesetz als ausländische Einflussnahme streng verboten ist. Die Liste der großzügigen Unterstützer aus dem Westen ist lang. Weitere Stiftungen spenden Millionenbeträge und sogar die Europäische Kommission lässt sich nicht lumpen und gewährt zur »Unterstützung der Opfer von Repressionen und der unabhängigen Medien« 3,7 Millionen Euro. Sogar Polen lässt seinen weißrussischen Freunden fünfzig Millionen Złoty (circa dreizehn Millionen Euro) zukommen.

All diese Infos aus öffentlichen Quellen scheinen nur die Spitze des Eisbergs zu skizzieren. Die dunklen Ströme in Krypto-Währungen, die aus der Finanzoligarchie in das subversive Myzelium fließen, bleiben für das Auge des Beobachters unsichtbar.

EINE TINDER-GESCHICHTE
(23. Oktober 2020)

Sie wird schon vor unserer Verabredung nervös. Ein Taxi von ihrem Dorf ins Zentrum von Minsk kostet 555 Rubel und den gleichen Betrag zurück, schreibt sie. Ob sie sicher sein kann, dass ich zum Date erscheine:

»No probs.«

»If U mean...?«

»Yes I do.«

Sie scheint kein Restaurant im Zentrum von Minsk zu kennen, außer einen usbekischen Kebab-Laden mit dem Namen *Baklaschan*. Ich bin pünktlich dort, bestelle moldawischen Weißwein und will mich gerade auf die Veranda mit Blick auf die Straße setzen, als die Nachricht kommt, dass eine Dame im ersten Stock auf mich wartet. Das Obergeschoss ist mit Teppichen ausgelegt. Eine Nische im Treppenhaus ist mit bronzenen Schalen und Krügen chiwanischer Prägung dekoriert.

Da ist eine Frau, die mir zuwinkt. Ihre Gesichtszüge haben etwas Betrübtes an sich. Eine große Nase, glatte Haare, die im Nacken zu einem Dutt zusammengefasst sind, schmale Lippen, die zur Mitte hin etwas fester werden. Sie benutzt einen Lippenstift mit Glitzer. Ihr Lächeln sah auf den Fotos nett aus, aber jetzt lächelt sie nicht mehr.

Die grauen Augen, die zweifellos schön sein könnten, sind stumpf. Das einzig Helle, was »Keythie«, wie sie sich unrussisch auf Tinder nennt – was also Keythie trägt, sind Ohrringe mit blauen Kristallen, die in russisches Gold gefasst sind.

Der Rest ist grau: der schwere Mantel, den sie an ihre Brust drückt, darunter ein T-Shirt mit der Aufschrift *Wild Rose*, graue Jeans und grobe Stiefel, mit denen man über den Acker laufen könnte.

Ich biete ihr einen Drink an. Sie lehnt ab.

»Ich kann nicht, ich würde mich sonst zu Tode saufen. Übrigens komme ich eigentlich aus Moskau«, lügt sie, »aber ich bin gerade zu meiner Mutter aufs Land gezogen.«

Ich versuche, sie mit Erzählungen aus meinem Theater- und Filmleben und mit Anekdoten über den dekadenten europäischen Alltag zu unterhalten.

»Und ich helfe meiner kranken Mutter.«

»Was macht sie?«

»Sie ist Dorflehrerin. Und ich fotografiere übrigens auch«, sie zeigt mir Bilder von Blumen auf ihrem Handy.

Ich bemühe mich, unsere seltsame Unterhaltung am Leben zu halten.

»Deine Bilder sind echt hübsch.«

»Ja, es ist malerisch bei uns, nur im Herbst und Winter ein bisschen langweilig. Besonders in den letzten Monaten. Früher war ich viel im Internet, aber wegen der Proteste schalten sie das jetzt immer wieder ab. Ist das nicht ein Verstoß gegen die Menschenrechte?«

»Ich bin nicht hier, um eine Revolution anzuzetteln. Euer Land, eure Regeln.«

»Das ist ziemlich bequem.«

»Vielleicht. Wie siehst du denn die Situation?«

»Meine Mutter hat immer für Lukaschenko gestimmt, sogar die Wahlkommission bei uns im Ort geleitet. Dann hat man ihre Nichte verprügelt, mitten auf der Straße. So kann man doch nicht leben, oder?«

Es gibt bei diesem Usbeken keine vegetarischen Gerichte, Keythie bestellt einen Salat und eine Beilage.

»Ich bin übrigens Journalistin und schreibe über Wirtschaftsthemen in Weißrussland.«

»Interessant!«

»Nicht wirklich. In Moskau habe ich übers Theater geschrieben«, lügt sie wieder, »auch übers Fernsehen. ›Beschwert euch doch‹ – Kennst du diese Sendung?«

»Nein.«

»Also da kamen die Mädchen in Stilettos zum Set und der Regisseur sagte: ›Zieht gefälligst Turnschuhe an.‹«

Ich sage nichts.

»Und welche Schauspielerinnen in Hollywood magst du?«, fragt sie.

»O Gott! Tilda Swinton vielleicht?«

Das letzte, worüber ich mit ihr reden will, sind amerikanische Filme.

»Warum?«

»Warum? Weißt du, Keythie, Grau steht dir übrigens sehr gut.«

Wir essen gerade schweigend zu Ende, als sie tief und heftig seufzt.

»Morgen ist mein Geburtstag.«

»Du bist gar kein typischer Skorpion.«

Die Selbstverständlichkeit ihrer Lüge ist naiv und beinahe rührend. Ihre Hände flattern auf wie ein Fächer und sie verdreht schnell die Augen.

»Ich hab' kein Geld. Ich hab' sogar heimlich die Kreditkarte meiner Mutter genommen. Sie versteht nicht, wie man mit einem Typen aus dem Internet ausgehen kann.«

Sie ist sichtlich aufgebracht.

»Ich brauche eine warme Bettdecke.«

»Okay.«

Wir gehen in ein Geschäft in der Nähe.

»Hilf mir bei der Auswahl! Hier sind die Decken.«

Sie führt mich zwischen den Regalen hindurch.

»Das ist Schafs- und Kamelhaar. Es gibt Daunen, aber ich denke, je schwerer, desto wärmer...«

Ich schenke ihr eine Daunendecke zu ihrem nicht vorhandenen Geburtstag und hake mich unbeholfen bei ihr ein, wie ein Polizist, der einen festgenommenen Demonstranten abführt.

»Nein, doch nicht so.« Sie lächelt zum ersten Mal und legt den Arm um meinen Arm.

»Wohin gehen wir?«

Und läuft neben mir her, leise wie ein Schatten, auf den feuchten Pflastersteinen durch die dunkle Nacht.

TRAKTORENTHERAPIE
(31. Oktober 2020)

»Ihr dreht noch völlig durch mit den Masken! Gestern war ich auf dem Land mit dem Auto unterwegs. Und da sehe ich einen Bauern, der ganz allein übers Feld läuft, mit Maske im Gesicht! Bei Sonnenschein, bei mildem Wetter! Die Leute sind doch völlig überfordert mit dem Zeug. Man muss es einfach mal sagen, bei uns ist kein Mensch an Corona gestorben, außer er war vorher schon chronisch krank. Wir haben keinen einzigen Coronatoten! Die russischen Medien berichten wirres Zeug, von wegen Papa Lukaschenko würde seine Leute mit Traktoren, Dampfbad und Wodka behandeln. Da hab' ich mal einen Witz drüber gemacht, aber in jedem Witz steckt auch ein Körnchen Wahrheit!« (Lukaschenko)

Der weißrussische Staatschef machte keinen Hehl aus seiner Meinung über das Virus. Die Republik Weißrussland erfuhr keine Quarantäne, das Tragen einer Maske wurde der Verantwortung des Einzelnen überlassen. Die zwischenmenschlichen Kontakte wurden polizeilich nicht beschränkt. Das Regime an der Außengrenze änderte sich nicht. Minsker Restaurants, Museen, Kinos, Techno-Clubs waren durchgehend in Betrieb. Kinder liefen in die Schule, Studenten zur Uni, alle ohne Mund-Nasen-Schutz. Der nationale Fußball zeigte Corona die Rote Karte. Planmäßig und mit Zuschauern auf den Stadiontribünen haben die Klubs den Spielbetrieb für die Meisterschaft aufgenommen. Am 9. Mai 2020 feierte das Land den 75. Jahrestag des Sieges im Zweiten Weltkrieg mit einer prächtigen Militärparade. Tausende Soldaten marschierten in der Hauptstadt dicht an dicht durch das Zentrum.

Auch der berühmte sowjetische Weltkriegspanzer T-34 fuhr durch die Stadt – neben anderem schweren Kriegsgerät, darunter moderne Raketen. Am Himmel flogen Hubschrauber und Kampfflugzeuge. Das Leben ging weiter wie zuvor. Da fragt man sich nach den Folgen des legeren Umgangs mit der Königin *Corona*. Ob ihre schreckliche Majestät das Land aus Ehrenrache verwüsten ließ?

Bis dato wurden in der Republik 93 707 Infektionsfälle registriert, davon seien 961 Menschen an Covid verstorben. Es ergibt sich daraus ein Koeffizient von 96,57 letalen Fällen je Million Einwohner, niedriger als im eingesperrten Deutschland.

Die vom dortigen Staatsamt für Statistik unterbreiteten Daten werden immer wieder seitens oppositioneller, westlicher, auch russischer Medien scharf angefochten. Dazu meinte der Gesundheitsminister Wladimir Karanik: »Erst versuchten wir, die Öffentlichkeit so genau wie möglich zu informieren, was leider eine mediale Einmischung ins Private mit sich brachte. Das führte zu Panik.«

Mit der Frage, wie die Informationspolitik der weißrussischen Regierung in der Corona-Lage in der Gesellschaft ankam, wende ich mich an zwei Aktivisten der Initiative *ByCovid19*[13]. Ihre Zeugnisse deuten darauf hin, dass der Corona-Alarm das Gesundheitssystem des Landes völlig unvorbereitet traf.

»Bei dem Ausbruch der Seuche«, so der Aktivist Andrej Tkatschjow, »war unser Gesundheitssystem geschockt und überfordert. Es fehlten die einfachsten Sachen: Masken und Handschuhe, Thermometer, auch Sauerstoff-Konzentrate. Es kamen Hilferufe in den sozialen Netzen.

Mit dreihundertfünfzig weißrussischen Rubeln, umgerechnet hundertfünfzig Euro in der Kasse fingen wir an, dann flossen uns große private Zuwendungen zu. Fehlende Mittel zu erwerben, Logistik, Transport, Verteilung, das war unsere Sache. Das Gesundheitsministerium stellte sich uns zwar nicht in den Weg, das Vertrauen bestand aber nicht von Anfang an. Jegliche Eigeninitiative ist für den Staat grundsätzlich ein rotes Tuch. Die staatlichen Medien redeten die Lage schön. Insgesamt übernahmen wir die Versorgung für mehr als 2000 Einrichtungen landesweit.«

»In einer Kleinstadt sah ich eine Krankenschwester weinen«, erzählt ein anderer Aktivist namens Mitja, »als ich fünfzig Atemschutzmasken mitgebracht hatte. Ihr Rettungswagen konnte auch nicht starten, wir mussten ihn schieben. Wenn eine Frau im Alter deiner Mutter wegen fünfzig Stück Lappen heult, stellt sich die Welt auf den Kopf! Einmal haben wir alle Verkehrsregeln verletzt. Als die Verkehrskontrolle unseren Auftrag verstand, verhängte sie keine Strafe, sondern wollte uns sogar zum Zielort begleiten. Wenn es nicht unsere Ärzte und ihre Hingabe gäbe, verdammt, was würde passieren! Man sollte gegen die Chefärzte Anzeigen erstatten, die schickten ihre Leute ohne Schutzmittel zum Einsatz und berichteten nach oben, alles sei gut. Alles beginnt mit einer kleinen Lüge, die wie ein Schneeball anwächst. Sie lügen und der Präsident bekommt ein verzerrtes Bild. Ob es mit einer Quarantäne besser wäre? Nein, ich bin gegen die Quarantäne. Die würde unsere Wirtschaft zugrunde richten. Der Präsident hat alles richtig gemacht, außer dass er mit uns offen und ehrlich sprechen sollte!«

Dass Panik ausbrach und Frauen geweint haben, macht keine Einzigartigkeit der weißrussischen Zustände im weltweiten Kontext aus. Wenn man versucht, Gefühle beiseitezulegen und trockene Zahlen sprechen zu lassen, zeigt sich ein für das Land eher vorteilhaftes Bild. Die statistischen Daten werden anhand medizinischer Befunde bereitgestellt, einer Fachdokumentation, die sich weder massenweise fälschen noch vernichten lässt. Der Zusammenhang zwischen der Todesursache und der Infektion, also die Frage, ob der Patient »mit« oder »an« Corona gestorben ist, obliegt der Zuständigkeit des jeweiligen Pathologen anhand der geltenden Richtlinien. Dabei würde ich den weißrussischen Ärzten keine Verharmlosung unterstellen, eher wird die Mortalitätsrate in manchen anderen Ländern in die Höhe getrieben.

Man kann von Alexander Lukaschenko halten, was man will, er verscharrt sicher keine Leichenberge mit seinen Traktoren auf den Kolchos-Feldern. Die vom Amt für Statistik veröffentlichten demographischen Zahlen können nicht krumm sein. Zum Vergleich nehmen wir die drei Frühlingsmonate, die Zeit, als über Deutschland ein *Lockdown* verhängt wurde. Vom März bis Mai dieses Jahres gab es in der Republik 33 542 Todesfälle insgesamt. Im Vergleich zu dem gleichen Zeitabschnitt des Vorjahres ergibt das einen Wachstumskoeffizienten von 7,49 Prozent, der zwar höher als der deutsche mit 2,6 Prozent ist. Er liegt aber deutlich unter dem europäischen Mittelwert von 15,23 Prozent, den 18,46 Prozent für Frankreich, 30,23 Prozent für Italien oder gar 46,31 Prozent für Spanien. Eins können wir sicher sagen: Trotz der freiheitlichen Vorgehensweise gegenüber Corona ist in Weißrussland keine Gesundheitskatastrophe ausgebrochen.

WARTEN AUF VERÄNDERUNG
(14. November 2020)

Der Minsker »Hof der Veränderungen«[14] ist in aller Munde. Nicht nur auf den Protestkanälen von *Telegram*, sondern auch in den westlichen und russischen Medien ist ein Häuserblock im Minsker Neubaubezirk *Nowoje Osero* zu einem Vorposten der Selbstorganisation geworden.

Es begann am 6. August 2020, als zwei DJs während eines Volksfestes einen alten Rock-Hit aufgelegt haben: »Unsere Herzen fordern Veränderung! Unsere Augen fordern Veränderung! In unserem Lachen, in unseren Tränen, im Puls unserer Venen: Veränderung! Wir warten auf Veränderung!«

Wer konnte ahnen, dass ein halbvergessener Achtziger-Song solch eine krasse Reaktion provozieren würde? Die DJs wurden festgenommen und als Rowdies verurteilt. Kurz danach erschien ein Graffito der beiden Verhafteten auf der Wand eines Trafohäuschens im Hof eines Wohnblocks an der Tscherwjakow-Straße. Unbekannte Vermummte entfernten das Bild, die Bewohner des Wohnblockes klebten aber immer wieder Aufkleber darüber.

So ging es am laufenden Band. Dazu kamen die üblichen weiß-rot-weißen Protestfahnen, die erst an einer Verbindungsantenne aufgehängt, dann aus weißen und roten Bändern am Gitterzaun des Kinderspielplatzes zusammengeflochten wurden. Ein stinknormaler Spielplatz im Neubaubezirk wurde als »Hof der Veränderungen« bekannt und zum Flaggschiff des lokalen selbstorganisierten Widerstands. Frau und Mann von nebenan sind im gemeinsamen Hof mehr als nur Nachbarn geworden, sie wurden zu Mitstreitern, was die Stimmung im Hof noch mehr anheizte. Musiker aus dem ganzen Land, auch prominente, kündigten abends am »Hof der Veränderungen« kostenlose Auftritte an.

Ich habe das Lied als Kind gehört und das in ihm spürbar gespannte Warten war für mich eher auf die Pausen zwischen den Schulstunden, als auf gesellschaftliche Veränderung bezogen. Jedes Wort des Liedes ist in mein Hirn eingebrannt. Der Protagonist beschränkt sich nur aufs Warten, ändert selbst aber nichts. Er hat nicht mal Streichhölzer, nicht mal die Kraft, um auf die Straße zu gehen und sie zu kaufen, so zündet er seine Zigarette am in der Küche brennenden Gas an.

»Wie eine blaue Blume in der Küche brennt das Gas«, so reimt der russische Romantiker koreanischer Abstammung, der Sänger Wiktor Zoj, wie über die geheimnisvolle deutsche blaue Blume. »Und plötzlich haben wir Angst, Dinge zu ändern«, singt Zoj.

Das Neubauviertel ist weit abgelegen. Ich bestelle ein Taxi und fahre gut eine Stunde – eine, die den ersten nassen Novemberschnee in der frühen Dämmerung auflöst. Als ich am Wohnblock an der Tscherwjakow-Straße ankomme, sind am Spielplatz eine Handvoll Mütter mit ihren Kleinen. Einige Anwesende sind dabei, ein Graffito von dem berüchtigten Trafohäuschen zu entfernen. Jemand hat in der Nacht die rotgrüne Staatsfahne auf die Wand gesprüht.

»Geht hier ein *Battle* zwischen zwei Sprayer-Crews ab?«

»Von wegen!«, erwidert auf meine Frage ein blonder Junge, »Tag und Nacht läuft auf dem Kinderspielplatz eine Videokamera. Es ist immer wieder das Gleiche: Ein Auto ohne Kennzeichen kommt an, dann steigt ein Vermummter aus und sprüht was drüber.«

Obwohl heute Abend kein Musikauftritt im *Telegram*-Bot des widerständigen Hofes gemeldet ist, wird der Spielplatz nach und nach vor Menschen schwarz. Meistens sind es junge Familien, ordentlich gekleidet. Ihre Art zu reden verrät einen gewissen Bildungsstand der Anwohner, letztendlich konnten sich diese jungen Professionellen Eigentumswohnungen im gemeinschaftlichen Neubau leisten. Um politisch zu sein, brauchen sie nicht etwas zu stürmen und zu besetzen, was bei manchen Aktivisten die notorische Reaktion in jeder Lage wäre.

Alle paar Minuten, wenn jemand rausgeht oder eines der Häuser betritt, leuchten auf jeder Etage des Treppenganges rot-weiß-rote Lichter. Schließlich lebt man hier und meint den Kinderspielplatz, den Kiez, die Stadt, das Land zu eigen zu haben. Als die Polizei auf die ersten Zeichen der Dissidenz mit Razzien und Wohnungsdurchsuchungen reagiert, versammelt sich die Menschenmenge, alarmiert von einer Meldung im *Telegram*-Chat, um sich zu widersetzen.

Der »Hof der Veränderungen« mag wohl die bekannteste Graswurzel-Initiative sein, die sich lokal und gleichzeitig digital organisiert. Hunderte davon bedeckten schon bald die ganze Landesfläche. Nach der Art eines Myzeliums bewächst das Netzwerk Häuser und Städte, mal als Elternkomitee, mal als Hilfswerk oder Freundeskreis, wie man sich eben kennt. Die Kommunikation auf der *Telegram*-Plattform zu unterbinden, ist für den Staat anscheinend aussichtslos.

Ein Paradebeispiel lieferte auch das viel mächtigere Nachbarland im Osten. Im Jahr 2018, nach den abgelehnten Forderungen des russischen Geheimdienstes FSB, die Verschlüsselungsprotokolle offenzulegen, wurde per Gerichtsurteil eine landesweite Sperrung des Dienstes verordnet.

Die dortigen Provider machten sich daran, alle IP-Adressen, von denen die *Telegram*-Dienste verbreitet wurden, zu sperren. *Telegram* erwiderte den Angriff, indem es diese immer wieder blitzschnell änderte. Als die Anzahl der gesperrten IP-Adressen neunzehn Millionen übertraf, und somit im Land kaum noch was *online* lief, musste der russische Staat seine Niederlage einräumen. Verloren hat er aber nicht gegen die *Telegram*-Plattform an sich. Ihre glückliche Verteidigungstaktik wäre ohne Rückhalt von Internet-Riesen wie *Google*, *Amazon*, *Microsoft* und *Apple* undenkbar gewesen.

Hier in Minsk dreht man sonntags den Mobilfunk ab, um die Koordination der Großdemos zu erschweren. Dennoch kann man auch dann Textbotschaften per *Telegram* sowohl senden als auch empfangen. Dazu stellt man die Betriebsbandbreite im *Smartphone* von LTE auf 2G um. Einen Ausfall der *Gross Rating Points* (GRPs) kann sich der Staat nicht leisten.

Als Folge des russischen Verbotsdebakels hängt die Meinungs- und Redefreiheit im Netz zum Teil von der Gnade der Internet-Konzerne ab. Auch die europäischen Sicherheitsbehörden versuchen jetzt verschlüsselte Messenger-Dienste zu verbieten.

An dieser Stelle gehört im Klartext gesagt: Das von allen demokratischen Verfassungen garantierte Grundrecht auf Brief- und Fernmeldegeheimnis ist im Netz nur solange realisierbar, wie Menschen der Sorte Gates und Bezos sich nicht mit dem Macht- und Gewaltapparat verbünden.

Genug vom Digitalen. Es lohnt sich, auch mal das Kabel aus der Steckdose zu ziehen, sich vom Bildschirm zu lösen und in die nüchterne Realität zurückzukehren. Der erste spärliche Schnee fällt in weiß-rot-weiß schimmernde Pfützen.

Diese oder eine andere Fahne hin oder her – in diesem Land gibt es verschiedene Sichten auf das Gemeinsame, man streitet darüber. Eine Republik entsteht aus dem Streit in Zeiten, in denen im Westen Ausgangssperren und Kontaktbeschränkungen verhängt werden, was ich als Frontalangriff auf diese gemeinsame Sache, auf die Republik werte.

Vielleicht sollte man sich auch mal die Frage stellen: Wie lange wird man in Weißrussland auf Veränderung warten? Solange, wie die blaue Blume aus russischem Gas noch brennt?

DIE FESTUNG HÄLT STAND
(November 2020)

Am Morgen hüpft ein Vogel auf einen rosafarbenen Vogelbeerzweig. Zwischen den weißen Wolken gefriert das fahle Sonnenlicht. An einem Freitag wie diesem wenden sich uns die Dinge von ihrer müden Seite zu.

A. holt mich um 10.40 Uhr mit seinem Cabrio ab. Es ist nicht das erste Mal, dass mir auffällt, wie exakt die Zeitplanung der Reichen ist. Im Kofferraum hat er Eimer mit eingelegtem Schweinefleisch, wir gehen in die Datscha, um die national gesinnte *Intelligenzija* zu treffen. Die Straßen in Weißrussland sind ohne Schlaglöcher, glatter und sauberer als in Polen. Wir kommen am Neubauviertel vorbei, an den Wohnungen, die Lukaschenko für wenig Geld an kinderreiche Familien verschenkt hat. Dann kommen wir an einem alten Abfallhügel vorbei, dessen steile Hänge in den letzten Jahren von Skifahrern erobert wurden.

Die Datscha, in der wir ankommen, gehörte dem Schriftsteller L. Es herrscht große Aufregung in der Versammlung, die bereits zu trinken begonnen hat. Alle erwarten einen Regimewechsel. Ich werde als westlicher Journalist vorgestellt, was bei allen sofort auf Gegenliebe stößt. Der schwarzbärtige Dichter F. schenkte mir einen Band der weißrussischsprachigen Zeitschrift *Dsejasloŭ*, was so viel wie »Verb« heißt. Ich blättere die Zeitschrift durch, sie ist nicht schlecht. Nichts Peinliches fällt mir auf den ersten Blick auf. Die Texte in dieser Sprache sind mir zu mindestens achtzig Prozent gut verständlich, Heimatgedichte bar jeglichen klassischen Erbes.

Man ist bemüht, auf Basis volkstümlicher Motive einen modernen Duktus zu erarbeiten mit Gackern und Pfeifen, als ob ein Schauspieler Drosselgezwitscher aus dem Belowescher Urwald[15] imitiert.

Immerhin können sich die vorgelegten Texte im Vergleich zu den Schriften der weißrussischen Nobelpreisträgerin Swetlana Alexijewitsch sehen lassen. »Wenn mein Sohn erwachsen wird, werden wir sicherlich gemeinsam hierher kommen, um den unsterblichen Geist zu verehren, dessen Name Felix Dserschinskij – das ›Schwert und die Flamme‹ der proletarischen Revolution – ist.«[16] Mit solchen Lobeshymnen auf den bolschewistischen Henker betrat sie vor Jahren die literarische Bühne. Nach dem Zusammenbruch der Sowjetmacht drehte sich der Wind und mit ihm ihr Hals. Die Tante begann nun die russophobe Agenda zu bedienen, indem sie unter dem Deckmantel von *Mockumentary* dubioses Hörensagen und Klatsch verfasste, verzerrt, teilweise erfunden, wie es einmal sogar von ihr verleumdete Soldaten, die in Afghanistan kämpften, und deren Soldatenmütter vor Gericht bezeugten. Bei dem heutigen Treffen liest noch eine junge Autorin G. ihre feministischen Gedichte, in denen es um Menstruation und Bulimie geht.

Wir trinken hauptsächlich *Starka*, die würdige lokale Alternative zum Whisky, die bis zu fünfzig Prozent Alkohol enthält, doppelt destilliert wird und viele Jahre in Weinfässern reift. Er hat einen holzigen, eichen- und lindenartigen Geschmack.

Nachdem alle kräftig getrunken haben, hält der Gastgeber eine herzliche Rede über die Knochen von Kastus Kalinowski[17]. Es gab einen Polaken, der versuchte die Weißrussen gegen unseren Zaren aufzuwiegeln und wurde dafür vom Generalgouverneur von Wilna, Graf Murawjow, gehängt. »Wenn der Gutsherr böse ist, hängen wir ihn auf wie einen Hund! Wenn der Bauer schlecht ist, werden wir ihn auch hängen, und ihre Höfe und Dörfer werden in Rauch aufgehen, und es wird eine gerechte Freiheit geben!«, erklärten die Aufständischen.

Die weißrussischen orthodoxen Bauern verstanden die polnische Agitation nicht, so wenig, dass sie die Meuterer auf Mistgabeln spießten. Die Abschiedsbriefe von Kalinowski sind unter dem Titel *Briefe unter dem Galgen* zusammengefasst. Einer von ihnen endet mit den Worten: »Ich sage euch unter dem Galgen stehend: Leute, ihr werdet erst dann glücklich leben, wenn kein *Moskal*[18] mehr über euch steht.«

Dies sei Kalinowskis Vermächtnis an seine Nachkommen. Jüngste Archiv-Recherchen haben jedoch ergeben, dass dieser Text lange vor Kalinowskis Verhaftung als propagandistische Fälschung im Namen einer fiktiven Person, des weißrussischen Bauern »Jaska aus Wilna«, verfasst wurde. Der echte Abschiedsbrief ist in polnischer Sprache verfasst und enthält keine politischen Erklärungen und Appelle. Da wendet sich der Rebellenführer an seine Geliebte und an Gott: »Ich beneide die Freiheit einer Krähe, die ich von meinem Fenster aus im Schnee sehe.«

Der Schriftsteller L. beschwört, dass in Vilnius die Regenfälle den Friedhofshügel weggespült und die Gebeine dieses Kastus Kalinowski freigelegt haben. Und so wie die Entdeckung der sterblichen Überreste von Tamerlan[19] ein Vorzeichen des Zweiten Weltkriegs war, so sei es kein Zufall, dass nach den Überresten von Kastus Kalinowski Hunderttausende von Weißrussen unter Fahnen in Nationalfarben für die Freiheit aufbrachen – und so ähnliches seltsames Pathos. Wenn ich ein weißrussischer Nationalist wäre, würde ich über Pipelines, Gas, wirtschaftliche Souveränität sprechen, oder, na gut, wie in der Ukraine, über nationalistische militante Banden. Was ist aber hier los? Was für gottverfluchte Knochen? Alles in allem endet der Tag trotz der offenen

Meinungsverschiedenheiten darüber, wem die Krim gehört, friedlich. Zum Abschied schenkt mir der Schriftsteller L. eine Tüte mit rosa Äpfeln von seinem Grundstück.

Dann ist Samstag und – wie seit August an diesem Wochentag üblich – eine Protestkundgebung. Ich habe den Anfang fast verschlafen und denke, ich könnte die U-Bahn nehmen, aber der Zug fährt ohne Halt von der *Kastrychnizkaja* zur *Frunsenskaja*. Ich muss an der Station *Molodjoschnaja* aussteigen und zurück ins Zentrum zu Fuß laufen. Der Mobiltelefondienst beginnt überall zu verschwinden. Weiße und rote Flecken blitzen auf, als sich der U-Bahnhof *Frunsenskaja* nähert. Demonstranten strömen von allen Seiten heran. Jeden Augenblick wird eine Razzia erwartet. Die Menge zuckt irgendwo zusammen.

»Stopp! Stopp!«

»Steh da nicht so rum!«

Man kann die blankliegenden Nerven spüren. Die Richtung des Verkehrs, der die Fahrbahn füllt, klärt sich allmählich, und in etwa zwanzig Minuten sind wir an der Stele »Minsk – Heldenstadt«. Sie scheint in dem Himmel wie weiß getüncht und zu schweben. Die Militärs, die das Denkmal bewachen, lassen einen patriotischen Marsch aus ihren Lautsprechern ertönen. Der Platz davor und der nahe gelegene Park sind mit Protestierenden überfüllt. Es beginnt zu nieseln. Ich werde traurig. Das Schauspiel, dessen Zeuge ich hier werde, erinnert mich ein bisschen an Justine von de Sade. Wie der Protest hier strebt sie nach einem erhabenen Ideal und folgt allen Regeln der Tugend. Sie prangert den Schurken wegen seiner Abscheulichkeiten an und wird auf dreckigste Weise missbraucht. Am nächsten Tag prangert sie ihn wieder an und wird wieder gefickt, und so geht es immer weiter. Der Nieselregen bedeckt das abgefallene bunte Laub. Es wird auf eine fiese Weise nasskalt. Dann endlich setzt sich die Menge wieder in Bewegung.

Schwarze und schwarz-rote anarchistische Fahnen, die noch nie zuvor gesehen wurden, tauchen über der Menge auf. Die weißrussischen Anarchisten sind für ihre Härte bekannt. Sie begehen immer wieder so eine dämliche Insurgentenkacke, gehen dann ins Gefängnis und machen, mit ihren ach so eisernen Eiern scheppernd, aus den Kerkern des Regimes heraus auf sich aufmerksam. Es sind etwa fünfzehn Anarchos anwesend. Zwischen die allgemeinen demokratischen Losungen schleudern sie ihre eigenen: »Unsere Entscheidung – Selbstverwaltung!« Die Menschen um sie herum wiederholen sie verständnislos.

Dann höre ich ein Gespräch nebenan. Ein Mann, offensichtlich ein Arbeiter, sagt zu jemandem: »Wie lange müssen wir uns das noch gefallen lassen? Wenn sie Mädchen verprügeln, sollte jeder Mann reagieren! NEXTA veröffentlicht die Adressen der Polizei, man muss sie einfach einfangen und ...«

»Unterstützen Sie die Forderungen der liberalen Opposition, die Wiederwahl?«, frage ich eine Frau, die gekleidet ist, wie es vom *Schwarzen Block* zu erwarten ist. Sie und eine andere mit blauen Haaren tragen das Banner »Selbstverwaltung – JA! Selbstkrönung – NEIN!«

»Unterstützt ihr Anarchisten die repräsentative liberale Demokratie?«, frage ich sie.

»Wir wollen den Diktator stürzen und seine Bande zerschlagen. Zerschlagt den Gewaltapparat, dann wird etwas ins Rollen kommen! Jetzt ist nicht die Zeit, uns in rechts und links zu spalten.«

»Etwas wird ins Rollen kommen«, wenn sie einen Polizisten zu Fall bringen, klar wird dann was rollen. Daran habe ich, der ich die Geschichte kenne, keinen Zweifel. Auch die russische Februarrevolution 1917 begann mit der Ermordung von Polizisten, sie kam ins Rollen und niemand konnte sie aufhalten, bis die revolutionäre Linke den halben Erdball mit Blut getränkt hatte.

»Lukaschenko in den Gefangenenwagen!«, skandiert die Menge.

»Gefangenenwagen in den Gefangenenwagen!«, fügt ein Witzbold scherzhaft hinzu.

Ich nähere mich der Gruppe unter der russischen Trikolore. Auf ihrem Plakat steht »Lukaschenko – NEIN! RT[20] – NEIN! OVKS[21] – JA! Russisch-Weißrussischer Unierter Staat – JA!«

Ich frage einige, ob sie Weißrussen oder oppositionelle Großrussen sind. Sie sagen, sie seien Weißrussen, aber für die Union mit der Russischen Föderation. Warum soll man zerstören, was man einmal aufgebaut hat?

»Von Chabarowsk bis Brest kein Platz für die Diktatur!«, rufen sie, doch ihre Stimmen werden vom Trommelschlag im Herzrhythmus übertönt:

»Ratte!«

»Verrecke!«

»Ratte!«

»Verrecke!«

Als die Menge die Gabelung an der Unabhängigkeitsallee erreicht, könnten wir an ihr entlanggehen, entlang der Regierungsgebäude. Es ist möglich – nicht zu stürmen, nein –, einfach vorbeizumarschieren und so am Rande der Konfrontation mit der Regierung eigene Stärke und Entschlossenheit zu zeigen. Alle Kraft der Polizei hätte nicht ausgereicht, um den Strom der Menschen aufzuhalten. Jemand lenkte aber die Menge doch nach rechts, in Richtung der Neubauviertel. Wird die Bewegung der Kolonne etwa mit der Polizei koordiniert?

Die Bewegung vom Zentrum weg dauert eine gute Stunde. Meine Beine werden müde und ich habe Hunger. In der Nähe gibt es ein Einkaufszentrum, gerade neu eröffnet.

Ich dränge mich an den Rand der Demonstranten, gehe hinein, um mir etwas zu essen zu holen, und mache mich dann auf den Weg zum Ausgang. Draußen bricht die Abenddämmerung an. Ein massiver Stahlring in Form eines Wolfskopfes auf dem Tresen mit *Swarovski*-Schmuck erregt meine Aufmerksamkeit. Ich zögere, weil ich müde bin. Nachdem ich eine halbe Stunde lang um den Tresen herumgetrödelt bin, habe ich den Ring schließlich gekauft. Als ich nach draußen gehe, ist es bereits dunkel. Die Stadt nimmt die U-Bahn wieder in Betrieb. Ich greife nach meinem *Smartphone* und stolpere sofort über ein Video, das vor einer halben Stunde vor diesem Einkaufszentrum bei Sonnenuntergang aufgenommen wurde. Bei einer Polizeirazzia vor den Türen werden die Bürger aufgefordert, die neuesten Fotos und Videos auf ihren Mobiltelefonen vorzulegen. Diejenigen, die im Besitz von Bildern des Protestmarsches sind, werden festgenommen und in die Haftanstalt gebracht. So rettet mich der gekaufte Stahlwolf vor einem fünfzehntägigen Absitzen der Untersuchungshaft in der Okrestina-Straße.

Heute habe ich ein Treffen mit Wanda in einer trendigen Bar namens *Hooligan*. Wanda ist eine kleine, hübsch gebaute Blondine mit schwachen, vertrauensvollen Augen. Sie scheint Fieber zu haben und hat heute Schwierigkeiten, ihre Bewegungen zu koordinieren. In der Bar ist auch zufällig Tatsiana. Tatsiana ist extrem angespannt und kann ihre Hände nicht vom Telefon lassen. In all ihren Gesprächen geht es darum, wer im Gefängnis sitzt, wer verhaftet wurde und wer kurz vor der Auswanderung steht.

»Wir müssen vor Weihnachten, vor dem neuen Jahr gewinnen, sonst sind alle ausgebrannt und das Volk fällt in eine Depression.«

Ich erinnere mich an die Worte von Sun Tzu: »Wenn die Belagerung zu lange dauert, gehen deine Mittel aus, ein Drittel deiner Soldaten stirbt wie Ameisen, die Festung hält aber trotzdem stand.« Was ich bei dem Gespräch mit dem Regisseur Z. Ende August vorausgeahnt habe, ist genau so eingetreten.

Ich gehe mit Wanda tanzen. Wenn Wanda zu Techno schwingt, bewegt sie sich sanft wie ein Bauernmädchen oder besser gesagt wie eine Gans, die am Himmel Kreise beschreibt.

Nachtrag: 9. August 2022

Tatsiana hat mir eine SMS geschickt, sie ist gerade in Berlin bei der Hochzeit eines schwulen Paares. Wenn ich will, kann ich sie – sie übernachtet gegenüber vom *KitKat Club* – zum Bus nach Warschau begleiten.

Wir haben eine gute Stunde Zeit zum Plaudern. Tatsiana sieht nicht gut aus. Sie nimmt Antidepressiva. Sie wurde 2021 verhaftet, weil sie eine Demonstration gefilmt hatte, verbüßte zwei Wochen Haft und wanderte dann nach Polen aus. Jetzt lebt sie in Warschau und arbeitet für einen polnischen Fernsehsender in weißrussischer Sprache. Ihre Arbeit hat was mit Nachrichten zu tun, es fällt ihr aber schwer, über aktuelle Ereignisse zu sprechen. Sie spricht über *Self Care*.

»Warum sagst du Weißrussland und nicht *Belarus?*«, fragt sie mich verdrossen.

»Weil das der Name des Landes in der Sprache ist, die wir beide sprechen, nämlich Russisch.«

»Für mich sind Belarus und Weißrussland zwei verschiedene Länder. Belarus ist ein Land der weltoffenen, kreativen, freien Menschen, all das, was wir lieben und wofür wir stehen, während Weißrussland ein Land der Frauen in Kitteln, Kolchosen und Fabriken, des Zwangs und des Gehorsams ist. Rührei und Buchweizen zum Frühstück. Unsagbar peinlich, das personifizierte *cringe*.«

»Und in Belarus gibt es Milchkaffee und *Smoothies?*«

Tatsiana erzählt, wie und wo die gemeinsamen Bekannten mittlerweile sind. Manche in Tiflis, manche in Prag, manche in Neuseeland. Belarus ist über den ganzen Globus verstreut. Ich stellte mir dieses doppelte, schillernde Land in der inneren Konfrontation vor, dessen eine Seite sich auf soziales Design und neue Technologien konzentrierte, die angeblich eine unersetzliche Zukunft haben. Aber in der Zukunft, so zeigt sie sich, geht es darum, dass nicht alle genug zu essen haben werden, und derjenige, der die Kolchos-Felder, Traktoren und Kalidüngemittel besitzt, in der mittelfristigen Perspektive gewinnt. Das Land Weißrussland ist ein saurer Boden, der fabelhafte Kartoffeln hervorbringt, und Belarus ist eine *Fata Morgana* in einem Nebeldunst, die im Ostwind über die Sümpfe Polesiens jenseits des westlichen Bugs verweht.

NACH MOSKAU! NACH MOSKAU!

(12. Januar 2021)

Die Durchsage kommt genau dann, als die Maschine in Turbulenzen gerät: Zum Zweck der Nachverfolgung allmöglicher Infektionswege, trage man bitte sämtliche Reisedaten in die ausgeteilten Formulare ein! Einem Fluggast fällt seine letzte Urlaubsadresse nicht ein.

»Notieren Sie halt irgendwas Beliebiges!«, rät der Flugbegleiter, »der Kram ist sowieso für die Tonne.«

Wir tragen alle fleißig was Beliebiges ein. In Russland selbst sind Reiserückkehrer verpflichtet, sich umgehend einem PCR-Test zu unterziehen, für den man sich *online* registriert. Die für die Anmeldung erforderliche Bestätigungs-SMS kam auf meiner deutschen Nummer nicht an. Ohne die verifizierte Nummer kann das Gesundheitsamt eine positiv getestete Person nicht orten, was der Zweck der Maßnahme ist. Ein Mitarbeiter des Testzentrums empfängt meine SMS auf seiner eigenen Rufnummer. Mit der geht es flott, und weiter ab nach Moskau! Im Schnellzug zur Stadt sieht es mit der geltenden Maskenpflicht locker aus. Auch in den unterirdischen Palästen der Hauptstadtmetro ist es zwar angesagt, das halbe Gesicht zu bedecken, dennoch ereifern sich die allgegenwärtigen Wachpolizisten, wenn überhaupt, nur den asiatischen Gastarbeitern gegenüber. Der erste Eindruck von der winterlichen Stadt ist: Sie boomt, die Geschäfte florieren. Um 23 Uhr schlägt aber die Sperrstunde.

Eines Abends treffe ich mich mit dem berühmten Kunsthistoriker Dr. Lewon Nersesjan zum Abendessen. Der Gelehrte gab sein italienisches Domizil auf, um sich nach *Tertia Roma*, dem »Dritten Rom« – so betitelt man liebevoll Moskau – zurückzuziehen.

»Die Obrigkeiten hierzulande mögen nicht aufgeklärter als bei euch im Westen, die Verordnungen genauso albern sein«, meint er, »aber es gibt da immerhin eine Nuance. In einer klassischen Satire zeichnet der russische Autor Saltykow-Schtschedrin einen wahnsinnigen Bürgermeister, der immer durch die Stadt in einer schnurgeraden Linie läuft. Die Bürger erkennen rasch diese seine irre Angewohnheit und verhalten sich schlau, indem sie dem Bösewicht ausweichen. Das Ausweichen ist etwas Urtypisches für den Russen. Seit eh und je, seit dem tatarischen Joch und der Goldenen Horde, erwartet er von der Obrigkeit nichts Gutes. Eine stille Sabotage sinnloser Anordnungen gehört zu seinem Alltag.«

»Die Obrigkeiten selbst versuchen ja auch dem Rechtsgebilde auszuweichen«, erwidere ich, »ohne das Recht zu brechen. Man bezeichne das als Korruption, es ist aber eher eine traditionelle einheimische Art zu wirtschaften.«

»Der Westeuropäer dagegen nimmt die Beschränkungen für bare Münze. Er läuft in gerader Linie, dem wahnsinnigen Bürgermeister folgend oder entgegen. In letzterem Fall knallt es.«

Die Zeit verläuft wie im Flug. Unbemerkt schlägt die elfte Stunde, und der Wirt sollte eigentlich den Gästen schon die Tür weisen. Von wegen! Die Fete geht weiter – hinter verschlossenen Türen.

Die russischen Weihnachten, die nach dem allgemeinen zivilen Kalender auf den siebten Januar fallen, sind vorbei, und mit ihnen auch das Weihnachtsfasten, bei dem unsere Gläubigen nur Fisch zum Festmahl essen dürfen. Der Mond taucht den Moskauer Himmel in der Farbe *mordoré* wie ein Pfannkuchen in Störkaviar.

Das Fischangebot in den Restaurants der Metropole ist bunt und vielfältig: Zander, gekochte Brassen, Karpfen, gewürzt mit Pfeffer, Zimt oder Safran. In anderen Häusern wird gegrillter Wels, eingebackener Stör auf den Tisch gebracht.

»Vom Stern bis zum Wasser«, vom Erscheinen des ersten Sterns an Heiligabend bis zur Segnung des Wassers am Dreikönigstag, sind die zwölf Tage, die den abendländischen Raunächten ähneln.

Auch wenn in den Städten Kinder keine *Koljadki*[22] singen und Weiber nicht mehr hexen, der Zauber dieser Nächte schwebt an der Oberfläche. Wenn trinken, dann lieber Honigwein, so leicht wie die Januarsonne. Zu der Nadelduftnote, die in der Luft hängt, gesellt sich ein Orangenduft.

Für den Russen ist diese Frucht in der Silvesternacht wie ein Gruß der Sonne, die zur festlichen Stunde tief unter der Erde, im ewigen Süden auf der gegenüberliegenden Seite des Erdballs erscheint. Immer wieder spürt man Heißluftwellen, von den zuschlagenden Türen der Moskauer Cafés, die sich augenblicklich in die Atmosphäre zerstreuen. Die Weihnachtsbäume auf dem Tschistoprudnyj-Boulevard treten noch immer funkelnd hervor. Kinder mit Laternen in den Händen eilen wie eine Schar von Schneevögeln zur Eislaufbahn. Farbige Schatten huschen an den Boulevards über den Schnee, der auch durch die Luft wirbelt, aber durch unseren Atem und unser Lachen schmilzt. Ein herber Honigduft weht aus einem Laden, glasierte Nüsse und kandierte Feigen locken verführerisch in einem kunterbunten Durcheinander von der Theke. Saitenklang. Klirren der Gläser. Beifall. Gelächter. Irgendwo schmelzen gedrehte Kerzen. Und du, *Garçon*, mein Liebster, servier uns ganz schnell Gans mit heißen Äpfeln!

Draußen ist der Stadthimmel auch in der Nacht wie angeschwollen, trunken voll Schnee im purpurnen Flitter. Die

Straßen meines Berlins sind leer, seine Theater und Clubs zu, Märkte und Stadien zugesperrt.

Jede zweite Parkbank ist mit einem Umzäunungsband quer gebunden, damit die Bürger nicht zuviel frische Luft schnappen. Von Zeit zu Zeit flackert kaltes Blaulicht durch urbane Räume, um den Protest zu zerstreuen. Einsam stehen unaufgeräumt leuchtende Figuren, ein Weihnachtsmann mit Schlitten, Elchen und Schneemännern am leeren Kurfürstendamm.

Aristoteles unterschied eine *Polis*, eine Siedlung der von Natur aus freien Menschen von jenen barbarischen, die sich von einem Tyrannen unterjochen ließen. Ein Tyrann behandelt seine Untertanen wie Sklaven oder unmündige Kinder, freie Menschen erschaffen das Gemeinsame in einem geordneten Streit. Was eine *Polis*, eine Republik, von einer Barbarensiedlung unterscheidet, sind ein Forum, ein Stadion und ein Theater. Auf einem Forum handelt und verhandelt der freie Mann, streitet und politisiert – alles ohne Gewalt. In einem Stadion wetteifert die Jugend, kämpft aber immerhin spielend. Im Theater streiten Helden- und Götterfiguren über Recht und Leidenschaft, streiten mitunter bis zum Tod, vergießen aber kein Menschenblut. Das Theater sucht Antworten auf die letzten Fragen des Seins – die beantwortet in einer *Polis* weder ein König noch eine Gottheit. Die Bürger fällen selbst das Urteil anhand des von einem der Ihren erdichteten Dramas. Sich zu versammeln, körperlich einen gemeinsamen Raum für Auseinandersetzung zu schaffen ist der Anfang aller Kultur. Jener, der es uns wegzunehmen anstrebt, strebt Barbarei an, um – so Aristoteles – uns zu versklaven.

Der heutige Russe widersteht der Tyrannei unterschwellig auf eine ironische Weise: »Wenn Revolutionen scheitern, probieren wir es mit Korruption.«

Um Mitternacht fängt der Boden unter der Sohle an wegzurutschen, das Eis gefriert. Der Nebel, klassisch eingerahmt von umrisshaften Zweigen, gerinnt in Gestalt einer halbkreisförmigen Kolonnade.

»Im Frühling, als noch keiner Ahnung vom Virus hatte«, erzählt Lewon, »versuchte der für seine Vorliebe zur Digitalisierung bekannte Moskauer Bürgermeister ein System der elektronischen Pässe einzuführen. Um den öffentlichen Verkehr zu benutzen, ja auch um sein eigenes Auto zu fahren, musste man eine Anfrage *online* stellen: die Strecke, die Abfahrtzeit und den Reisezweck ins System eintragen. Die Anwendung würde dann eine Fahrgenehmigung in der Form eines QR-Codes generieren oder eben auch nicht, falls man belanglos quer durch die Stadt flanieren wollte. Glatt lief das allerdings nicht. Als Passagier in der Moskauer Metro musste ich mir den Weg durch das Gedränge vor den *Checkpoints* bahnen. Dort haben sich sicher schon einige angesteckt. Die Polizisten – sie sind ja auch bloß russische Menschen –, täuschten die Kontrolle jedoch nur vor: Irgendeinen QR-Code vorzuzeigen reichte völlig aus, ob die Zeiten oder Strecken stimmten, wen kümmerte es?«

Wie schlimm traf die Seuche die Russen? Ging das Volk, das sich nicht richtig einsperren ließ, wie die Fliegen ein? Anhand der Daten aus den letzten Monaten lag die Sterblichkeit an Corona bei 308 pro Million Einwohner, was weniger ist als 883 in Großbritannien, 652 in den USA oder 565 pro Million Einwohner Deutschlands.

In dieser Hinsicht hat Russland ohne die drastischen Maßnahmen sehr milde abgeschnitten. Es liegt teils bestimmt an der Eigenart des Volkes, die traditionelle Lebensform in einer Großfamilie stets aufrechtzuerhalten. Die Senioren sind durchweg bei den Kindern und Enkelkindern untergebracht, die für sie Sorge tragen. Es gilt als unrussisch, die eigene Mutter in eine Pflegeeinrichtung abzugeben – jene Einrichtungen, die im Westen zu Todeshotspots geworden sind.

Seit kurzem nehmen die Moskauer Theater den Spielbetrieb wieder auf. Zwar muss sich das Publikum in gestaffelter Ordnung hinsetzen, dennoch haben neumodische Hygieneverordnungen auf der Bühne keine Gültigkeit. Heute Abend führt man ein Kammerstück von Nina Sadurs *Gartendoktor* auf, ein sanftes und zugleich höchst rasantes Bühnenspiel. Unerfüllte Träume nehmen in einem überwucherten Garten Gestalt an. Wir schauen einem Ehepaar zu, dessen Zeit verrinnt und dessen Leidenschaft immer krassere und wildere Formen annimmt.

Ich betrat das Parkett in einer höchst feierlichen Verfassung: Die heilige Flamme ist in der Stadt bewahrt worden! Die Kultur fand wieder Zuflucht in dieser geheimnisvollen verschneiten Stadt. *Tertia Roma.*

DAS REBELLISCHE KLOSTER
(6. März 2021)

Als der weltweite Virus-Wahn ausbrach, stieß dieser in Russland umgehend auf kritische Stimmen. Diese kamen sowohl aus der Wissenschaft, von Forschern und Medizinern, als auch aus der Zivilgesellschaft, vertreten von Patientenverbänden und Elternkomitees. Politisch war der Protest an beiden Rändern der Parteipalette beheimatet: dem radikalfreiheitlichen, dem libertären und dem patriotisch-antiwestlichen. Eine breite Bewegung jedoch, jenseits der überlebten Schubladenaufteilungen, ist bis jetzt in Russland nicht zu beobachten. Auch der Schritt von der Kritik in den Widerstand bleibt eine Ausnahme. Der Anstoß, diesen Schritt zu wagen, ist mitunter der Glaube.

Ich befinde mich mitten im Ural-Gebirge. Hinter mir liegt ein verschneiter Weg, vor mir das rebellische Anti-Corona Kloster – ein Nonnenkloster zu Ehren der Ikone der Gottesmutter, der »Getreidesegnerin«[23] –, wo die staatlichen Maßnahmen vehement abgelehnt werden. Bei minus dreißig Grad scheint selbst die im Schnee sich widerspiegelnde Sonne einzufrieren.

»Wohlan denn, lasst den Pilger rein!« Die Schranke geht quietschend hoch. Männer in zusammengewürfelten Uniformen geleiten mich zu einem Wachhäuschen. Drinnen steht ein Dickbauchofen in voller Glut, es gibt frisch aufgesetzten Tee. Einige Ikonen, auf denen Zar Nikolaus II. zu erkennen ist, blicken mich an. »Bist du ein Blogger?«, fragt mich einer der Wächter. »An dieser Sorte Besucher verbrennen wir uns ständig die Pfoten. Erst kam diese Tussi aus der Glotze und pöbelte die Nonnen an, dann die mit den Hubschraubern, die in den Wäldern herumschnüffelten. Manche sprachen so wie du, wie gedruckt. Am Ende kamen dabei nur schlechte Lügengeschichten heraus.«

Ich versuche die Männer für mich zu gewinnen und gebe vor, dass ich das Heiligtum ehren möchte.

»Zeig erst einmal dein Tattoo her«, sagt ein zweiter Wachmann, der am warmen Ofen lehnt.

»Hat es eine Bedeutung? Rezitier mal das orthodoxe Glaubensbekenntnis!«, drängt er mich. Ich bin vorbereitet und tue es.

»Amen, passt«, lächeln sie in ihre Vollbärte.

»Du wirst hier aber keinen interviewen! Es gibt nur einen, der Bescheid weiß: *Batjuschka*, das Väterchen! Aber der sitzt in Moskau in Haft und gibt seit Wochen keinen Laut von sich. Er hört nur auf Gott!«

Ich stehe auf und hebe den Rucksack hoch.

»Warte bitte. Zeig mal dein Brustkreuz!«, fordert mich einer der Wärter auf. Ich habe keines und gebe vor, es verloren zu haben. Die Augen des Bärtigen in Uniform zeigen sich mir in einer unfassbaren Klarheit.

»Diese Augen haben Krieg gesehen«, denke ich und ärgere mich, dass ich mein »Kruzifix« zuhause vergessen habe. Ich denke wirklich »Kruzifix«, als wäre ich ein Bayer. Die ganze Reise hinfällig – verloren.

»Und du sagst, du wärest orthodox?«, herrscht mich der Wachmann an. »Das geht nicht!«

Er denkt kurz nach, dann: »Hier, nimm mein Kreuz und trage es.«

Geschafft!

Warum die Mühe? Die Strecke von Moskau zum Kloster von gut dreieinhalbtausend Kilometern hatte ich mir vorgenommen, da mich eine Nachricht bis ins Mark getroffen hatte: Militärs der Nationalgarde hatten in einer Nacht-und-Nebel-Aktion ein Frauenkloster gestürmt. Unfassbar! In einem unscharfen Video war ein dunkles Gewimmel aus schwer ausgerüsteten Polizisten und ebenso schwarz gekleideten Nonnen zu sehen. Das Sturmkommando verprügelte Klosterschwestern und entführte den *Starzen*, den »Altvater«.

Das Bild »Gewehrlauf, auf ein erschrockenes Kindergesicht gerichtet« spiegelt mir mein Gedächtnis seitdem obsessiv immer wieder vor. Nun war ich hier, in der fernen, aber mir dennoch seit der Kindheit vertrauten Welt der östlichen Orthodoxie.

Die russische Volksfrömmigkeit hat zur Staatsgewalt seit vielen Jahrhunderten ein zwiespältiges Verhältnis. Während sich die offizielle Kirche seit Jahrhunderten den jeweiligen Regenten anbiedert, gibt es immer wieder große Bewegungen des orthodoxen Widerstandes.

Als 1666 durch die Regierung eine Änderung der Gottesdienstordnung herbeigeführt worden war, sahen viele Konservative dies als Heraufkunft des Bösen. Dieses erblickten sie ebenso in der Einführung von staatlichen Verwaltungstechniken. Sie wurden als Abtrünnige verfolgt, gefoltert und getötet. Dem Kompromiss mit dem Satan zogen die Entschlossensten die »Feuertaufe« oder den »roten Tod«[24] vor. Andere flohen in die Einöde und ließen sämtliche Papiere des aus ihrer Sicht unrechtmäßigen Staates zurück, weil »das Teufelssiegel« auf ihnen zu erkennen war. Nach dem Umbruch von 1917 und der Tötung des Zaren gingen Teile der Kirche erneut in den Untergrund, ebenfalls in Ablehnung einer neuen Verwaltungs- und Herrschaftstechnik: der Einführung des für alle verbindlichen Passes.

»Die frühen Christen«, so bekundete in jener Zeit der Erzbischof Hermogenes – der ein Jahr später als bekennender

Nationalist und Antisemit von bolschewistischen Revolutionären verhaftet, nach einem ergebnislosen Vermittlungsversuch getötet wurde und seitdem als Märtyrer verehrt wird –, »befolgten alle gesetzmäßigen Vorschriften der Welt – alle außer Götzendienst. Die wahren Gläubigen kommender Tage lehnen aber buchstäblich das ganze Staatsrecht ab. Die Überwachung entsteht dank der jederzeit überprüfbaren Nummern, die der Staat den Menschen zuordnet, so dass er alles über jeden weiß. Jegliche Staatsgewalt gehört missbilligt, da sie unter dem Vorwand von Gewissensfreiheit sich selbst zum Abgott macht.«

Widerstand aus dem Glauben ist auch bei anderen von der ostchristlichen Orthodoxie geprägten Völkern bekannt. Dieser kommt dabei nicht aus den oberen Etagen der Hierarchie, sondern aus der alten Tradition der Starzen, der »Altväter«. Mit diesem Titel bezeichne ich hier weder Amt noch Rang, sondern eher einen mystischen Mentor, Wegweiser und Beschützer.

Politisch korrekt waren die Altväter nie. Seit Jahrzehnten mahnen sie vor der digitalen und biopolitischen Tyrannei der globalen Eliten. Die Hochburg des weltweiten Altvätertums ist der Berg Athos in Griechenland mit seiner Autonomen Mönchsrepublik. Mit klaren Worten wendete sich der dortige Erzabt an Weihnachten gegen die Corona-Auflagen der griechischen Regierung, die Impfkampagne im Allgemeinen und die Einführung eines Impfpasses im Besonderen. In Serbien prägte der exzentrische Mönch Antonije Davidović[25] die Anti-Corona-Proteste und sieht sich seitdem einer krassen Polizeischikane ausgesetzt.

Ich passiere die zweite Wache unmittelbar vor der Klosterwarte. Die weißen Kirchenbauten ragen wie aus dem Schnee gewachsen empor, ihre goldenen Kuppeln verschwimmen in der Sonne. Alles ist Neubau – entworfen in neo-traditionalistischer Manier, derart schlicht, dass der Geist keinen Augenblick in Äußerlichkeit verfangen bleibt. Die Figuren der vorbeigehenden Schwestern scheinen zu flirren wie Schatten von Schmetterlingen, schwarz auf weiß. Keine einzige schaut mich an. Eine vierzig Tonnen schwere Glocke schlägt irgendwo oben, neben der Sonne und ermahnt mich, den Gast, dass es mir nicht gebührt, Engel anzustarren.

Dieses Kloster ist das des Altvaters Sergius Romanow, der nun in Moskau im Gefängnis sitzt. Er ist mit Abstand der umstrittenste Geistliche Russlands. Böse Zungen behaupten, in der ungestümen Jugend sei er ein Räuber gewesen. Eine Geschichte von ihm ist berühmt: Eines Nachts lasen der zukünftige Mönch und seine zwei Begleiter einen Mann auf der Straße auf. Die drei waren stark betrunken, dennoch wollten sie den Mann mit dem Auto nach Hause befördern. Auf der Strecke erlitten sie einen schweren Autounfall. Und hier scheiden sich die Erzählungen.

Starez Sergij berichtet von einer drei Tage und Nächte anhaltenden Abwesenheit, in der sein Geist seinen Körper zurückließ. Er beschaute sein eigenes Leben als eine ewige Gegenwart, bis er in den Dienst der Himmelskönigin berufen wurde und zu diesem Zweck mit wunderlichen Gaben ausgestattet worden war.

Eine andere Geschichte steht in den Unterlagen des Strafverfahrens: Als der aufgelesene Fahrgast nach dem Unfall auszusteigen versuchte, schlugen die drei Täter ihn mit einem Stein und legten den Körper in den Kofferraum. Als das Opfer das Bewusstsein wiedererlangte, schlugen die Angreifer abwechselnd mehr als zehn Mal mit einem schweren Werkzeug auf seinen Kopf, banden eine Steinplatte an die Leiche und warfen diese in den Fluss.

Ich persönlich bringe dem Urteil eines sowjetischen Gerichtes kein größeres Vertrauen entgegen als den Berichten einer spirituellen Reise unter Alkoholeinfluss. Aber auch wenn die Anschuldigungen stimmen sollten: Im Christentum tauchen immer wieder Figuren der Läuterung auf, wie Petrus, Paulus, Moses der Moor[26]. Während der dreizehn Jahre, die er in Haft verbrachte, verwandelte sich Nikolaj Romanow in Starez Sergij. Nach seiner Entlassung wurde er Mönch und machte sich stark für den Bau eines Männerklosters. Diesem Bau folgte die Frauenabtei, vor deren hohen Mauern ich nun stehe. Diese ist zur Selbstversorgung Hunderter von Anwohnerinnen angelegt. Neben diesen zwei bekannten Bauwerken hört man von mehreren Einsiedeleien in abgelegenen Wäldern.

Seit Ende Dezember 2020 sitzt Sergius wieder in Haft. Die Anklage nach §110 StGB der Russischen Föderation lautet »Verleitung zum Selbstmord«. Inmitten einer Predigt hatte er die Anwesenden aufgefordert, die Bereitschaft zu bekennen, für Russland zu sterben. »Ich bin bereit«, erwiderte eine Klosterschwester nach der anderen. »Wir scheiden zusammen hin!«, hatte ihnen der Angeklagte daraufhin den Segen erteilt.

»Von wegen Verleitung zum Selbstmord!« Der Anwalt, Iwan Mironow, betrachtet den Fall als einen politischen. »Die Bereitschaft, für die Heimat zu sterben, ist der natürlichste Zug eines jeden Patrioten.«

Mironow empfing mich vor meiner Abreise zum Kloster in seiner Kanzlei, die nur ein paar Kilometer vom Kreml entfernt liegt. Es ist eine teure Gegend. Er selber war auch schon angeklagt worden, den Totschlag eines Politikers[27] vorzubereiten, dem wir den Ausverkauf des sowjetischen Erbes zu verdanken haben. Er wurde freigesprochen und gilt heute in Moskau als der Nationalisten-Anwalt.

Der hinter Gittern zu Tode gefolterte Anti-Pädophilie-Aktivist Maxim »Hackbeil« Marzinkjewitsch zählte zu seinen Mandanten. Die Bücherregale in seinem Büro sind voll, darunter auch eigene Werke. Seine Bücher schreibe er mit einem goldenen *Montblanc*-Füller. Er präsentierte mir im Gestus eines Kollegen sein letztes Werk und ich schlug eine beliebige Seite darin auf: »Revolution ist ein leidenschaftliches Verlangen nach dem Umbruch, die Unmöglichkeit zu dulden, zu kriechen, ein Aufstand des Willens, ein feierlicher Krawall! Revolution stirbt nicht, solange ihr Herz schlägt! Das Herz der Revolution schneidet keine Grimassen auf Bühnen, reibt mit seinem Hosenboden keine Bänke in Gerichtssälen blank, betreibt keine Selbstbefriedigung in sozialen Netzen! Das Herz der Revolution schlägt in Gefängnissen. Aus dem Leid, aus der hasserfüllten Selbstaufopferung tritt ein Kämpferleben hervor!«

Ein durchaus treffendes Buch, meine ich.

»Vater Sergius erhob die Stimme gegen jene Kirchen- und Staatsoberen, die der Weltfinanzmafia zu Diensten stehen statt den Russen. Deshalb wurde er verhaftet«, sagt Iwan Mironow. »Er ist für sie gefährlich, weil er sehr beliebt ist und einen starken Charakter hat. Außerdem umgeben ihn Erzählungen von bewirkten Wundertaten. Als die Corona-Hysterie ausbrach, ermahnte Vater Sergius die Menschen, Gott zu fürchten, nicht die Seuche. Die geschlossenen Kirchentüren seien Sünde, gar Verbrechen! Weder *Online*-Gottesdienste noch Masken in der Kirche würden sich in der Orthodoxie ziemen!«

Der Anwalt beschreibt, wie nach dieser öffentlichen Stellungnahme eine Vielzahl an Behörden im Kloster aufgekreuzt sei, vom Finanzamt bis zum Jugendamt. »Weil sie nichts bemängeln konnten«, so der Anwalt, »begann der Unsinn mit der Verleitung zum Selbstmord.« Im Gefängnis würde er jedoch an Anhängerschaft gewinnen, ist der Anwalt überzeugt. »Alle Art von Prominenz fühlt sich betroffen, sowohl aus den rechten Kreisen wie auch manche Linke.«

»Ich bin selbst extra aus Berlin hergeflogen! Seit dem Ende der Sowjetunion ist kein Kloster mehr in Russland gestürmt worden«, entgegne ich ihm.

»In Russland nicht, in der Ukraine schon!«, beendet der Anwalt das Gespräch.

Zurück im Kloster. Als ich mich vor einer wundertätigen Ikone verneige, meldet sich ein junger Mann, um mir einen »ganz besonderen Ort« zu zeigen: den Klosterfriedhof. »Spüren Sie hier was?«, fragt er mich, dort angekommen.

»Schauen Sie dieses Grabkreuz an. Die Nonne war nicht mal zwanzig, als sie sich eine Krankheit erbat, um unser Land zu erlösen. Kurz darauf verstarb sie an Krebs.« Er zeigt auf weitere Gräber: »Die da war zweiundzwanzig und diese da ...«

Ich sitze in der Wartehalle des Flughafens und warte auf meinen Rückflug nach Moskau. Ich trage wieder den Maulkorb im Gesicht und bekomme im Gegenzug gratis WLAN. Ich denke über die ferne Welt der Orthodoxie nach.

Einige der Gläubigen, so wurde mir im Kloster erzählt, hätten es geschafft, gänzlich den Zeitgeist zu bannen und das Leben, ja die ganze Weltgeschichte als eine zeitlose Gegenwart zu beschauen, deren Geist tief in der Ewigkeit seine Wurzeln schlug. »Die Welt vergeht, sie bestehen ewiglich«, so hatte mir das mein Friedhofsführer beim Abschied gesagt.

Da reißt mich eine Nachricht auf dem *Smartphone* aus den Gedanken: Eine Frau namens Zhanna Tetenewa, eine Lehrerin, die seit zwanzig Jahren Ukrainisch an einer Schule in den Ostkarpaten unterrichtet, weigerte sich, die Maske aufzusetzen – auch während des Unterrichts. Die angedrohte Strafe übertraf fünf ihrer Monatsgehälter. Zu ihrem Motiv äußerte sich Frau Tetenewa wie folgt: »Gott schuf uns nach seinem Abbild. Mit offenem Gesicht erkennen wir sein Ebenbild im Gegenüber. Ich setze keine Maske auf. Für mich ist sie schlimmer als der Tod.«

DER EINGEBILDETE KRANKE

(13. März 2021)

»Es ist vonnöten, Russland einzufrieren«, pflegte der reaktionäre Zarenminister Pobedonoszew zu sagen. Bei Anbruch des Tauwetters, grau und matschig – wie heute – bin ich mit dem Alten *d'accord*. Da die Petrowka-Straße von der Polizei gesperrt ist, finden wir den Weg zur Demo durch Hinterhöfe des mittelalterlichen Petersklosters. Die Menschenmenge auf dem Puschkin-Platz ist unübersehbar: Moskauer *Intelligenzija*, Bourgeoisie, Studenten, einige werfen Schneebälle in Richtung Polizei, die scherzend Masken und heißen Tee verteilt. Die Lage scheint entspannt zu sein, die Regierung kommt nicht auf die Idee, die Versammlung wegen Infektionsschutz zu unterbinden. Winterliche Wasserwerfer sind auch nicht zu sehen – anders als im »freien« Westen.

Die Demonstration findet für einen Gefangenen statt, der vor kurzem verhaftet wurde und der mittlerweile auch im Westen keinen geringen Bekanntheitsgrad erreicht hat.

»Der Berliner Patient« – so nannte ihn das Staatsfernsehen in Russland und wenn Putin ihn je erwähnen musste, dann nannte er ihn nie beim Namen, sondern sprach von ihm höchstens als »diese Person«. Sollte der Unnennbare so infam erscheinen wie »Du-weißt-schon-wer« bei Harry Potter oder bedeutungslos wie eine Schmeißfliege, die keinen Namen verdient? »Eine stumpfe Schnauze und ein verlängertes amerikanisches Rückgrat«, so kam Nawalnyj bei unserem Dichter Limonow an. Übrigens war in Nawalnyjs Karriere »Vergiftung« schon einmal Thema: Jung und liberal gesinnt, verglich er in der ersten krassen Kurve seines Aufstiegs kaukasische und asiatische Gastarbeiter mit Kakerlaken, die man am besten eliminieren sollte. Sein Ausschlussverfahren aus der *Jabloko*-Partei[28] war noch am Laufen, da gründete der frischgebackene Rechtspopulist eine Bewegung zur Umgestaltung des Staates nach nationalen und demokratischen Prinzipien. Kumpanen dabei waren unter anderem der Publizist Wladimir Golyschew und der Schriftsteller Sachar Prilepin.

Regulierung der Migration, Einführung gewählter Sheriffs anstelle der lokalen Polizei und Legalisierung ziviler Waffen – mit diesen Forderungen marschierte die Truppe am 4. November beim Russenmarsch zum Tag der Nationalen Einheit mit.

Moskau im Jahr 2011. In einem grauen Arbeitervorort bin ich zufällig Zeuge einer Machtdemonstration der Rechten. In den Betonschluchten fegt der Novemberwind durch Runen auf schwarzen Bannern. Einige der Demonstranten tragen goldene Kreuze und Ikonen. Unter ihnen sieht man auch Skinheads und Fußballhooligans. Ich sehe Nawalnyj, hoch gewachsen und ganz in Schwarz gekleidet, aus der Menschenmenge ragen.

»Alle für einen! Einer für alle!«, schreien sie aus vollem Hals.

»Russland den Russen! Moskau den Moskauern!«

Über ihren Köpfen weht die Fahne des alten Russenreiches in den Farben Schwarz-Gold-Weiß. Das Mitmarschieren von Nawalnyj bei den Rechten wird später noch für manche Kontroverse sorgen.

Ich erinnere mich an ein Interview im deutschen Fernsehen mit einem Politiker der Grünen, Leiter der jüdisch-liberalen Gruppe *Emet*[29], Sergey Lagodinsky, der Nawalnyj in einem positiven Licht darstellte. Der Interviewer legt sofort Protest ein, der Hochgelobte sei doch eindeutig ein Nationalist. Lagodinsky erwidert, während der gemeinsamen Zeit in Yale sei ihm sein Kommilitone recht vernünftig vorgekommen, wenn er auch seine Ansichten nicht teile. Ach, so ist das! Nawalnyj war also auch in Yale?

Tatsächlich, parallel zu seinem rasanten Rechtsruck ließ Nawalnyj sich an der Universität in Yale einschreiben und absolvierte dort einen viermonatigen Lehrgang, ein Stipendium für aufstrebende Führungskräfte in der Politik, das *Yale World Fellows Program*. Dieses Programm hat offiziell zum Ziel, ein globales Netzwerk zur internationalen Verständigung zu schaffen.

Was auf den ersten Blick unschuldig daherkommt, dient wohl hauptsächlich der Einflussnahme der USA auf die Politik in anderen Staaten: Zweck ist die Ausbildung von Aktivisten und deren Einsatz in ihren Herkunftsländern. Absolventen nutzen dort Proteststimmungen, um »gewaltfreie Widerstandsaktionen« voranzutreiben. Während seines Studiums erlernte Nawalnyj die Technologien der »Farbrevolution«. Die Kosten für Ausbildung und Unterkunft trägt das US-Außenministerium. Dazu erhält jeder Kursteilnehmer ein Stipendium von 32 000 Dollar.

Unter den Stipendiaten des Programms war zeitgleich der aus Tunesien stammende Fares Mabruk, der später am Sturz des tunesischen Präsidenten Ben Ali beteiligt sein sollte.

Der Grüne Sergey Lagodinsky, der bei seinem Machtübernahmeversuch an der jüdischen Gemeinde zu Berlin für Skandale sorgte, und der Sänger Swjatoslaw Wakartschuk, der am Kiewer Maidan zum engsten »Vertrauenskreis« der Putschisten-Anführer gehörte, sind ebenfalls Absolventen des *Yale World Fellows Program*.

Als Putins Dienste die russische Rechte dem Erdboden gleich machten, gründete Nawalnyj 2011 eine »Stiftung zur Korruptionsbekämpfung«. Diese Stiftung positionierte sich als »die einzige gemeinnützige Organisation in Russland, die

Korruptionsdelikte in den höchsten Behörden untersucht und aufdeckt«. Die Finanzierung blieb dabei vor der Öffentlichkeit verborgen und lief über zwielichtige Kanäle: *Fundraising*, *Crowdfunding*, Geldtransfers von Kryptowährungen. Seine *Bitcoin*-Geldbörse lässt sich eindeutig auf *btc.com* identifizieren und wenn man die Kryptotransfers genauer unter die Lupe nimmt, fällt auf, dass es sich durchweg um hohe, bis zu sechsstellige Beträge handelt, die ihm aus unbekannten Quellen überwiesen worden sind. Nawalnyjs Stiftung zieht es vor, Kontakte ihres Managements mit ausländischen Sponsoren, die hauptsächlich von Nawalnyj während seiner Reisen in die USA geknüpft wurden, nicht offenzulegen.

Bei den Untersuchungen von Nawalnyjs Stiftung zur Korruption im Land fällt auf, dass ihr die Beschaffung von Informationen in umfangreichen Maße gelingt: Es werden Rechnungsinformationen gesammelt, Daten über Bewegungen auf Bankkonten, *Offshore*-Unternehmen, ausländisches Eigentum wie auch personenbezogene Daten. Nicht gerade etwas, das man auf legalem Wege und ohne geheimdienstliche Hilfe leicht beschaffen könnte.

Inzwischen haben die USA Nawalnyj und seiner Familie amerikanische Visa der Kategorie »G-1« gewährt, die sonst »an Vertreter einer nicht anerkannten Regierung oder eines nicht anerkannten Staates« ausgestellt werden. Seine Tochter absolvierte darüber hinaus ein kostenloses Studium an der renommierten Stanford University, die sie dank der Schirmherrschaft derzeitiger Förderer ihres Vaters aufgenommen hat. Könnte dies auf eine Verwendung Nawalnyjs seitens amerikanischer Geheimdienste hindeuten?

»*Yes, of course!*«, meinte Scott Bennett, ein amerikanischer *Whistleblower*, ehemaliger Offizier der PsyOps-Abteilung des US-Militärs. Ihm zufolge sind Einflussagenten dieser Art hervorragend geeignet, die Situation in ihrem Land zu destabilisieren. Während des letzten Präsidentschaftswahlkampfs in Russland sollten europäische und vor allem amerikanische Strategen aktiv die Ressourcen von Nawalnyj nutzen.

Es wurde versucht, das russische Wahl- und Justizsystem zu manipulieren, um dem Kreml die Registrierung von Nawalnyj als Kandidat für das Amt des Staatsoberhauptes aufzuzwingen, obwohl die Kandidatur einem Vorbestraften nach dem russischen Wahlgesetz gar nicht zusteht.

Wie Terrorbekämpfung zum Terror gehört, ist auch die Beziehung der Korruptionsbekämpfung zur Korruption immer zu hinterfragen. Als Gouverneursberater im Kirower Staatsgebiet, einer großen Provinz im Nordosten des europäischen Russlands, gründete Nawalnyj 2013 eine Firma, die das beim staatlichen Holzbetrieb eingekaufte Holz zu höheren Preisen weiterverkaufte. Dafür wurde er drei Jahre später wegen Unterschlagung zu einer Haftstrafe auf Bewährung verurteilt. Der Europäische Gerichtshof für Menschenrechte bezeichnete den Prozess zwar als willkürlich geführt, sah aber keinen politischen Hintergrund. Eine weitere Anklage erhob der französische Kosmetikkonzern *Ives Rocher*: Eine *Offshore*-Firma, auf den Namen von Nawalnyjs Bruder Oleg registriert, vermittelte logistische Dienstleistungen zwischen der russischen Post, bei der Nawalnyj hochrangig angestellt war, und ihrer Tochtergesellschaft zu Ungunsten Letzterer. Die Brüder wurden wegen Betrugs schuldig gesprochen und zu dreieinhalb Jahren Haft verurteilt. Nawalnyj kam zum zweiten Mal auf Bewährung frei. Wieder stufte der Europäische Gerichtshof die Entscheidung als unfair, doch nicht als politisch motiviert ein. Ob Nawalnyj in dem einen oder anderen Fall die russischen Gesetze verletzte oder sie nur auf geschickte Weise umging – solche Machenschaften erzeugen kein feines Aroma.

Am 20. August 2020 wurde Nawalnyj auf dem Flug von Tomsk nach Moskau in einem Notfallstop in Omsk in eine

Notaufnahme eingeliefert. Während des Fluges erlitt der »Kreml-Kritiker«, wie es in den Medien heißt, einen Anfall von Übelkeit. Die Szene wurde gefilmt und anschließend auf allen internationalen Medienkanälen verbreitet. Bei der Behandlung des angeblichen Vergiftungsfalls betritt man unsicheren Grund wie ein »Neuling«, was *Nowitschok*[30] im Russischen bedeutet.

Dennoch kann man wohl einen versuchten Mordanschlag mittels eines Nervenkampfstoffs dieser Gruppe so gut wie sicher ausschließen. Die deutschen Behörden behaupten, der »Kreml-Kritiker« sei angeblich mit einem Gift dieser Gruppe vergiftet worden. Die Ergebnisse hätten Laboratorien in Schweden und Frankreich bestätigt.

Moskau hat mehrere Rechtshilfegesuche an Deutschland gerichtet, darunter eine Bitte um detailliertere Informationen zu den Ergebnissen von Analysen eines Berliner Labors. Darauf gab es keine Antwort. Gleichzeitig ist bekannt, dass der deutsche Geheimdienst BND seit den 1990er Jahren Zugang zu *Nowitschok* hatte. Das Gift wurde von etwa zwanzig westlichen Staaten untersucht, während Russland die Entwicklung auf dem Gebiet der chemischen Waffen 1992 eingestellt und 2017 den gesamten verfügbaren Bestand solcher Substanzen vernichtet hatte, was von der *Organization for the Prohibition of Chemical Weapons* (OPCW) offiziell bestätigt wurde. Jetzt behauptet dieselbe Organisation, Nawalnyj sei durch ein *Nowitschok*-Nervengift russischer Herkunft vergiftet worden. Dies wirft die Frage auf: Wann hat die OPCW gelogen, damals oder heute? Dieser Giftstoff ist dafür bekannt, allerlei Spuren aufzuweisen, die bei Nawalnyjs Vergiftung nirgendwo zu entdecken waren. Zwischenzeitlich wurde sogar Putin persönlich unterstellt, er hätte angeblich Nawalnyjs Unterhose vergiftet. Doch was hätte der mutmaßliche Tyrann für Gründe, den bewusstlosen Untertan ins Ausland transportieren zu lassen?

Das Weitere ist offenkundig: Nach seiner Entlassung aus der *Charité* ist Nawalnyj quer durch Deutschland gereist und hat sich nicht sofort – gemäß den Bewährungsauflagen – unmittelbar nach Moskau heimbegeben. Dafür wurde er auf dem Flughafen in Moskau festgenommen.

Ich spreche einen Demonstranten an, was er von Nawalnyj hält. »Schwierig«, antwortet der Typ, ein Jurastudent, »die Figur ist in aller Munde, dennoch zeigt er keine klare Kante, an keiner wichtigen Stelle, nicht mal zur russischen Grundfrage, zu wem die Krim gehört! Er ist so ein Amateur-Ermittler, seine *Insider*-Infos entspringen professionelleren Quellen. Bei Gen-Zs[31] kommt Putin nicht an, ist halt nicht *Tik-Tok*-tauglich. Über ihn zu schimpfen ist heutzutage die ungefährlichste Sache. Dazu diese Pandemie, die *Fake*-Pandemie«, meint er, »Studium, alles ist *online*, kein *Rave*, kein Fußball. Jetzt erstmal Dampf ablassen!«

Die aus der konservativen Ecke angekündigten Gegenproteste sind ausgefallen. »Heutzutage traut sich doch keiner mehr, was gegen Nawalnyj zu sagen. Alle Medien, selbst die staatlich finanzierten, betreiben eine unterschwellige Propaganda für ihn«, klärt mich am späten Nachmittag die mir unter dem Namen »Grey-Violet« bekannte Redakteurin des Internetportals *knife.media* auf.

»Eine neue Meinungsdiktatur?«

»Vielleicht!«

Grey-Violet, eine schillernde Figur, geschlechtlich nicht klar zuzuordnen und in theatralisch-bunten Plüsch gekleidet, treffe ich in einem veganen tadschikischen Café. Sie trägt einen Zylinder auf dem langen, wallenden Haar. Neben ihr sitzt ihre Freundin, die Komponistin Wika. Grey-Violet ist Mathematikerin, Dichterin und *Performance*-»Künstlerin«.

Über Grey-Violet haben sich Putin und Merkel schon mal gestritten. 2012 beschwerte sich Merkel, Putin solle doch die beiden inhaftierten *Pussy-Riot*-Aktivistinnen aus dem Arbeitslager freilassen. Putin hatte dies jedoch abgelehnt.

»Wir und ich können keine Leute unterstützen, die antisemitische Positionen zur Schau stellen«, meinte er zu Merkel und lehnte die Freilassung ab. Tatsächlich hatte eine der verurteilten Aktivistinnen 2008 an einer provokanten Protestaktion der Gruppe *Wojna*[32] teilgenommen. Bei der Aktion in einem Baumarkt wurden ein paar Menschen – als Gastarbeiter, Homosexuelle und einer auch als Mensch jüdischer Herkunft – symbolisch an Galgenstricken aufgehängt. Grey-Violet hatte damals den Juden gespielt.

Im Jahr 2017 lebte Grey-Violet als politischer Flüchtling in Deutschland und plante die *Transition*, die in Deutschland eine psychiatrische Untersuchung vor der Operation zur Geschlechtsumwandlung beinhaltete, was sie als transphobe Unterdrückung ansah. So wollte sie ihre *Transition* als Kunstaktion gestalten.

Unter dem Eindruck meiner Erzählungen über meine Reise in den Donbass wollte sie die *Transition* an der Front durchführen, als Bruchlinie aller Normativität. Diese Aufführung sollte mit der Geschichte der Kastration von Kriegsgefangenen spielen, die auf beiden Seiten des Frontverlaufs als Propagandatopos benutzt wird.

Ich erinnere mich, dass sich das Drehbuch der Autorin für diese Aufführung irgendwie auf Gilgamesch aus Sumer[33] bezog.

»Was wirst du mit deinen abgeschnittenen Eiern machen? Sie den Hunden vorwerfen?«

»Diese Geste wäre faschistisch, nein. Als internationale Intellektuelle gehe ich in diesen Raum, der von unheimlichen – wirklich unheimlichen! – Militanten belegt ist, wo immer Gewalt im Spiel ist«, widersprach mir Grey-Violet. »Ich esse sie mit einem Freund.«

»Was für ein langweiliges europäisches Kino soll das denn bitte werden?«, kritisierte der weißrussische Regisseur V., ein Freund des weißrussischen Regisseurs Z., das Drehbuch der Aufführung.

»Ein Mädchen steht an einer von Kugeln durchlöcherten Wand, raucht, sinniert über ihre existenziellen Gedanken, der Wind weht durch ihr Haar … – was für ein Schund! Machen wir doch lieber einen klaren russischen Film: Du setzt dich auf den Panzer, ich komme mit einer Axt und hacke dir die Eier ab!«

Nach dieser Aussprache war Grey-Violet verschwunden. Wahrscheinlich gefiel ihr das Angebot von Regisseur V. nicht. Einige Tage später begannen sich Freunde und Bekannte Sorgen zu machen. Telefon und E-Mail wurden nicht beantwortet.

Zu meinen Bekannten gehörte ein Feldkommandeur der Einheiten der Donezker Volksrepublik. Als ich ihn fragte, ob er etwas über die vermisste Grey-Violet gehört habe, antwortete er: »Wir wissen von einer solchen Person, sie wurde festgenommen, es geht ihr gut.«

Es stellte sich heraus, dass Grey-Violet und Wika am Eingang der Republik sofort von bewaffneten Männern festgehalten wurden. Im Militärgericht wurde Grey-Violet nach ihrer späteren Aussage ein wenig verprügelt, dann begannen die Gespräche in ruhigerem Ton. Ein Militärpsychiater sprach mit ihr über Antifaschismus, Rituale und das Geheimnis des Androgynen.

Die Gewalterfahrungen wurden von sinnvollen Diskussionen durchsetzt. Der wichtigste Satz, den die Leute, die Grey-Violet von einem Ort zum anderen transportierten, immer wieder sagten, war: »Bitte machen Sie doch ein noch traurigeres Gesicht.«

Nach einigen Wochen wurde sie entlassen, woraufhin sich das Verhalten von Grey-Violet drastisch änderte. Sie ist nun kein radikaler Hasser der Russischen Föderation und Putins mehr, und obwohl sie sich immer noch als Mitglied des mittleren Geschlechts bezeichnet, will sie sich nicht mehr die Eier abschneiden und lebt mit ihrer Freundin in Moskau. Bei vielen ruft Grey-Violet irrationalen Hass hervor, und für mich beurteilt sie das Leben und die Welt nicht nach dem gesunden Menschenverstand, sondern betrachtet sie als eine mathematische Abstraktion. Seit Beginn der Covid-Hysterie war sie eine der ersten, die die Quarantäne-Panik und Einschränkungen in Frage stellte.

Grey-Violet bekommt eine Nachricht auf ihr *Smartphone*. Jugendliche hätten die Polizei am Strastnoj-Boulevard angegriffen, es gibt Verletzte. Wir gehen hin. Bei Anbruch der Dunkelheit sehe ich andere Gestalten als bei Tageslicht. Nicht mehr die mondäne Metropole, die sich ohne Überlegung ein Abendessen zu hundert Euro leistet, schlendert durch die Straßen, sondern es marschiert billig gekleidetes begeistertes Volk, das man sonst im Stadtzentrum nicht sieht. »Regierung ans Messer! Regierung ans Messer!«, schreit die dicht gedrängte Menge. Kinder kaukasischer und asiatischer Einwanderer, Fußballhooligans, einige nazihaft aufgemacht, marschieren Schulter an Schulter. Der Angriff lässt nicht auf sich warten. Es fängt an Hiebe zu regnen. Einige Protestierende fallen in den Schnee, andere fliehen, die Bereitschaftseinheiten kommen von überall her. Blut im Schnee. Polizeistiefel. Provokationssumpf. Die ewige russische Geschichte ...

KOMMUNISTEN VORWÄRTS!

(März 2022)

There is no right or left, only right and wrong.

»Ihr seid doch alle rechts und so.«

Egal, ob du mit Nation und Tradition gar nichts am Hut hast, am liebsten unter einer Regenbogenfahne mitläufst, einfach nur *raven* wolltest, als alle sich zuhause eingesperrt haben, du bist im Munde des Mainstreams »so einer«.

In Zeiten, in denen Millionen aus der Staatskasse in eine »Kampf-gegen-Rechts«-Kampagne fließen, sind »rechts« und »links« längst nicht mehr mit der Sitzordnung in der französischen Abgeordnetenkammer unter Napoleon zu erklären, es sind Kampfbegriffe geworden.

Einige versuchen sie umzudrehen. Aus Amerika kam die Erzählung: Die sich weltweit ausbreitende digitale Überwachungstyrannei, der genozidale Impfzwang seien Machenschaften von einer »tiefen kommunistischen Internationale«. Dahinter stecke Rotchina.

Zwar könnte die Umdrehung der Kampfbegriffe einen mobilisierenden Effekt haben, doch wird dabei meines Erachtens zu kurz gegriffen. Ob persönlich, familiär oder national, gegen jede Art von Souveränität, gegen jede natürliche Gemeinschaft und gegen die Volksgemeinschaften insbesondere, erklärte man einen weltweiten Vernichtungskrieg.

Dennoch ist nicht jeder Linke zwingend ein Scherge der Hochfinanz. Hier in Moskau erlitten Trotzkisten, die auf eine Weltrevolution pochten, vor beinahe hundert Jahren ihre entscheidende Niederlage.

Mühsam begann die KPdSU unter Stalin einen neuen volkstreueren, traditionsbewussteren Kurs einzuschlagen. Ich bin weder eine »rote Socke« noch farbenblind und will keine erinnerungspolitische Debatte eröffnen.

Es geht mir ums Heute. Jetzt treten russische Kommunisten (KPRF) einig und geschlossen gegen eine digitale- und Impftyrannei auf, dabei kann die Bewegung in Russland bereits maßgebende Erfolge verzeichnen.

Das verschneite Moskau ein Jahr später

Seit meinem letzten Besuch hat sich Moskau kaum verändert. In der langen Dämmerung ragen imperiale Bauten aus meterhohen Schneetürmen. Das goldene Asien schläft, wie der Dichter Jessenin vor einem Jahrhundert schrieb, auf Kirchenkuppeln ermüdet ein.

Ein junger Beamter im Flughafen lässt mich einen Bogen unterzeichnen, auf dem unter anderem steht, dass ich mich verpflichte, mich umgehend einem PCR-Test zu unterziehen. Solange kein negatives Ergebnis vorliegt, darf der Neuankömmling unter Androhung einer erheblichen Geldstrafe seine Unterkunft nicht verlassen. »Es kann dir passieren«, so eine Freundin, die mich sogleich anruft, »dass du an der Hotelrezeption nach dem Test oder einem russischen Impfzertifikat gefragt wirst. In Königsberg haben sie mich aufgefordert, es vorzuzeigen.«

»Ist so die aktuelle Rechtslage?«

»Keiner kennt sie genau heutzutage. Vielleicht wollen sie was auf die Hand. Sprich mit denen, du bist ja unter Menschen!«

Der öffentliche Verkehr ruht bereits, da es schon spät in der Nacht ist. Ein Asiate kommt auf mich zu und erklärt sich bereit, mich für einen Betrag von umgerechnet gut zehn Euro in bar zu meinem in der Stadtmitte gelegenen Hotel zu befördern.

Ich steige in seinen Wagen.

»Wo kommst du her?«

»Und du?«

Die Ortschaft, wo der Fahrer herstammt, ist bekannt wegen des Gur-Emir-Mausoleums des mittelalterlichen usbekischen Militärführers Timur des Lahmen. Von Delhi in Indien bis zum Mittelmeer reichte seine schreckliche Hand. »Als Archäologen seine Totenruhe störten«, meint der Fahrer, »begann der Zweite Weltkrieg.« Über eine Begegnung mit dem grausamen Timur dem Lahmen habe ich bei Ibn Chaldūn gelesen. »Krieg wie auch Frieden sind nur einem Herrscher an die Hand gegebene Mittel«, schrieb Ibn Chaldūn, »und können seinem Land sowohl zugutekommen als es auch ins Verderben stürzen. Da das Volk unter einem dauerhaften Friedenszustand zur Verweichlichung und Dekadenz neigt, kann auch der Frieden ihm zum Verhängnis werden.«

»Gibt's in Deutschland auch so viele Usbeken?«, fragt mich der Fahrer.

»Nö, mehr Afghanen mittlerweile.«

Mutti Merkel findet er super.

»Russland ist das Mütterchen für uns alle, die postsowjetischen Völker«, meint er.

»Und der Krieg? Wird's einen geben?«

»Bitte, lass das, Bruder, bleib locker, nix wird sein, meinst du, die Russen wollen Krieg?«[34]

Beim Aussteigen bemerkt er den Wolfsring, den ich trage, und bittet mich, ihn ihm zu verkaufen.

»Unsere aller Steppentürken Mutter war eine Wolfsfrau.«

»Ach, die Mutter, euer aller Mutter.«

Ich steige aus.

Das kleine Hotel ist zu dieser Nachtstunde geschlossen, dennoch finde ich an der eisernen Eingangstür einen Zettel mit einer Telefonnummer. Ich wähle sie und nach einigen Minuten erscheint eine verschlafene Schönheit und öffnet mir. Sie lässt sich darüber aus, dass es mitten in der Nacht gar nicht möglich sei, mich offiziell zu registrieren, den Betrag möchte ich ihr bitte gleich in bar aushändigen, das erste Zimmer rechts stehe für mich frei. Sie wünscht mir eine gute Nacht. Von Test oder Impfzertifikat ist keine Rede.

»Gehen will auf dem dicken Glatteis dieser Straßen neu erlernt sein«, schrieb in sein Moskauer Tagebuch Walter Benjamin. Die von oben herabstürzenden Eiszapfen, ja Eisbrocken, sind vom russischen Himmel gekippte Himmelskörper, füge ich dem hinzu.

Die Füße bei dem Moskauer Tauwetter trocken zu halten ist zwar eine hohe, dennoch fürs Leben unentbehrliche Kunst.

Masken sieht man kaum. In den Prachtpalästen der Moskauer Metro und deren Zügen trägt nicht mal die Hälfte der Passanten eine. In Cafés und Läden zieht man sie kurz an der Kasse an. Dieses spöttische Ritual wird mit dem allertiefsten Ernst vollzogen. Weder nach einem Test noch einem Impfzertifikat werde ich gefragt.

»Lass uns bitte alle locker bleiben, Bratan. Meinst du, die Russen wollen Krieg?«

Die relativ lockere Handhabung der Corona-Maßnahmen trat im Land nicht von selbst ein. Es gab Bestrebungen seitens der Globalisten- und der Pharmalobby, den Menschen eine Art digitalen Pass, hier QR-Code genannt, aufzuzwingen. Es sollte eine 3G-Regel für Restaurants, Läden, Clubs und den öffentlichen Verkehr ab Februar vorgesehen werden. Der von der Exekutive erarbeitete Gesetzentwurf erhielt zwar eine breite Zustimmung unter den tonangebenden liberalen Menschenrechtlern, dennoch stellten sich diesem die Kirche und die patriotische Opposition in den Weg. In seiner Ansprache bemängelte der Russisch-Orthodoxe Patriarch Kyrill das Vorhaben, da es »die Menschen auf außergerichtlichem Wege ihrer Grundrechte – solcher wie der Bewegungs- und Versammlungsfreiheit an öffentlichen Plätzen – beraube«. Das Kirchenoberhaupt stellte auch die Frage in den Raum, »wie [gemeint ist: für welchen Zweck und von wem] das System der elektronischen Überwachung in der Zukunft genutzt werden kann«. Auch gab er zu bedenken: »Jede Technologie kann nur dann von Nutzen sein, wenn sie vom Menschen kontrolliert wird, aber nicht, wenn das menschliche Leben von einer unpersönlichen Technologie abhängig gemacht wird.« Es sei inakzeptabel, ohne gesellschaftlichen Konsens Kontrollmechanismen einzuführen, die die Privatsphäre und Freiheit jeder Person beeinträchtigen können: »Wir hoffen sehr, dass die Behörden und insbesondere der Gesetzgeber den Menschen zuhören, die sich Sorgen über die Veränderungen machen, die sich in der Gesellschaft durch die zunehmende Digitalisierung ergeben können.«

Unser Patriarch sprach so – nicht *Pussy Riot* wohlgemerkt! Als die Staatsduma grünes Licht für das Gesetz geben sollte, kam es bei der Anhörung beinahe zu körperlichen Auseinandersetzungen zwischen Abgeordneten der Regierungspartei und den Kommunisten, die dabei Plakate und Banner gegen die QR-Tyrannei in die Höhe hielten. Wegen einer tiefen Abneigung des Volkes dem Gesetzesvorhaben gegenüber ließ Präsident Putin es per Verordnung faktisch fallen.

»Rauchen Sie?« – mein Gesprächspartner reicht mir eine Zigarre anspruchsvoller Marke. Von einem Kommunisten kommt das großzügige Angebot für mich überraschend. »Das ist ein Geschenk kubanischer Genossen«, so die Erklärung.

Michail Fjodorow ist ein Investor und Finanzier, angesehen im Banken- und Finanzsektor des Landes, und agiert auch international. Dazu hat er mehrere Geschäftsprojekte auf den Weg gebracht. Dann ging er in die Politik.

»Warum die KPRF?«

»Die Kommunisten sind die alleinige Kraft, die im Parlament eine eigenständige Politik betreibt. Die lassen sich grundsätzlich nicht kaufen. Bei uns gibt's ganz unterschiedliche Kaliber: vom älteren Sowjetnostalgiker bis zum überzeugten Marxisten, auch ein paar Selbstdarsteller, Populisten und notorische Regierungshasser – wie sonst halt auch.« Letzteren gegenüber ist Michail zutiefst skeptisch: »Würden Politiker von dieser Sorte die Macht ergreifen, zerfiele das Land in Stücke!«

Die Parteiführungslinie billigt Michail dagegen wohl: »Genosse Sjuganow sagt immer das Richtige.«

Die Staatspolitik ist für Michail der Verwaltung eines Großunternehmens ähnlich: »Öffentliche Mittel sollten so angelegt werden, dass der Staat sich stabil entwickelt, und es den Bürgern, die als seine Mitarbeiter und Anteilseigner zugleich anzusehen sind, gut geht.«

Fjodorow kommt aus einer Familie sowjetischer Diplomaten, Offiziere und Großbeamten, die alle Kommunisten gewesen sind. Er ist stolz darauf und bemüht sich, der Tradition gemäß seinem Land zu dienen. Für ihn – wie auch für Hunderttausende andere – ist die kommunistische Tradition ein integraler Teil ihrer Identität.

Ich erzähle Fjodorow von der linken Agenda im heutigen Westen. Ob ein westlicher Arbeiter sich mit Politikern identifizieren kann, die sich die Haare bunt färben und ihn mit Gendern und Sternchen setzen belehren, will er wissen. »Warum sollte sowas links heißen?«, staunt der Genosse. »*Queer* ist hier meist das mondäne Großbürgertum unterwegs. Eine Mitarbeiterin von mir, so eine Feministin, kam oft zu spät, arbeitete fahrlässig und wollte sich vom Vorgesetzten kaum dafür verwarnen lassen, das wäre für sie alles *harassment*. Ich ließ sie gehen.«

Was digitale Pässe und Impfungen anbetrifft, folgt Michail dem Parteikurs: »Es gibt Genossen, die sich mit dem Thema ausführlichst befasst und entsprechende Parteibeschlüsse entwickelt haben. Mit denen solltest du Kontakt aufnehmen, den stelle ich gerne her.«

Zu dem Interview mit dem Parteipressesprecher werde ich in das Staatsdumagebäude nicht eingelassen, da es im Abgeordnetenhaus eine 3G-Regelung gibt. Deshalb erklärt Genosse Juschtschenko sich gleich darauf zu einem Gespräch in einem naheliegenden Café meiner Wahl bereit. Ich schlage das *Sobranije*[35] vor, das im Stalin-Empire-Stil mit übergroßen Spiegeln dekorierte Parlamentarier-Café. Eine Viertelstunde später drückt er stürmisch den schweren, in Form eines Lorbeerkranzes ausgeführten bronzenen Türgriff und gesellt sich zu mir.

Er spricht schnell:

> »Der sogenannte QR-Code-Gesetzentwurf war nicht dazu bestimmt, die sogenannte Pandemie zu bewältigen, vielmehr um Menschen zu kontrollieren. Er verletzt unsere Grundrechte. Auch mit den religiösen Ansichten mancher Russen wäre das Gesetz unvereinbar. Eine Welle der Empörung ging durch das Land, an uns allein wendeten sich Millionen von Bürgern. Dazu weiß man, dass Daten heutzutage zu einer Ware geworden sind. Es gibt keine Garantie, dass die damit gesammelten persönlichen Informationen einem Datenschutz unterliegen. Unsere Fraktion initiierte öffentliche Anhörungen, auf deren Grundlage das Gesetzesvorhaben faktisch fallengelassen wurde. Einen Impfzwang, ob in der Armee oder im Gesund-

heitswesen, lehnen wir ebenso entschieden ab. Sich impfen zu lassen oder nicht, entscheidet man anhand des persönlichen Gesundheitszustandes und nicht so, wie es bei einer Schafherde von dem Besitzer bestimmt wird. Das globale Kapital versucht offensichtlich die Menschheit seiner totalen Kontrolle zu unterwerfen, daher gibt es Bemühungen einiger westlicher Regierungen mittels digitaler Werkzeuge den Impfzwang durchzusetzen. Die russischen Kommunisten haben Verständnis für die Menschen, die in diesen Ländern gegen diese neue Politik aufstehen. Ob man die westliche Welt heute als demokratisch bezeichnen kann, bezweifeln wir. Die Hauptkonfrontationslinien von heute verlaufen zwischen traditionellen Lebensformen, wie der Familie und den nationalen Interessen eines Volkes einerseits und der Neuen Weltordnung andererseits. So verlaufen die Fronten. Die Neue Weltordnung ist darauf ausgerichtet, den Menschen seiner Identität zu berauben, denn ein Mensch ohne Volk, ohne Familie und ohne Geschlecht ist kein Mensch mehr. Für uns besteht eine Familie aus einem Mann, einer Frau und gegebenenfalls deren Kindern. Jedes Kind hat eine Mutter, die eine Frau ist, und einen Vater, der ein Mann ist.

Die unter europäischen Linken verbreitete Gender-Ideologie lehnt die Partei entschieden ab, was den mehrheitlichen Ansichten unseres Volkes, des einfachen Mannes entspricht, die wir auch nach außen offen vertreten. Wir von der KPRF sind Patrioten. Wir stehen für traditionelle Werte, unsere kulturelle Identität, unsere Wurzeln. Im Jahr 1933 sagte der Genosse Stalin: ›Unser Wachstum weist eine fünfzigjährige Verspätung auf, die müssen wir in zehn Jahren

nachholen‹, und dann baute das Sowjetvolk in nicht mal zehn Jahren bis 1941 mehr als 80 000 Fabriken. Die heutige Lage ist mit der damaligen vergleichbar. In den letzten dreißig Jahren neoliberaler Politik ist das Land wieder im Vergleich zu den führenden Wirtschaftsmächten zurückgeblieben. So müssten im Land erbrachte Aktiva in die vaterländische Volkswirtschaft investiert und nicht in fremden Banken angelegt werden. Unsere Bildung war eine der besten, ähnlich wie das Gesundheitswesen wurde sie in letzter Zeit unter dem Vorwand der Anti-Corona-Maßnahmen ruiniert.
In all diesen Bereichen stößt die Partei eine Offensive an. In unserer tausendjährigen Geschichte verliefen sechshundert Jahre in Schlachten und Feldzügen. Die endlose Weite des Landes, unsere Reichtümer erschienen den Angreifern stets erstrebenswert. Heutzutage erleidet das Weltkapital wieder eine Krise. Die Verschuldung des amerikanischen Staates ist seit kurzem von achtzehn auf dreißig Billionen angewachsen. Um Schulden sozusagen zu ›verbrennen‹, ist es immer naheliegend, ein weltweites Blutbad anzurichten, wie es mit dem Ersten und Zweiten Weltkrieg der Fall war. Jede Familie war davon betroffen und wir tun alles dafür, dass ein Weltkrieg sich nicht wiederholt.«

Ich bin auf dem Roten Platz. Die Kremlmauer ist abgeriegelt, dennoch sieht man von weitem, wie an Stalins Grab unter Silbertannen auf dem Schnee das Rot von Nelken schimmert. Wie konnte es geschehen, dass sich die Erben von Rot- und Weißgardisten, die sich vor hundert Jahren blutig bekriegt haben, heute Schulter an Schulter stellen? Von der Iwerskaja-Kapelle erklingt die Aufnahme eines Klostergottesdienstes. Curzio Malaparte erzählte einst eine Anekdote: »Vor der Iwerskaja-Ikone betet ein Bauer. Ein bolschewistischer Staatsschutzbediensteter nähert sich ihm und fragt: ›Betest du für Stalin?‹

›Das tue ich.‹

›Hast du auch für den Zaren gebetet?‹

›Auf jeden Fall hab' ich das.‹

»Und was haben deine Gebete dem Zaren gebracht? Er wurde getötet, nicht wahr?‹

›Stimmt, deswegen bete ich auch für Stalin.‹«

Ich schiebe die schwere Tür auf. Kerzenlichter flackern vor dem goldenen Antlitz der Muttergottes. Ich zünde eine billige Kerze an: für mein Land, seine Regierung und seine Armee.

DER SCHWULE TEXT
(12. März 2022)

Seit Jahren führt der Westen einen kritischen Diskurs über Russland, führt eine Art »Kreuzzug unter der Regenbogenfahne« gegen das Land.

»Wie sieht das tägliche Leben der Regenbogen-*Community* in deiner Stadt aus?«, frage ich am Telefon Leo, einen schwulen Freund aus Moskau. »Das Leben? Wie meinst du das genau? Warum sollte das Leben anders als bei Heteros sein?«

»Man sieht bei euch keine Regenbogenfahnen. In Berlin ist es anders. Schon wenn ich im Supermarkt Bier kaufe, sehe ich dort eine LGBT-Fahne oder einen Spruch über *Love*, *Equality* und *Pride*.«

»Weißt du Ilia, wir beide sind doch keine *Millenials*. Zur Sowjetzeit bin ich zum Supermarkt gegangen und sah dort eine rote Fahne und eine Parteilosung. Wenn ich Bier hole, will ich Bier – und keine Propaganda, weder eine kommunistische noch eine von LGBT, weder eine kirchliche noch eine patriotische. Ich will einfach nur Bier kaufen. Außerdem hatte ich mit diesen Buchstaben ›LGBT‹ noch nie was am Hut. Ich liebe halt Männer, was hab' ich da zu tun mit dem Kampf gegen das Patriarchat?«

»Und wenn du ausgehen willst? Es gibt doch offiziell keine *Gay-Clubs*?«

»Bordelle für Heteros gibt es offiziell doch auch keine. Entweder kennt man sich oder man fragt sich über *Telegram* durch. Die bunte Palette von *Queer*-Techno-Clubs für Jugendliche bis zu elitären Salons für alte Herren würde dich überraschen.«

»Man sieht doch auf den Moskauer Straßen keine gleichgeschlechtlichen Pärchen, die sich küssen?«

»Ja, klar. Das würde man hier eben als ›gegen die guten Sitten‹ empfinden. Intimitäten gehören bei uns kulturell einfach nicht in den öffentlichen Raum. Vielleicht ist das bei den Jugendlichen heutzutage anders.«

»Würden sie wohl angepöbelt oder sogar körperlich angegriffen?«

»In meinem Bekanntenkreis zumindest kenne ich keine Fälle körperlicher Gewalt.«

Die Filmwissenschaftlerin Dr. Olga Zhuk ist eine Galionsfigur der LGBT-Bewegung schon seit den Neunzigern. Ich wende mich auch an sie, um ihre Einschätzung über die heutige Lage der russischen *Community* zu erfragen.

»Vielleicht liegt das Klischee vom homophoben Russland an der kollektiven historischen Erfahrung der Verfolgung, die *Queers* seit jeher dort wie auch anderswo erlitten haben. Historisch gesehen, sind LGBT-Aktivisten Nonkonformisten und Revolutionäre. Die letzten Jahrzehnte waren von dem Vormarsch der neuen Werte aus dem Westen geprägt, unter denen die Rechte von sexuellen Minderheiten einen zentralen Platz einnahmen. Wir erleben es täglich, wie einige LGBT-Aktivisten wie verrückt dafür kämpfen, für die *queere* Minderheit angebliche Vorteile zu erlangen, die ihrer Meinung nach die heterosexuelle Mehrheit besitzt. Es gibt wohl auch andere, die grundlegende Werte der Gesellschaft teilen, zu denen auch der Patriotismus gehört.

Die ersteren, die ich jetzt mal als ›linke Möchtegern-Elite‹ bezeichne, haben sich längst zu einer Art urbanen Schickeria verwandelt, beharren jedoch darauf, ihre linke ideologische Agenda beizubehalten.

Außerdem sollten wir nicht vergessen, dass die LGBT-Gemeinschaft nicht nur für Journalisten und Forscher, sondern auch für die Nachrichtendienste seit jeher von einem großen Interesse gewesen ist. Unter Ausnutzung der Beziehungsnetzwerke einer ganz besonderen Art, ja einer konspirativen Art, haben westliche Nachrichtendienste – möglicherweise bis heute – sowohl die offizielle LGBT-Gemeinschaft als auch das private Segment, die sogenannten einfachen Leute, benutzt – Menschen, die ohne ihr eigenes Wissen als Träger der Informationskriegsführung fungieren.

Dank dieses besonderen Geflechts wird seit Jahrzehnten eine zerstörerische ideologische Arbeit der Zersetzung gesellschaftlicher Werte geleistet. Dies ist – aus meiner Sicht – das Ergebnis von dreißig Jahren aktiver Lockerung aller moralischen Grundlagen unseres Volkes, das mit einer Art ›neuer Ethik‹ und verfälschter Geschichte ›geimpft‹ wurde, deren Ergebnis heute in der Ukraine zu sehen ist.«

Nach meinem Einblick in diese sehr unterschiedlichen Einschätzungen gelange ich zu dem Schluss, dass man vielleicht davon absehen sollte, eigene, vor allem durch westliche Medien geprägte, Einschätzungen vorbehaltlos auf andere kulturelle Kontexte zu übertragen. Vielleicht geht es manchmal einfach wirklich nur darum – unbeeinflusst von politischer Propaganda – Bier zu kaufen.

RUSSENDÄMMERUNG

(April 2022) – Der Kneipenwiderstand

Die Stadt peitscht mir eine Ladung nassen Schnee ins Gesicht. Hellwach durch den eisigen Wind, der mir nach der schlaflosen Fahrt im Nachtzug entgegenweht, trete ich vom Bahnhofsgebäude hinaus auf den grauen Vorplatz, umsäumt von tristen Betongebäuden. Mich begrüßt das typische Petersburger Wetter – wie die Bewohner der alten imperialen Metropole es angeblich gerne haben, so lautet zumindest ein bekannter russischer Witz.

Über die in der Stadt verhängte 3G-Regel weiß ich bereits Bescheid, also bin ich für die nächsten, bis zum Einchecken ins Hotel verbleibenden fünf langen Stunden dem baltischen Wind auf der Straße ausgesetzt.

Sogar wenn ich mich einem PCR-Test unterzogen hätte, stünde mein Ergebnis erst morgen fest. Das Wetter ist so unerträglich, dass ich es schließlich einfach drauf ankommen lasse und eine Kneipe betrete.

»Bier-Restaurant« steht auf dem Eingangsschild – das klingt gut. Eine junge Wirtin begleitet mich höflich zu einem freien Tisch am Fenster und reicht mir die Getränkekarte. Die Marken sind mir kaum bekannt, es gibt jedoch viel Starkbier zur Auswahl. Zum Imbiss bringt sie mir frischgefangenen, gebratenen Stint. An meinem Impf- bzw. Testzertifikat besteht bei ihr überhaupt kein Interesse.

Ich bin in der Stadt nicht zuletzt deshalb, um darüber zu berichten, wie die Petersburger Bürger die Zertifikatsverordnung und die Sperrstunde sabotieren. Auch Masken, die man in Moskau noch halbwegs trägt, sieht man hier kaum. Der sichtbare Teil des Eisbergs der hiesigen, allgegenwärtigen Maßnahmenverweigerung hat unter dem Namen »Kneipenwiderstand« längst landesweite Berühmtheit erlangt.

»Genug ist genug! Wir, die St. Petersburger Unternehmer, werden uns nicht länger den schwachsinnigen Schikanen der Behörden unterwerfen. Ihr nutzlosen Beamten werdet euer erbärmliches Versagen nicht mehr durch unsere Hungersnot decken! Ihr seid uns völlig egal – so wie euch unsere Probleme völlig egal sind. Ihr habt nichts als Verachtung für uns übrig, die wir nur unsere Familien ernähren wollen – und jetzt verachten wir euch.«

In seinem flammenden Manifest rief der St. Petersburger Unternehmer Alexander Konowalow am 8. Dezember 2021 zum Widerstand auf. Er betreibt seine Geschäfte hauptsächlich in der Schönheits- und Unterhaltungsindustrie. Unter anderem unterstützt er andere Unternehmer dabei, Probleme mit Behörden zu lösen, »Steuern zu optimieren« und »Angriffe der faulen Staatsdienste abzuwehren«, wie er selbst es nennt. Diese Dienste nahmen in den letzten Monaten 300 Gastronomiebetriebe mit etwa 8000 Mitarbeitern in Anspruch.

Politisch gesehen versteht er sich als Libertärer. Mehr als hundert Unternehmen aller Art, vor allem Wirtshäuser und Clubs, trugen sich auf einem von ihm *online* veröffentlichten virtuellen Stadtplan ein, aus dem zu entnehmen war, dass sie sich weigerten, der 3G-Regel Folge zu leisten.

»Auf dieser Karte sind Menschen verzeichnet, für die es kein Zurück gibt, die sich zusammenschließen gegen einen gemeinsamen Feind. Dieser Feind ist nicht das Virus, dieser Feind sind Sie, Herr Bürgermeister!«

Am 29. Januar 2022 wurde Alexander Konowalow wegen angeblicher Zahlung von Bestechungsgeldern inhaftiert, er befindet sich seitdem in U-Haft. Bereits in der Nacht des

22. Januar durchsuchten Beamte, unterstützt von der Nationalgarde, gastronomische Betriebe in St. Petersburg, die entgegen der offiziellen Sperrstunde geöffnet hatten. Ermittlungen wegen Verstößen gegen die 3G-Regel sowie gegen hygienische und epidemiologische Vorschriften wurden aufgenommen. So weit die Vorgeschichte.

Für den nächsten Morgen vereinbare ich ein Treffen mit Olga, deren Ladengeschäft auf dem oben genannten Stadtplan gelistet ist. Im morgendlichen Nebel stapfe ich durch den Schnee auf dem Newskij-Prospekt, der legendärsten Straße der Stadt, am Winterpalast entlang, über die imposante Brücke zur Wassiljewskij-Insel. Vor hundert Jahren lief meine Großmutter – damals ein kleines deutsches Mädchen – hier über die vereiste Newa zweimal täglich vorbei, auf dem Weg zur deutschen Peterschule und zurück. Die imperiale Prachtentfaltung, die vor mir liegt, sollte mir vielleicht so etwas wie historische Ehrfurcht einflößen, aber ich fühle nichts als die beißende Kälte.

Olgas Schmuck- und Souvenirladen liegt im historischen Stadtteil auf der Petrograder Seite. Ihre Stammkundschaft, die Petersburger Damen der Umgebung, kommen gerne auf eine Tasse Tee zu ihr und haben dort eine exquisite Kollektion von handgefertigtem Schmuck zur Auswahl. Auch Touristen erfreuen sich an den charmanten Andenken und Geschenken, die man in ihrer kleinen Boutique erwerben kann. Der Reiz dieses Geschäftes liegt im persönlichen Kontakt mit der freundlichen Inhaberin und ihrer fachkundigen Beratung. Auf dem *Online*-Markt allein würde sie gegen die riesige Konkurrenz der großen Schmuckhändler nicht bestehen können. Die 3G-Regel führte zu einem neunzigprozentigen Einnahmeverlust während der Weihnachtszeit und drohte ihre Existenz zu vernichten. Olga ist kein politischer Mensch, keinesfalls eine Aktivistin. Als kluge Geschäftsfrau griff sie zunächst einfach zu einer List. Da der Verkauf von Lebensmitteln nicht der 3G-Regel unterlag, erweiterte sie ihr Warensortiment um einige Feinkostartikel, wie zum Beispiel Pralinen. Trotz all dieser Bemühungen blieb ihr Laden auf der Karte von *Yandex*, einem russischen Internetriesen und Äquivalent zu *Google*, weiterhin als 3G-pflichtiger Betrieb verzeichnet. Weder Briefe noch Anrufe an den Kundendienst des Unternehmens führten zu irgendeiner Änderung. Ohne böswillige Absichten unterstellen zu wollen, steht zu vermuten, dass der Unwillen der Firma *Yandex* auch daran gelegen haben könnte, dass sie eine führende Stellung auch auf dem russischen Lieferdienst-Markt innehaben. Olgas gut frequentierter Laden stellt eine Konkurrenz dar, die eventuell nicht gerne gesehen wird. Man kann zumindest davon ausgehen, dass *Yandex* von der Insolvenz der lokalen Betriebe profitiert.

Um ihre Kundschaft zu informieren, dass ihr Geschäft weiterhin für alle Menschen geöffnet ist, ließ sich Olga auf den Stadtplan des St. Petersburger Kneipenwiderstandes eintragen. Die schockierende Verhaftung von Alexander Konowalow war ein Schlüsselmoment für Olgas politisches Erwachen. Bürger und Bürgerinnen wie sie bilden neben der sozial-patriotischen und der kirchlichen die dritte Strömung in der russischen Anti-Covid-Protestbewegung: die der Libertären. Vielleicht würde Olga sich selbst politisch überhaupt nicht in irgendeine Richtung einordnen, sie würde sich vielleicht einfach nur als eine bodenständige Geschäftsfrau ansehen – als jemand, der seine Existenz bewahren will.

Olga verabschiedet sich herzlich von mir und ich stapfe weiter durch den nassen Schnee. Es wartet auf mich ein weiterer spannender Gesprächspartner, diesmal ein Philosoph, der im akademischen Betrieb, am Institut für Mathematik und Computerwissenschaften der St. Petersburger Staatsuniversität, über das Thema »formelle Verschwörungstheorie« forscht und lehrt.

Bei dem für unser Treffen vereinbarten Restaurant bin ich etwa zwanzig Minuten zu früh. Zunächst gibt's für mich, einen nicht-zertifizierten Menschen, keinen Einlass. So warte ich auf meinen Interviewpartner vor Kälte schlotternd am Eingang. Nach einer Weile scheine ich bei dem Wirt, einem voll tätowierten Hipstertypen, so etwas wie Mitleid zu erwecken, denn er winkt mir plötzlich aus der halbgeöffneten Tür zu.

»Na, kannst du wenigstens irgendein Zertifikat vorweisen, ein altes oder ausländisches meinetwegen?«, fragt er kumpelhaft. Als ich verneine, scheint er kurz nachzudenken: »Ok, dann komm halt rein.«

An dem ruhigen, im hinteren Teil des Lokals gelegenen Tisch werde ich sofort mit heißer Soljanka und würzig frischem Fisch mit Bratkartoffeln bewirtet. Das herzhaft leckere Essen, wie man es noch von Großmuttern kennt, und das zugehörige Gläschen eisig-klaren Wodkas, das der gesellige Wirt in den kommenden Stunden nie lange leer stehen lässt, wärmen mich auf.

Den Philosophen erkenne ich gleich, als er die Wirtschaft betritt. So sieht der typische russische Intellektuelle aus: ernsthaft, ruhig, fast klischeehaft den bekannten Bildnissen von Tschechow ähnlich.

Ich habe mich bereits mit einer Videoaufzeichnung einer seiner Vorlesungen bekanntgemacht, die nur auf einer privaten Website zu sehen ist, da dieser akademische Beitrag von *YouTube* aus Zensurgründen entfernt wurde. Die Vorlesung beginnt mit der Frage des Dozenten: »Wer von den Anwesenden ist geimpft?«

Ein Teil der Studenten hebt die Hand, manche recht eifrig, einige eher zögerlich. Worauf der mit zahlreichen Preisen ausgezeichnete Wissenschaftler eine entscheidende weitere

Frage stellt: »Woher denken Sie, hätte ich die geringste Legitimation, Ihnen diese Frage zu stellen?«

Überraschtes Murmeln im Auditorium, als Dr. Michail Kurtow fortfährt: »Ob Sie geimpft sind oder nicht, ist eine strikt intime Information. Das geht nur Sie und gegebenenfalls den Arzt Ihres Vertrauens etwas an. Nicht den Dozenten an der Uni, weder Behörden noch den Staat oder einen Deppen am Eingang eines Geschäftes, eines Clubs oder einer Bar. Merken Sie sich bitte, wie natürlich es uns mittlerweile erscheint, sich dem Unrecht zu beugen!«

»Die Philosophen haben die Welt nur verschieden interpretiert; es kommt darauf an, sie zu verändern«, bemerkte Karl Marx in seinen *Thesen über Feuerbach*. Auch für Dr. Michail Kurtow ist die philosophische Forschung von seinen politischen Ansichten untrennbar. Diese sind anarchistisch im klassischsten Sinne, so wie in den Zeiten, als Anarchisten lange Bärte und keine Nasenringe getragen haben.

Um die heutige Lage zu beschreiben, argumentiert Dr. Kurtow mit einem Zitat von Fürst Pjotr Kropotkin, einem Anarchismusklassiker: »Wo naive Menschen tiefe politische Ursachen aufzudecken vermuten, gibt's nichts als von Finanzpiraten geflochtene Verschwörungen.«

Es gab also Zeiten, in denen auch radikal linke Denker keine Scheu davor hatten, den Begriff »Verschwörung« zu verwenden. »Was passiert«, so die These von Dr. Kurtow, »ist eine Verschwörung der globalen obersten Klasse gegen die darunterliegenden Klassen, eine Art globaler Bürgerkrieg.« So die These. Ihr folgen die Argumente.

Die Generalprobe heutiger Weltgeschehnisse war die Affäre um die Schweinegrippe im Jahr 2009/2010. Laut offenliegenden Darstellungen erhielten damals einige Seuchenexperten der *Weltgesundheitsorganisation* (WHO) Gelder von Pharmakonzernen, um weltweit Impfkampagnen voranzutreiben.

Letztere fanden damals nicht statt, unter anderem auch, weil diese Korruptionsversuche durch Investigativjournalisten an die Öffentlichkeit gelangten. Schon bei den damaligen Vorgängen fiel der Name der *Bill & Melinda Gates-Stiftung* auf.

»Die beste Investition, die ich je getätigt habe, war ein Impfstoff«, zitiert Dr. Kurtow die Prahlerei des selbsternannten Philanthropen Gates. Ob seine Metapher auch im buchstäblichen Sinne zu verstehen ist – diese Frage beantwortet sich mit der Zeit von selbst. Es stellt sich heraus, dass es bei der Aussage nicht um reine Menschenliebe, sondern schlichtweg um monetäre Gewinne ging. In der sich vor unseren Augen entfaltenden Verschwörung sind nicht nur Praktiker wie Gates und Co. verwickelt. Strategen und Denker sollen sie ja konzipiert haben.

Dass es sich bei Jacques Attali um einen wahren Intellektuellen reinster Güte handelt, bestreitet Dr. Kurtow keinesfalls. Die Talente von Monsieur Attali sind allerlei und universell. Der Wirtschaftswissenschaftler, Philosoph, Berater aller letzten französischen Staatspräsidenten und Vordenker der Europäischen Union, zeichnete bereits in den siebziger Jahren folgenden Diskurs auf: Man werde eine absolute Form der Diktatur etablieren, in der sich jeder freiwillig wie ein Sklave verhalten möchte. Mittels des Gesundheitswesens, durch eine veränderte Haltung zum Tod, könne eine Form der absoluten Diktatur gesamtgesellschaftlich etabliert werden.

Am 6. Mai 2009 – mitten in der Zeit der Schweinegrippe – schrieb Attali einen kurzen Artikel in der Zeitschrift *L'Express*: »Die Geschichte lehrt uns, dass die Menschheit sich nur dann sinnvoll weiterentwickelt, wenn sie Angst erfährt. [...] Eine beginnende Pandemie könnte eine dieser strukturierenden Ängste hervorrufen. [...] Mehr noch als jeder humanitäre oder ökologische Diskurs, wird sie das Bewusstsein für die Notwendigkeit des Altruismus schärfen, und sei es nur aus Eigeninteresse. [...] Damit werden wir viel schneller, als es allein die wirtschaftliche Vernunft erlaubt hätte, dazu kommen, die Grundlagen für eine wahrhafte Weltregierung zu schaffen.«

Auch in heutigen Tagen setzt der laizistische Prophet seine Verkündung fort. In einem Blog-Artikel mit dem Titel »Pandemie, und weiter?« beschwört er jahrzehntelange weitere Pandemien herbei: »Sich jetzt darauf vorzubereiten bedeutet, die wahren Lehren aus der aktuellen Pandemie zu ziehen; es bedeutet den Mut zu haben, in eine Kriegswirtschaft einzusteigen, um alle wirtschaftlichen Aktivitäten, die die Wahrscheinlichkeit des Eintretens dieser Katastrophen erhöhen, massiv zu reduzieren.«

Mit derartigen Prophezeiungen steht Monsieur Attali nicht allein. Aber er gab bereits 2009 einen Ausblick in die Zukunft eines endlosen Ausnahmezustands. Schauen wir uns dazu die Darlegung der *Rockefeller Foundation* an, nämlich konkret das Dokument »Szenario für die künftige Entwicklung der Technologien und internationaler Beziehungen«, das ebenso zeitgleich mit der Schweinegrippe veröffentlicht wurde. Selbst »Faktenchecker« bestreiten die Existenz dieser Papiere nicht, jedoch behaupten sie, dass es sich dabei nicht um einen »Plan«, sondern lediglich um ein »fiktives Szenario« handelt.

»Im Jahr 2012 brach schließlich die Pandemie aus, die die Welt seit Jahren erwartet hatte. Im Gegensatz zu H1N1 aus dem Jahr 2009 war dieser neue Influenza-Stamm – der von Wildgänsen stammte – extrem virulent und tödlich. Selbst die am besten auf eine Pandemie vorbereiteten Nationen waren schnell überwältigt, als das Virus sich über die ganze Welt ausbreitete, fast zwanzig Prozent der Weltbevölkerung infizierte und in nur sieben Monaten acht Millionen Menschen tötete, die meisten von ihnen gesunde junge Erwachsene. Die Pandemie hatte auch tödliche Auswirkungen auf die Volkswirtschaften: Die internationale Mobilität von Menschen und

Gütern kam zum Erliegen, dies schwächte Branchen wie den Tourismus und unterbrach globale Lieferketten. Selbst örtliche, normalerweise florierende Geschäfte und Bürogebäude standen monatelang leer, ohne Mitarbeiter und Kunden.

Die Pandemie erfasste den ganzen Planeten – unverhältnismäßig viele Menschen starben jedoch in Afrika, Südostasien und Mittelamerika, wo das Virus sich wie ein Lauffeuer ausbreitete, da es keine offiziellen Eindämmungsmaßnahmen gab. Doch selbst in den Industrieländern war die Eindämmung des Virus eine Herausforderung. Die anfängliche [zögerliche] Politik der Vereinigten Staaten, ihren Bürgern nur ›nachdrücklich vom Fliegen abzuraten‹, erwies sich in ihrer Nachsicht als tödlich und beschleunigte die Ausbreitung des Virus nicht nur innerhalb der USA, sondern über ihre Grenzen hinweg. Einige Länder schnitten jedoch besser ab – insbesondere China. Die schnelle Verhängung und Durchsetzung einer obligatorischen Quarantäne für alle Bürger durch die chinesische Regierung sowie die sofortige und nahezu hermetische Abriegelung aller Grenzen retteten Millionen von Menschenleben und stoppten die Ausbreitung des Virus viel früher als in anderen Ländern und ermöglichten eine schnellere Erholung nach der Pandemie.

Chinas Regierung war nicht die einzige, die extreme Maßnahmen ergriff, um ihre Bürger vor Risiken und Ansteckung zu schützen. Während der Pandemie haben die Staatsoberhäupter auf der ganzen Welt ihre Autorität unter Beweis gestellt und undurchlässige Regeln und Beschränkungen erlassen, die vom obligatorischen Tragen von Gesichtsmasken bis hin zur Kontrolle der Körpertemperatur am Eingang zu öffentlichen Ballungsräumen wie Bahnhöfen und Supermärkten reichten. Auch nach dem Abklingen der Pandemie blieb diese eher autoritäre Kontrolle und Überwachung der Bürger und ihrer Aktivitäten bestehen und wurde sogar noch verstärkt. Um sich vor der Ausbreitung zunehmend globaler Probleme – von Pandemien und grenzüberschreitendem Terrorismus bis hin zu Umweltkrisen und wachsender Armut – zu schützen, griffen die Staats- und Regierungschefs in aller Welt fester nach der Macht.

Zunächst fand die Vorstellung einer stärker kontrollierten Welt breite Akzeptanz und Zustimmung. Die Bürger gaben bereitwillig einen Teil ihrer Souveränität – und ihrer Privatsphäre – an paternalistischere Staaten im Austausch für mehr Sicherheit und Stabilität ab. Die Bürger wurden toleranter und sogar eifriger, von oben gelenkt und beaufsichtigt zu werden, und die nationalen Führer hatten mehr Spielraum, um eine Ordnung auf die Weise zu schaffen, die sie für richtig hielten. In den Industrieländern nahm diese verstärkte Aufsicht viele Formen an: zum Beispiel biometrische Ausweise für alle Bürger und eine strengere Regulierung von Schlüsselindustrien, deren Stabilität als lebenswichtig für nationale Interessen erachtet wurde. In vielen Industrieländern stellte das erzwungene Konformverhalten mit einer Reihe neuer Vorschriften und Vereinbarungen langsam, aber stetig sowohl die Ordnung als auch, was noch wichtiger ist, das Wirtschaftswachstum wieder her.«[36]

Lassen wir die Wildgänse ruhig den Himmel befliegen, es fängt alles mit den Schweinen an: mit einem neuen Virus, das sich schleichend, von Fledermäusen übertragen, auf brasilianische Schweineherden ausbreitet. Dann sind die Bauern dran, infizieren sich mit Atemwegserkrankungen, die von leichten Erkältungssymptomen bis zur tödlichen Lungenentzündung reichen. Flüge werden hektisch gecancelt, *Lockdowns* verhängt, während die Wissenschaftselite auf der ganzen Welt nach einem Vakzin forscht. Doch es ist zu spät. Das Virus verbreitet sich auf der ganzen Welt und nach einem Jahr sind 65 Millionen Menschen tot.

Im Gegensatz zu dem uns allen sehr gut bekannten Sars-Cov-2-Virus, haben die meisten Menschen von dieser Pandemie noch nie etwas gehört. Das liegt wahrscheinlich daran, dass es sich um eine »Simulation« handelt. »Event 201« war ein virtuelles Planspiel, das knapp drei Monate vor dem Ausbruch von Sars-Cov-2 vom *Center for Health Security* der John-Hopkins-Universität in Zusammenarbeit mit dem *World Economic Forum* (WEF) und der *Bill & Melinda Gates Foundation* durchgeführt wurde.

Das waren keine Pläne, sondern nur Szenarios? Na, dann ist ja alles gut! In der postmodernen Welt ist schlechthin alles nur eine Frage der Definition. Mein Gesprächspartner sieht dahinter aber Strategien eines globalen Bürgerkrieges, den die globalistischen Eliten gegen die Weltbevölkerung führen. Das Besondere an dem laufenden Krieg ist, dass man ihn als solchen nicht bemerkt. Es wird eine prinzipiell neue Art der Kriegsführung angewendet – eine, die von den chinesischen Kriegstheoretikern Qiao Liang und Wang Xiangsui als »uneingeschränkt« betitelt wurde. In der gleichnamigen Monografie *Unrestricted Warfare* schreiben die beiden Wissenschaftler: »Es muss klargestellt werden, dass nach dem neuen Waffenkonzept Waffen erschaffen werden, die eng mit dem Leben der einfachen Leute verbunden sind. Das Erscheinen von solchen Waffen wird die zukünftige Kriegsführung definitiv auf ein Niveau heben, das für das einfache Volk – oder sogar für Militärs – schwer vorstellbar ist. [...] Wir glauben, dass der Mensch demnächst überrascht feststellen wird, dass einige sanfte und freundliche Dinge, anstößige und tödliche Eigenschaften aufzuweisen beginnen.«

Was könnte sanfter und freundlicher erscheinen als Medizin, als Hygieneartikel? Es fing mit Masken an, es folgten Impfstoffe. Einige werden es selbst dann nicht begreifen wollen, worum es eigentlich geht, wenn Internierungslager für

Impfunwillige errichtet werden, so wie es in Australien der Fall ist.

Diese uneingeschränkte Kriegsführung wird mittels einer Strategie kaschiert, die Dr. Kurtow als *Gamification* bezeichnet, dadurch, dass man in eine Art Spiel hineingezogen wird. Die Belohnung für das Mitspielen ist nicht zuletzt moralischer Natur, es gehe um »Altruismus«, eine Sorge um den abstrakten »Anderen«, dieses laizistische Substitut eines religiösen Versprechens.

Man trägt Maske, man lässt sich impfen – so sind die Spielregeln. Es gibt einen *Game-Master*, der die Spielregeln stets ändert. Für die Spielunwilligen soll es nur Verluste, von Schuldzuweisung bis zur rechtlichen Verfolgung geben. Dr. Kurtow schreibt dieser Art von Kriegsführung metaphorisch eine poröse Natur zu. Poren sind Mikro- und Makroräume, halbdurchlässig für allerlei Boten und Botschaften. Unser Körper ist somit unter anderem porös und halbdurchlässig. Der sagenhafte Leviathan, diese geläufige Metapher des modernen Staates, ist in dem Sinne ebenso porös. Sowohl eine Impfung, also ein Eingriff des Staates in den menschlichen Körper, als auch Impfzentren im Kontext der urbanen Topographie stellen Stützpunkte eines uneingeschränkten Krieges in der Form von Poren dar. So wird auch der Staat im Laufe des uneingeschränkten Krieges halbdurchlässig: Jede nationale Souveränität wird ausgehöhlt.

Dr. Kurtow zeigt ein Werbevideo von der Gates-Stiftung, in dem wie selbstverständlich der gute Philanthrop die ganze Welt, auch Russland, ohne jegliche Achtung von Grenzen mit seinen Impfstoff-Einheiten befüllt. Wo bleibt die nationale Souveränität, auf die die russische Staatspropaganda so laut pocht? Es wurden auch in Russland sogenannte Zentren der 4. Industriellen Revolution etabliert, die unter anderem »experimentelle Rechtssysteme« einführen und somit das nationale Recht außer Kraft setzen können. Welche Ziele setzt sich der Feind in diesem Krieg? Laut des berüchtigten Opus von Klaus Schwab *The Great Reset* geht es um Deindustrialisierung, Abschaffung des Bargeldes, eine saubere Umwelt – für einige Wenige.

Grundsätzlich liegt das Bestreben nach totaler Kontrolle in der Natur des Staates. Sogar solch eine Allerweltssache wie die Straßenbeleuchtung wurde einst von der Polizei eingeführt. Der ganze »Pandemie«-Diskurs spricht dem Menschen die Souveränität über den eigenen Körper ab, indem er zu einer statistischen Einheit reduziert wird.

Das Wort »Statistik« stammt von dem lateinischen Begriff *status* (»Zustand«, »Verfassung«) – auch das Wort »Staat« leitet sich davon ab. Der Staat verfügt über sie im Sinne einer Art »Verstaatlichung«, was für Dr. Kurtow als Anarchisten durchaus signifikant ist. Die entstandenen Möglichkeiten für den Staat zur Bevölkerungskontrolle und deren Regulierung sind nicht mehr von der Hand zu weisen und diese werden sich bestimmt auch weiterentwickeln. Die Richtung, aus welcher neue Arten der Identifizierung und Nachverfolgung von Personen kommen, ist anhand folgenden Beispiels zu erkennen: Am 18. Dezember 2019[37] wurde ein Patent für ein sogenanntes Quantum-dot tattoo angemeldet, welches den Impfstatus eines Menschen buchstäblich in seiner Haut dokumentiert. Zum größten Teil finanziert wurde die Forschung dazu von der Gates-Stiftung. Das »Chippen« des Menschen ist also ein Teil der Agenda. Verschwörungstheorie? Ja, das ist eine, und sie hat sich als wahr erwiesen.

So sollen also die Notfallpläne des Kapitals endlos aufrechterhalten werden. »*Des* Kapitals?« Diese Verallgemeinerung bestreite ich und weise meinen Gesprächspartner auf den Unterschied zwischen dem »raffenden« und dem »schaffenden« Kapital hin. Ich nenne als Beispiel Olga, die letztendlich ja auch eine Kapitalistin ist und dennoch in dem uneingeschränkten Bürgerkrieg auf derselben Seite steht wie er und – ja, kämpft. Der klassische linke Begriff des »Klassenkampfes« erscheint mir hier zu kurz gegriffen, um die Lage zu beschreiben. Auch Fürst Kropotkin, von dessen Zitat Dr. Kurtow ausgegangen war, sagt im gleichen Text: »Heute gibt es in jedem Staat eine besondere Klasse oder vielmehr eine Bande, unendlich mächtiger als industrielle Unternehmer. [...] Europa kämpft nicht mehr um die Ehre seiner Könige. Jetzt werfen sich Armeen gegeneinander, um die Einnahmen der allmächtigen Herren Rothschild oder Schneider, der ehrwürdigen Hanseatischen Gesellschaft vom Hause Warburg oder der allerheiligsten katholischen Bank in Rom zu sichern.«

Wir flanieren durch die vereisten Petersburger Straßen, über die Philosophie der Technik schwärmend: Heidegger vs. Marinetti, so verlaufen die Fronten unserer intellektuellen Auseinandersetzung. Dr. Michail Kurtow will mir ein Antiquariat zeigen, wie man einem Initianten ein Heiligtum bei seiner Einweihung zeigt. Der Wächter am Eingang fragt uns nach Zertifikaten. Wir haben keine. Er dreht sich taktvoll um, damit wir, als ob wir unsichtbar wären, in den Raum hineinschleichen können.

Abends muss gesoffen werden. Sperrstunde hin, 2G her – es geht um die Männlichkeit, die an der Stelle keine Kompromisse duldet. In der Angelegenheit ist der freundliche Buchhändler behilflich und gibt mir einen Tipp: Es gibt Flüsterkneipen, wo sich trotz aller Verbote stabile Typen entspannen können. An dem Abend will ich mich ein bisschen umhören, was so über Politik geflüstert wird. Ich stehe vor einem Lokal, über dem in schrillen Neonbuchstaben *RUSSKAJA SARJA* – »RUSSENDÄMMERUNG« leuchtet. Die Fenster sind mit dunklem Papier zugeklebt. Hier geht die patriotische Szene ein und aus. Trotz meines Klopfens an der eisernen Tür, hinter der ich lebhaftes Gemurmel höre, bleibt sie zu. Ich finde den Kanal der Kneipe auf *Telegram* und chatte den Wirt an. – »Warte!«

In der Dunkelheit taucht eine sportliche Gestalt auf und führt mich durch eine Reihe Hinterhöfe über einen Kellereingang rein.

Gequalmt wird hier, o Götter! Wo auf die Sperrstunde gepfiffen wird, sind auch die anderen Vorschriften egal, erst recht das landesweite Rauchverbot in Kneipen. Mit dem Qualm schwebt eine klandestine Freiheit im Raum, vielleicht dieselbe wie in den *Speakeasys*[38] zu Zeiten der Prohibition. Immerhin liegen auf den Tischen keine Knarren. Der Kellner, Mitte fünfzig, trägt eine *Military*-Jacke: ein entspannter *Comandante*! Bier gibt's genug, in einem breiten Sortiment. Die meisten davon sind Marken von lokalen *Craft*- und Starkbierproduzenten mit deutsch klingenden Namen. Anscheinend glaubt man hier, ein Bierchen aus Dingenskirchen hat sieben oder mehr Prozent. Ich bestell mir eins.

Zwei Typen spielen Kicker. Einer trägt ein Shirt in den Farben der zaristischen Reichsflagge Schwarz-Gold-Weiß. Man kommt gern ins Gespräch. Einen Tisch weiter wird über moderne Raketentechnik diskutiert. Andere reden über den Brandanschlag durch »Neonazis« auf einen szenenahen Buchladen: »Die pflegen Sympathien für das Asow-Regiment[39]. Wir imperialen Patrioten sind dagegen keine Rassisten. Russland ist *Tertia Roma*, das Dritte Rom. Wer der Legion beitritt und aufrecht kämpft, ist Römer.«

»Na, du Deutscher, trinkste noch eins oder biste schon müde?«, fragt der entspannte *Comandante*. »Ich, müde?« Ich setze mich zu einer zierlichen Blondine in einem schwarzen *Hoodie*.

»Warum sind in der Stadt immer wieder pazifistische Graffiti zu sehen«, frage ich sie, »und keine patriotischen?«

»Weil wir keine Vandalen sind. Ein Patriot beschmiert die eigene Stadt nicht.«

»Stimmt, hab' mich schon gefragt, warum die Ukrainer während des Maidan-Putsches die eigene Hauptstadt in Brand gesetzt haben.«

»Weil das nicht ihre Stadt ist«, äußert sich auf einmal ein bis dahin schweigsamer Junge. Er trägt einen dunklen Pulli und hat lange Haare.

»Die Putschisten kamen aus den Dörfern. Schon dem Roman *Die Weiße Garde* von Bulgakow kannst du entnehmen, dass die Kiewer immer Russisch gesprochen haben. Ein ukrainischer Nationalist weiß gar nicht, was er mit einer Stadt anfangen soll. In den Städten leben Fremde, die werden dich immer betrügen. Man verbrennt die Städte lieber.«

»Na, du Deutscher, trinkste noch eins oder biste schon müde?«

»Ich, müde? Eine Runde für alle, ihr Russen!«

DER FARBENSTREIT

(Mai 2022)

Sie sehen Rot

»Ein Tier, das einmal Blut geleckt hat, vergisst den Geschmack nie«, sagt sie. Ich erzähle Natascha von der Reise in den Donbass, die ich vor Jahren unternommen habe und die meine Weltanschauung geprägt, ja, die mich verändert hat, weit über den Wunsch hinaus, wieder dorthin zu fahren. Natascha schaut mich böse an. Sie engagiert sich bei der »Stiftung zur Korruptionsbekämpfung« von Alexej Nawalnyj. Die Verhältnisse, aus denen sie stammt, nennt sie »toxisch«.

»Toxisch« – als Chemikerin benutzt sie das Adjektiv oft und gern. Ihre Eltern sind nach wie vor bei der Polizei, früher Volksmiliz, in einer russischen Provinzstadt. Sie wohnen im Plattenbau. An den Wänden ihrer Wohnung hängen Teppiche. Jeden Winter nehmen die Eltern die Teppiche von den Wänden, tragen sie in den verschneiten Hof und prügeln mit ihren Dienstknüppeln den Staub heraus.

»Die Teppiche stinken nach Blut«, sagt Natascha. Natascha hasst Blut. Und Schnee. Genauso wie russische Birkenhaine und die Natur überhaupt. Sie hasst Ballett. Und Dostojewskij. Und Putin. Weil er toxisch ist, meint sie. Putin sei ein patriarchaler Russe, ein Bulle, wie ihr Vater.

»Dem Vater werde ich so einiges nicht verzeihen können«, sagt sie. Als Putin grünes Licht für die »Spezialoperation« gab, dekorierte Natascha ihre Profilbilder in den Sozialen Netzwerken mit der ukrainischen Fahne.

Mit Gleichgesinnten, alles *woke*, weltoffene, fortschrittliche Russ*innen (sagt sie), ging sie auf die Straße, um ihre Stimme gegen den Krieg zu erheben. Ein paar Tage später, um fünf Uhr morgens, bekam sie unangemeldet Besuch. Die Beamten von der Extremismusbekämpfung beschlagnahmten Nataschas Rechner und *Smartphone*. Sie steht jetzt unter dem Verdacht, wissentlich Falschmeldungen über die föderalen Streitkräfte zu verbreiten, was seit kurzem als Straftat gilt. Danach löscht sie alle betreffenden *Postings* und Kommentare. Natascha glaubt, die Strafverfolgungsbehörden versuchen Druck auf sie auszuüben – höchst beunruhigend für die zugezogene Moskauerin.

Der Vorfall zieht keine Folgen nach sich. Es demonstrieren ja immer wieder mal Leute gegen die »Spezialoperation«.

Täglich werden welche festgenommen, zum Polizeirevier gebracht und am Abend wieder freigelassen. Einen neuen *Gulag* hinter dem eisernen Vorhang vermag selbst Natascha dem Land nicht anzudichten.

Aber dass *Facebook*, *Twitter*, *TikTok* und *Instagram* in Russland nur mehr per VPN erreichbar sind, spricht doch für das Bestreben, kritische Stimmen zu unterdrücken, oder? Von wegen! Der Zugang zu diesen Plattformen wurde auf Antrag der Verbraucherschutzbehörde eingeschränkt, da dort Zensur betrieben wird. Medien wie *Telegram*, *VK*, *Parler*, *Gettr*, die kaum zensieren, stehen den Russen weiterhin zur Verfügung. Die manipulative Macht der westlichen *Bigtech*- und Finanzkonzerne wird so zumindest teilweise eingeschränkt.

Dem folgt die Flucht allerlei Vertreter der globalistischen Elite. Professionelle Westler, der Glitter der urbanen Schickeria, selbsternannte *Intelligenzija*, die »dieses Land« und »das Volk« schon immer verachtet haben, sehen für sich im heutigen Moskau keinen Platz mehr. Exemplarisch dafür steht die Flucht von Putins »Sonderbeauftragten für die Beziehungen zu internationalen Organisationen zur Erreichung nachhaltiger Entwicklungsziele«: Anatolij Tschubajs.

Ein Dinosaurier der russischen Polit-Arena, der zu Putins Aufstieg einen bedeutenden Beitrag geleistet hat, ein Stammgast der Bilderberg-Konferenz, ein selbsterklärter »liberaler Imperialist« machte den polnischen Abgang. Äußerst unbeliebt beim Volk, das ihm die räuberische Privatisierung der Neunziger zu verdanken hat, setzte er sich zuletzt für »grüne Energie« und eine Minderung des Fleischkonsums ein. Damals wurde die Sowjetindustrie zu willkürlichen Preisen Knall auf Fall versteigert, heutzutage gehört zur »Erreichung der nachhaltigen Entwicklungsziele« laut dem feinen Herrn Tschubajs eine radikale Reduktion der Weltpopulation auf 1,8 Milliarden. So ein Juwel hat die russische Krone verloren.

Exemplare dieses Kalibers brauchen sich um ihre Existenz im Westen nicht zu sorgen. Anders der kleine Mann auf der Straße oder der »Kreative«, der im hippen Moskau als *Barista* oder *Catsitter* jobbte. »Seit der Flucht nach Georgien«, schreibt ein veganer Exilant auf *Twitter*, »hab' ich kein Geld. Jetzt hab' ich auf meinen *Laptop* Wein verschüttet, überweist mir bitte was für die Reparatur. Falls was übrig bleibt, spende ich es an die Legion *Swoboda Rossii*[40].«

»Ich hab' die Autokratie emotional nicht mehr ertragen!«, beschwert sich so eine Schneeflocke aus der Türkei. »Zumindest brauch' ich mich dafür nicht schämen, dass meine neue Heimat Angriffskriege führt!«, meldet sich ein dritter aus Israel.

Eine bunte Truppe aus Politikern, Geschäftsleuten und Promis, die sich selbst das »Russische Antikriegskomitee« nennt, gab Ende Februar ihre Kampfansage kund, gegen »den Diktator, der in der Ukraine einen Krieg entfesselt hat«. Zu diesem edlen Organ des Volksgewissens gehören unter anderem der Oligarch Michail Chodorkowskij, der mit den Morden an politischen Gegnern durch den Sicherheitsdienst seiner Firma in Zusammenhang gebracht wurde, dazu der Schachweltmeister Garri Kasparow, ein glühender Sympathisant der Demokratischen Partei der USA sowie der wegen *Kidnapping* angeklagte Geschäftsmann Jewgenij Tschitschwarkin, außerdem der Politiker Dimitrij Gudkow, ein Stammgast der amerikanischen NGO *Freedom House* – diesen Herrn hat man, nur mal so nebenbei erwähnt, unlängst wegen Unterschlagung von Immobilien aus dem Parlament geworfen. Sie und einige weitere, die vom Ruf und Werdegang her in die illustre Runde passen, riefen die Mächtigen der Welt dazu auf, eine »eindeutige Haltung zu Völkerrechtsverstößen« einzunehmen und sich »ungeachtet aller Differenzen gegen die Diktatur« zu vereinen.

Sogar eine neue Fahne haben sie sich ausgedacht: Weiß-Blau-Weiß sollen die Farben des gezähmten Russen werden. Auf die Idee, von der russischen Nationalfahne den unteren blutroten Streifen wegzuwischen – dann werde alles wieder gut! –, kam eine in Berlin ansässige *Trans-Person*.

Das Rot zu streichen steht jedoch nicht im Einklang mit der russischen Volksseele. Vor tausend Jahren schon benutzte man für »rot« und »schön« im Altrussischen dasselbe Wort – der Rote Platz bedeutete nichts anderes als der »schöne« Platz –, und es war eine rote Fahne mit einem goldenen Christusbild bestickt, die traditionell über dem russischen Anwesen wehte. Die Farben Weiß-Blau-Weiß erinnern mich eher an den jüdischen Gebetsmantel, einen *Tallit* – und könnte diese Farbkombination nicht sogar bei der Israelitischen Kultusgemeinde als »kulturelle Aneignung« missverstanden werden?

Sie setzen auf Rot

Auf der Suche nach anderen Oppositionsstimmen treffe ich in Moskau den Schriftsteller und Dramaturgen Wladimir

Golyschew. Den kannte ich bisher nur aus dem Internet, aus Zeiten, als er sich als linker Christ für die Freilassung der damals verhafteten *Pussy Riot*-Teilnehmerinnen einsetzte. Später schrieb er für den von den USA finanzierten Rundfunksender *Radio Liberty*. Als wir uns heute persönlich zum ersten Mal treffen, wirkt er auf mich naiv, fast kindisch. Mit glühenden Augen fabuliert er von der »kommunistischen Idee« und den Vorteilen der Planwirtschaft, schwärmt von der »Freundschaft der Völker«, die er als Kind erlebte. Während unseres Gespräches schreibe ich mehrmals das Wort »sowjetromantisch« in mein Notizbuch.

Ich hätte Golyschew nicht für einen Putinisten gehalten. Trotzdem unterstützt er die »Spezialoperation«. Das Narrativ über die Denazifizierung der Ukraine nimmt er für bare Münze. »Die Befreiung der Ukraine von den Faschisten ist unbedingt notwendig. Und dann folgt die Denazifizierung Russlands.«

Für Golyschew bedeutet das die Abkehr von dem seit dreißig Jahren herrschenden antikommunistischen Geschichtsbild und den Kampf gegen jede Form des Nationalismus, speziell des russischen. Seine Zukunftsvision ist die Wiederherstellung einer neuen Sowjetunion. Er träumt von einem multikulturellen Staatsgebilde »wie der EU, nur eben kommunistisch«. Dieses würde, so meint er, eine »friedliche und stabile Entwicklung des nordeurasischen Großraumes« gewährleisten.

Der Auffassung Putins, der ukrainische Staat sei eine Kreatur Leninscher Nationalpolitik, widerspricht Golyschew nicht, im Gegenteil: Er hält dieses Gebilde für gelungen, ja für genial. »Die dank Lenin, Stalin und Chruschtschow entstandenen Grenzen des Landes haben ein Gleichgewicht zwischen ukrainisch- und russischsprachigen Bevölkerungsanteilen erzeugt, das zwar immer wieder ein wenig wackelt, aber trotzdem das Bestehen des Landes ermöglicht.«

Die westliche Spur in den blutigen Geschehnissen seit dem Maidan-Putsch bestreitet Golyschew nicht, dennoch legt er dem Kreml eine Teilschuld zur Last. Bei den Gas-Konflikten, die seit 2008 zwischen beiden Ländern ständig aufflammen, habe die russische Seite rein eigennützig gehandelt, statt dem ukrainischen Kapital mehr Beteiligung an der gemeinsamen Gaswirtschaft einzuräumen. Dadurch hätte man eine wirtschaftliche Grundlage für eine Wiedervereinigung legen können, ähnlich wie es für Westeuropa der Vertrag der Europäischen Gemeinschaft für Kohle und Stahl von 1951 war.

Ein weiterer Fehler, den Golyschew der Moskauer Regierung vorwirft, ist ihre Reaktion auf den Kiewer Putsch vor acht Jahren. »Eine internationalistische, dem Sowjeterbe treue Entscheidung wäre es gewesen, dem rechtmäßigen Präsidenten Janukowitsch, gleichgültig, wie fragwürdig er war, beizustehen, indem man die faschistischen Banden und NATO-Netzwerke zerschlägt und die Souveränität des Landes wahrt. Stattdessen unterstützte Putin halbherzig nur die Russen auf der Krim, da er selbst russischnational denkt.«

»Die Umwandlung des imperialistischen Krieges in einen Bürgerkrieg« – diese Losung Lenins zu Zeiten des Ersten Weltkrieges hält Golyschew im heutigen Russland für genauso zutreffend. Begeistert spricht er über eine neue »rote Welle« und meint damit, dass heute über den befreiten ostukrainischen Orten oft eine rote Flagge gehisst wird.

»Ein Bürgerkrieg«, widerspreche ich ihm, »herrscht im Donbass doch schon seit acht Jahren! Solche Zustände will ich in Russland nicht sehen! Der russische Staat, unvollkommen wie er ist, beschützt zumindest sein Volk vor der schlimmsten Barbarei. Die laufende ›Spezialoperation‹ ist außerdem kein ›totaler Krieg‹ wie damals. Ohne Millionen von Rekruten, die ihre Waffen gegen die eigene Regierung wenden könnten – möge die Muttergottes uns davor bewahren.«

»Erstmal hast du Recht. Anders wäre es im Falle einer totalen Mobilmachung«, erwidert Golyschew.

Die Töne, die ich auf der St. Petersburger Sammelkonferenz der Patriotischen Linken höre, klingen anders. Da die Ortsbetreiber den Veranstaltern kurzfristig abgesagt haben, trifft man sich in der Parteizentrale der Russischen Kommunistischen Arbeiterpartei[41] unter einem Dach mit dem polizeieigenen Kampfsportverband. Den Gast aus Deutschland empfängt man mit aufrechter proletarischer Freundlichkeit. Die Parteikader fragen mich, wie es bei uns so um den Klassenkampf steht und schenken mir einen Kalender mit Che Guevara und Stalin. Die faschistischen Banden in der Ukraine und die NATO sind für sie eingefleischte Feinde, deshalb unterstützt man hier die Militäroperation der sonst verhassten Regierung ohne Wenn und Aber.

Eine weitere bei der Konferenz vertretene Gruppe sind die Anhänger des verstorbenen Dichters Eduard Limonow, die Nationalbolschewisten.

»Hochnäsig, volksfremd, unzivilisiert, geistig behindert« sind nicht die krassesten Beleidigungen, mit denen Limonow die Moskauer Machthaber betitelte, dennoch war für ihn die oberste Direktive: »Für jeden russischen Bürger gilt: Bei allen internationalen Konflikten, egal, wer die Gegner sind, egal, wer das Land regiert, stell' dich bedingungslos auf die Seite Russlands!«

»Den Weißgardisten, die sonst gegen die Sowjets auf Leben und Tod stritten, im Zweiten Weltkrieg aber ihren Kampf einstellten und die Rote Armee unterstützten, hat die Geschichte Recht gegeben«, erklärt uns Oberst Wladimir Kwatschkow. Er saß wegen eines versuchten bewaffneten Aufstandes mehrere Jahre hinter Gittern. Dennoch ist kein »Volksaufstand gegen die von der Hochfinanz eingesetzte Okkupationsverwaltung«, wie er die Regierung gerne nennt, »sondern die totale Mobilmachung« sein Anliegen der Stunde.

Sie sammeln sich um die Fahne

Der Wille zum »totalen Krieg« ist am linken wie am rechten Rand der russischen Gesellschaft erkennbar. Die bei der Operation eingesetzten Streitkräfte sind den Ukrainern gegenüber eindeutig in der Unterzahl. Damit konnte Putin, wie einige es von ihm erwartet hatten, keinen Blitzkrieg führen. Dennoch meine ich Putins Absichten zu verstehen. Immer wieder nennt er den Namen eines Denkers, unter dessen Einfluss er am meisten steht. Nicht Alexander Dugin, den »neurechten« *Influencer*, den man im Westen gern als »Putins Rasputin« inszeniert, ja, der sich selbst gern für diese Rolle inszenieren lässt, sondern der Autor, dessen Schriften für das politische Denken Putins maßgeblich sind und den Dugin – nebenbei bemerkt – nie erwähnt, ist Alexander Solschenizyn.

Solschenizyns Hauptwerk *Der Archipel Gulag* stellt das menschenverachtende System der stalinistischen Straf- und Arbeitslager in historisch-literarischer Form dar. Damit legte der Nobelpreisträger ein dermaßen bedeutendes Zeugnis über die Gräueltaten des Sowjettotalitarismus ab, dass sie seitdem nicht mehr zu relativieren sind.

2009 wurde das Buch auf Putins Wunsch zur Schullektüre. Aufgrund seiner persönlichen Erfahrung als *Gulag*-Häftling wurde für Solschenizyn das bare Menschsein zu einem bedeutenden Wert. Darin sind Parallelen zu philosophischen Thesen Giorgio Agambens über das »nackte Leben« ersichtlich, dennoch schreibt Solschenizyn dem Menschsein darüber hinaus besondere Eigenschaften zu, zu denen auch seine Volkszugehörigkeit zählt.

Ohne das Fremde abzuwerten, steht Solschenizyn für das Eigene – und für russische Leben, die zählen. Diese erzkonservative Haltung macht ihn dennoch zu keinem notorischen Zaristen. Solschenizyns Schriftwerk beinhaltet eine harsche Kritik an den Zaren, die die eigenen Bürger aufgrund eines messianischen Hirngespinstes zugunsten fremder Mächte kämpfen und fallen ließen. Weder der Feldzug mit den alten Häusern Europas gegen Napoleon noch zahlreiche »Befreiungen« irgendwelcher »Brüdervölker«, die sich anschließend als undankbar erwiesen, waren aus seiner Sicht gerechtfertigt. *Russian Lives Matter*, würde ein Bürger des US-Staates Vermont zu Solschenizyn sagen: *Russia first!*

Das Gebot scheint ebenso für Putin zu gelten. Die Ziele, die er für jede seiner Kampagnen setzte, waren stets klar, pragmatisch und mit minimalen Verlusten am Mann erreichbar. Da die laufende »Spezialoperation« dem gleichen Muster folgt, bleibt die Wahrscheinlichkeit einer in der Ukraine und im Westen prophezeiten landesweiten Mobilmachung gering.

»Ich will nicht für Putin sterben!«, eine Ansage, die ich von jungen Moskauern zuweilen höre, beantworte ich mit: »Er will das ebenfalls nicht.« Es werden keine Rekruten eingesetzt. Diese Auffassung setzt sich teils unbewusst unter den breiteren Schichten im Volk durch.

Die gegen das Land verhängten Sanktionen haben die Mehrheit nicht betroffen. Nach einer Schwankung im März ist der Rubel gestärkt. Der Verbraucherpreisindex verzeichnet eine beneidenswerte Stabilität. Anhand einer Umfrage des unabhängigen Meinungsforschungsinstituts *Levada-Zentrum*[42] genießt Putin eine Zustimmung von dreiundachtzig Prozent. Die Zustimmungsrate ist während der »Spezialoperation« sogar noch um siebzehn Prozent gestiegen.

Ob man alles auf Rot setzt oder diese Farbe verabscheut – kein Umsturz im Land kommt in Sicht. Die westlichen Sanktionen haben den gegenteiligen Effekt, einen den die Politikwissenschaft als *Rally 'round the Flag* kennt: Sie fördern nur den Zusammenhalt des Volkes um die Fahne – und deren Farben bleiben: Weiß-Blau-Rot.

BIS ANS ENDE DER NACHT UND ZURÜCK

(Mai 2022)

Eine warme Wolke bedeckt die eurasische Ebene. Ich fahre nun schon seit neun Stunden mit der Bahn. Der Zug ist *oldschool*, so wie ich ihn aus meiner Kindheit in Erinnerung habe, ohne den neumodischen glänzenden Schnickschnack – ein zuverlässiger russischer Mechanismus. Ich höre das kalte Klingeln der Schienen unter mir, als ob ich auf gefrorenem Boden eine Treppe in eine unterirdische Höhle hinabsteigen würde und schlafe sofort ein.

Mitten in der Nacht wache ich durstig auf. Es ist heiß im Abteil. Ich finde meine Schuhe und taumle den Zug entlang, ohne das Licht einzuschalten, um die Mitreisenden nicht zu wecken. Das Glas, das ich mir vom Schaffner geliehen habe, klappert gegen den schweren Teeglashalter aus Messing, so einen, wie er bei der russischen Eisenbahn üblich ist. Der noch in Moskau aufgehobene Teebeutel muss unten in meinem Rucksack verloren gegangen sein, also trinke ich heißes Wasser.

Jetzt werde ich offiziell durch den Ruf der Schaffnerin geweckt.

»Gib mir etwas Brot, es laufen hungrige Tauben herum!« Der Zug hält am Bahnhof Rossosch – Bunins[43] Ort.

Die Landhäuser der Schwarzerde-Region sind groß und stehen verstreut. Hier und da ragen unfertige Gebäude heraus. Ein leuchtend roter Hund rennt mit dem Zug aus dem

Bahnhof. Die Westen der Bauarbeiter am Straßenrand haben die gleiche Farbe. Das asiatische Element in einigen ihrer Gesichter ist auffallend. Wie ein Schwarm neugieriger Vögel ziehen die Bauarbeiter über die Lichtungen. Das ist vielleicht alles, was es in dieser Ebene Buntes zu sehen gibt.

Die schlummernden Flecken sind mit verschneitem Schlamm durchsetzt, aus dem dornige Wälder wie Haar auf einem unrasierten Gesicht herausragen. Häuser und Zäune sind hier oft türkis und rosa gestrichen, was nichts anderes ist als ein Farbton der Farblosigkeit, der hier überall verbreitet ist.

Kosakendörfer sehen ganz anders aus. Der Donbass ist, der Karte nach zu urteilen, bereits in Reichweite! Man sieht fast keine Holzgebäude mehr, die Bauten sind aus Beton und Ziegeln. Die Kosaken siedeln dichter als die Bewohner der Schwarzerde-Region. Über den weiß getünchten Hütten recken sich die Pappeln in den südrussischen Himmel. Je weiter wir kommen, desto trockener und gelblicher wird die Landschaft.

Während einer dreiminütigen Raucherpause am Bahnhof Schachty springe ich auf den Bahnsteig, um mir die Beine zu vertreten. »Guter Junge, er kann fliegen!«, lacht eine vorbeikommende Verkäuferin von *Piroschki*[44] und Trockenfisch. Der Bahnhof in Schachty wird von einer Kosakenwache bewacht. Die Streifenpolizisten tragen *Kubankas*[45] auf dem Kopf, Kosakenpeitschen, *Nagajkas*, am Gürtel und eine kleine Maschinenpistole über der Schulter.

Bei der Abreise schaltet ein Mitreisender nach Nowotscherkassk, der nächsten Kosakenstadt, ein Video von der Folterung der russischen Kriegsgefangenen durch die Ukrainer ein. »Gut«, sagt er, »man darf sie nicht töten, aber man muss sie mit der Kosakenpeitsche richtig geißeln!«

»Nein, da werden die Unsrigen gefoltert, das sind Ukrainer, die die Unsrigen foltern«, sage ich ihm.

»Die Unsrigen? Ich dachte, es wären eure!«

»Russen!«

Ich bin fast in einen Schrei ausgebrochen. Der Aserbaidschaner oben auf der gegenüberliegenden Liege zittert.

Der Zug kommt nach Einbruch der Dunkelheit in Rostow an. Der Akku meines Telefons ist leer, und das Kabel, das ich in St. Petersburg gekauft hatte, war nach einem Monat Gebrauch abgenutzt. Das Zwitschern der Flussvögel mischt sich in Rostow mit den Rufen der Taxifahrer. Unter den Bahnhofsmitarbeitern befinden sich viele Südländer. Mein Hotel heißt *Nabokow* – nach dem russischen modernistischen Schriftsteller – und ist eine halbe Stunde Fußweg vom Bahnhof entfernt. Die Räumlichkeiten der ehemaligen Fabrik sind in recht geräumige Zimmer aufgeteilt. Die Küche und das Bad werden gemeinsam genutzt. Das Bild, das als Grundlage für das *Design* des Hotels dient, ist das einer *Barbie*-Puppe und spielt wohl auf *Lolita*, das bekannteste, aber meines Erachtens nicht das beste seiner Bücher an. Das wäre ungefähr so, als wenn ein Hotel, das nach Limonow benannt ist, mit Bildern eines jungen schwarzen Mannes geschmückt ist. Man kann zum Führer der Nationalbolschewisten werden, alle kennen dennoch am besten die Szene aus seinem Frühwerk, wo der Protagonist mit einem Neger kopuliert. Was bleibt sonst dem Lesepublikum anderes im Gedächtnis als Obszönität?

Ich wache mit dem Licht des Südens auf. Die Steppe ist bereits staubig, noch am Abend roch es frisch nach dem Fluss Don. Die Mädchen kommen hier schon in bunten Minis heraus. Die Nähe der »Spezialoperation« ist nur wie durch Schalldämpfer zu spüren, die allen Gesprächen einen gedämmten Ton verleiht. Ich warte auf Nachrichten von einem Kollegen in Donezk. Meine Akkreditierung soll am Abend fertig sein.

Ich bin nun seit einigen Tagen in Rostow und warte auf etwas Unerklärliches. Mein Korrespondent auf der anderen

Seite der Donezker Grenze schreibt mir täglich »morgen früh« oder »heute Abend« und verschwindet hinter dem Horizont der Erreichbarkeit. Dieses schillernde Warten ist anstrengend.

Rostow muss einmal schön gewesen sein. Hier und da erhasche ich Blicke aus Fensteröffnungen, die mit kunstvoller Holzschnitzerei verzierte Stirnbögen aufweisen. Die Stadt ist nicht einmal von den Sowjets verunstaltet worden – an den sowjetischen Bauten kann man wenigstens einen Gedanken ablesen –, sondern vielmehr von den Hochhäusern mit sinnlosen Türmchen und dicken Pilastern des Bauens der letzten Jahrzehnte. *Developer* dieser Art haben Kiew auf die gleiche Weise entstellt.

Ich wohne außerhalb des Zentrums in einem von einer armenischen Familie vermieteten Privathaus. In seiner Mitte gibt es einen Innenhof, darin einen Tisch mit Aschenbecher und einen Wäschetrockner. Gegenüber der Rezeption befindet sich eine *Lounge* mit Kandelabern und riesigen Blumen aus hyazinthfarbenen Pailletten, ein Schmuckstück des Zigeunerbarocks. Ein Mitbewohner hat in diesem gemeinsamen Wohnzimmer den ganzen Tag über in den externen Lautsprecher seines Mobiltelefons gesprochen, zuerst mit seiner Geliebten, wie sehr er sie haben will, dann mit den Kindern in einer anderen Sprache. Nachts hört man hier nur das Drehen des Ventilators, erste frühlingshafte Mücken, die leise fliegen, und die Ameisen, die leise krabbeln.

Rostower Taxifahrer fahren aggressiv. Jemand schneidet einem den Weg ab und er sagt zu mir: »Ich hätte ihm in den Hintern treten sollen, damit er kein Geld für die Reparatur seines Autos hat!«

Die russischsprachigen Liedtexte der kaukasischen Popmusik in den örtlichen Kneipen sind konservativ: »Ich bete für meinen Vater und meine Mutter«, »Mein Zuhause ist meine Festung«.

Nun stehe ich vor dem historischen Gebäude einer Realschule, in der Rachmaninow auftrat und in der Solschenizyn gelernt hat. Solschenizyn, der zwar eine gewisse Standhaftigkeit und Unnachgiebigkeit der ukrainischen Bandera-Anhänger im *Gulag* bemerkte, schrieb dennoch: »Heute die Ukraine zu separieren bedeutet, Millionen Familien und Menschen voneinander zu trennen: welch ein Durchmengen der Bevölkerung; ganze Gebiete mit russischer Mehrheit; wie viele Menschen werden schwanken, welche von beiden Nationalitäten sie wählen sollen; wie viele Menschen mit gemischter Abstammung; wie viele gemischte Ehen. Niemand hat sie bisher als ›Mischlinge‹ betrachtet! In der Masse der Bevölkerung gibt es nicht einen Schatten von Unduldsamkeit zwischen Ukrainern und Russen. [...] Natürlich, wenn das ukrainische Volk sich *tatsächlich* abzutrennen wünscht, sollte niemand es wagen, es mit Gewalt daran zu hindern. Aber – dieses große Land ist sehr verschiedenartig, und nur seine Bevölkerung kann das Schicksal ihrer jeweiligen Region, ihres Gebietes entscheiden, und jede in einer Region lebende Minderheit muß volle Toleranz genießen.«

Was Rachmaninow betrifft, so liebe ich seine *Toteninsel*. Heute ist nach dem orthodox-byzantinischen Kalender der Ahnensamstag. Ich gehe in die Kathedrale *Mariä Geburt*, um Kerzen für meine Vorfahren anzuzünden. Mögen die Toten in diesem Krieg mit uns sein.

»Sagen Sie, haben Sie Angst?«

»Habe ich Angst? Nicht wirklich! Schließlich bin ich Europäer«, lachte ein Mann im Smoking.[46]

Die Ikonen von der Windschutzscheibe des Busses, der uns nach Donezk bringt, flattern wie Blütenblätter an einem Espenbaum. Die Steppe ist staubig und rauchig. Der April ist am Don die Zeit der Steppenfeuer, die das Totholz des vergangenen Jahres mit der Geschwindigkeit von Jagdgeschwadern abbrennen. Es geht das Gerücht um, dass dort, wo wir hinfahren, eine seit dem Zweiten Weltkrieg nicht mehr gesehene Schlacht beginnen wird. Die Mannesstärke der gegnerischen Gruppierung am Donbass-Bogen von Sewerodonezk bis Awdejewka beläuft sich auf nicht weniger als 90 000 Kampfeinheiten. Auf unserer Seite zählt die Kampftruppe, die die feindliche Festung stürmt, bis zu 150 000 Soldaten. Russland stützt sich auf Luftüberlegenheit, Artillerie und Raketenangriffe auf die Logistik und behindert somit die Versorgung und Manövrierfähigkeit der ukrainischen Armee. Unter Berücksichtigung der Reserven kann man davon ausgehen, dass sich etwa 300 000 Soldaten in einer tödlichen Schlacht gegenüberstehen werden. Ein neues Austerlitz. Neben mir sitzt ein Mädchen von wilder Rasse, eine breitbeinige Polowetzerin mit kantigen Gesichtszügen. Möge die Muttergottes sie beschützen.

Stabil gebaute Häuser sind mit Hütten aus Blech und Schiefer durchsetzt. Inmitten des Grüns läuft ein unangebracht schöner Fasan herum. In zehn Minuten erreichen wir Uspenka, den Kontrollpunkt an der Grenze zur Donezker Volksrepublik. Auf dieser Seite der Grenze heißt die nächstgelegene Siedlung Matwejew Kurgan.

Ein Grenzschutzsoldat geht am Bus entlang. Er schaut wohlgesonnen meinen Reisepass mit meinem Journalistenausweis an. Die Passagiere werden aufgefordert, ihre Sachen auszuladen und zur Passkontrolle zu gehen. Die Donezker wollen nicht ordentlich Schlange stehen und veranstalten ein Wettrennen zum Kontrollpunkt. Die Grenzbeamten bemerken meinen auffälligen Pass und beraten sich eine Zeit lang untereinander. Ein Wachtmeister taucht auf, nimmt meine Papiere und befiehlt mir, ihm zu folgen. Seine Augen sind so scharf wie eine Waffe. Ich verbringe etwa zehn Minuten im Wartezimmer.

»Darf ich mich setzen?«, fragt der schlecht gekleidete Mann, der mich wegen meiner Militärjacke mit einem Bediensteten verwechselt.

Bald werde ich in ein Büro gerufen. Ein junger Mitarbeiter des Staatssicherheitsdienstes steht hinter dem Schreibtisch auf und schüttelt mir herzlich die Hand. Der Beamte hat ein professionell offenes Gesicht, das einem vertraulichen Gespräch immer zugutekommt. »Für welche Medien schreiben Sie? Wird hart gegen Sie vorgegangen? Werden Sie vom Verfassungsschutz beobachtet? Es ist gut, dass die Länder solche Dienste haben!«

Vier dünne, kleine Männer in schmutziger Kleidung werden ins Büro gebracht. Sie sind Flüchtlinge aus Mariupol. Sie werden aufgefordert, sich bis auf die Unterwäsche auszuziehen, und ihre Tätowierungen werden auf nationalistische Symbole hin untersucht. Die Augen der armen Leute hasten hin und her.

Alles ist in Ordnung. Die Festgenommenen werden weggeführt.

»Kennen Sie jemanden vom Bundesnachrichtendienst?«, setzt mein Vernehmungsbeamter das Verhör fort.

»Nein, nicht dass ich wüsste.«

»Kennen Sie jemanden vom Verfassungsschutz?«

»Ich vermute schon, es gibt viele Provokateure in der Bewegung.«

»Was ist Ihr Zweck, in den Donbass zu ziehen? Was sind Ihre Motive?«

»Ich interessiere mich für normale Menschen. Die sind vielleicht nicht unmittelbar ideologisch bewegt, aber allein die Tatsache, dass sie inmitten jahrelanger Kriege und Verfolgung überleben, ist nicht trivial. Ich glaube, dass jeder im Krieg zu jeder Heldentat und zu jeder Gräueltat fähig ist. Menschlichkeit im Krieg ist nicht trivial. Ich möchte diesen Menschen eine Stimme geben.«

Darauf folgen Fragen über die Zeitung, für die ich schreibe, und meine finanzielle Situation.

»Was halten Sie vom Mossad?«

»Beängstigende Leute, ich will mich gar nicht mit ihnen anlegen. Der Mossad hat einen Bekannten von mir entführt. Er war ein Gangster, unter dem Spitznamen ›Zwerg‹ bekannt. Er hatte etwas auf dem Territorium ihres Staates getan. Also haben sie den ›Zwerg‹ auf dem Gebiet eines angeblich souveränen Landes, Deutschland, entführt.«

»Verstehe, die Zionisten regieren also überall, meinen Sie? Kennen Sie jemanden von der CIA?«

»Niemand.«

»Was ist zum Beispiel mit Theaterregisseur Z.?«

Oh, là, là! Ich frage mich, woher dieser Experte für mein Leben zum Grenzübergang gekommen ist?

»Sie haben über die Kommunistische Partei Russlands geschrieben. Sind Sie ein Linker?«

»Ein konservativer Sozialist.«

»Sozialist – aber Sie haben einen Reichsadlerring. An dem Punkt sind Sie aufgeschmissen!«

Ein Grenzschutzbeamter betritt das Büro und bittet mich, den Bogen zu unterschreiben, auf dem steht, dass mir der Grenzübertritt aufgrund von Coronavirus-Beschränkungen verweigert wurde.

Draußen haut mich der Steppenwind fast um. Am Kontrollpunkt ist kein mobiles Netz verfügbar.

»Gibt es von hier aus Flüge nach Russland?«, frage ich die Verkäuferin in der Kantine.

»Nein, aber am Nachmittag wird ein Evakuierungsbus aus dem Flüchtlingslager an der Grenze eintreffen.«

Die Flüchtlinge kauern in aufblasbaren Zelten mitten in der Steppe, und wenn sie hinausgehen, um zu rauchen, haucht der Wind ihre Zigaretten in einer Minute aus. Familien mit

Kindern, alte Frauen in einst anständigen Mänteln, Männer sieht man seltener. Die Gesichtszüge der Mariupolianer sind oft griechisch, aber der Ruß und die schmutzigen Lumpen verleihen der Menge einen Hauch von Zigeunertum. Sie riechen nach einem Unstern.

»Russkis« sagen die Kinder von Mariupol über uns, auf Russisch sagen sie es natürlich: *Russaki*.

»Wann fahren wir?«

»Wir warten alle. Wir werden noch ein paar Stunden auf die Polizeiautos warten.«

Ich fahre per Anhalter nach Rostow.

»Sind deine Dokumente in Ordnung? Es gibt überall Straßensperren«, warnt mich der Fahrer. Wir fahren unter DVR-Kennzeichen. In der Tat werden wir zweimal angehalten.

Am Stadteingang verlangt ein Verkehrskontrolleur meinen Ausweis. Ich habe meinen Reisepass, einen russischen Ausweis besitze ich nicht, hatte nie einen gehabt.

Der Polizeibeamte fordert mich auf, herauszukommen, beschlagnahmt meine Papiere und nimmt mich unter Bewachung, bis sie meine Angelegenheit klären.

»Aus Deutschland?«, fragt der Wachmann.

»Ja.«

»Sag mir, wie ist das Leben dort? Stimmt es, dass man in Deutschland die Straßen mit Seife wäscht und dass die Deutschen deshalb mit Straßenschuhen in ihren Wohnungen herumlaufen?«

»Die Straße wird nicht mit Seife gewaschen, aber zuhause beschuht zu laufen, das kommt vor.«

»Auf dem Teppich auch mit Straßenschuhen? Wird der Drogenkonsum in Deutschland strafrechtlich verfolgt?«

»Es ist nicht empfehlenswert, in der Nähe von Schulen und Kindergärten Gras zu rauchen, aber Berlin stinkt nach Gras. Es wird in Parks verkauft. Die Dealer haben keine Angst vor der Polizei.« In so einem Park saß ich mal mit einer Bekannten, wir unterhielten uns und ich filmte das Gespräch mit einem *Smartphone*. Da kamen bärtige Kanaken in Uniform einer privaten Sicherheitsfirma und forderten uns auf, mit dem Filmen aufzuhören, da schwarze Mitbürger, die Dealer, sich in ihren Rechten verletzt fühlen könnten.

»Welche Rechte hat die Polizei in Deutschland?«

»Es kommt auf das Bundesland an. In Berlin kann man die Polizei wegen *racial profiling* verklagen. Egal, wie der Richter entscheidet, es wird einen Rechtsstreit geben, ein Hin und Her.«

»Und hier bei uns gilt folgendes Recht: Wir dürfen Sie zweiundsiebzig Stunden lang bis zur Klärung festhalten.«

Ein Unteroffizier kommt herein: »Zeig mir die Tätowierung auf deiner Brust! Was hast du da? Einen deutschen Adler? Du bist also ein Nazi?«

Ich ziehe mein Hemd aus.

»Phönix«, sage ich.

Die Polizei von Rostow braucht nicht zu wissen, dass mein Tätowierer ein Legionär des ukrainischen Heimatschutzes ist.

»Phönix? Ein Adler! Ein Adler auf deiner Brust … Du warst also bestimmt eingesperrt!«

»Nein, das war ich nicht!«

»Eingesperrt … Eingesperrt! Der Adler auf der Brust ist ein Knasttattoo für besonders gefährliche Verbrecher!« Er sucht etwas im Internet: »… mit einem Schwert, mit Fesseln … Einen mit Feuerkolben kann ich nicht finden … Du bist ein Verbrecher, nur der Paragraph ist unklar …«

Seine Witterung ist nicht ganz falsch, aber ich helfe ihm nicht. Auf einen Anruf aus der Zentrale wird mir befohlen, unter Begleitung zum Polizeirevier gebracht zu werden. Wir düsen durch die Stadt, deren Dämmerung so blau wie Polizeilicht ist. Das 5. Revier entpuppt sich als brutalistisch schäbiges Gebäude. In dem Käfig sitzen mit mir zusammen drei schmutzige Alkoholiker. Nach einer wohl oberflächlichen Durchsuchung werde ich die Treppe hinauf in die Vernehmungsabteilung geführt. Ich wiederhole mit gelernter Stimme auswendig zum x-ten Mal die Angaben: Wer ich bin, woher ich meinen Pass habe, was der Zweck meiner Reise ist.

»Was gefällt Ihnen an Deutschland nicht? Die Coronavirus-Beschränkungen? Der europäische Impfstoff ist doch bestimmt viel besser als der hiesige.«

Dem jungen adygischen Vernehmungsbeamten liegt meine patriotische Motivation nicht nahe.

»Ich würde gerne ausreisen«, sagt er mit dumpfer Stimme, »aus diesem Land ... sehe aber keine Möglichkeit dafür.«

Eine halbe Stunde später gesellen sich zu uns ein paar weitere Beamte. Sie sind ebenfalls junge Kaukasier, einer ist Armenier, der andere scheint mir ein pontischer Grieche zu sein. Der Faden der Befragung führt zurück zu meinen Tätowierungen:

»Was hast du da am Handgelenk?«

»Ein Kreuz, wie es die koptischen Christen in Ägypten am Arm tragen.«

»Was bedeutet das?«

»Kreuz ist Kreuz.«

Dem Armenier und dem Griechen gefällt meine Erklärung offensichtlich gut. Der Adyge schnaubt. Der Festnahmebericht wird erstellt, die Aussage wird aufgenommen.

»Nun, gehen wir mal ins Gefängnis?«, wendet der eingetroffene Abteilungsleiter sich fröhlich an mich.

»Habt Ihr einen Ukrainer gefangen? Kommst du aus der Ukraine?«

»Ich komme aus Deutschland.«

»Ah, auch das noch! Warum rufen Sie Ihre Botschaft nicht an?«

»Ich habe bereits einen sehr angesehenen Mann über meinen Aufenthaltsort verständigt« – ich nenne seinen Vor- und seinen Vatersnamen.

Unsere Unterhaltung wird seitdem einen Ton leiser fortgesetzt. Man sagt mir, ich solle im Korridor warten: Ein Deserteur sei gefasst worden. Ich sehe, wie ein Junge von etwa achtzehn Jahren in das Büro geführt wird. Ich höre: Er kämpfte auf Vertrag in der LVR. Seinem Akzent nach zu urteilen, ist er ein Ossetier. Am Ende eines dunklen Ganges stehen zwei Stühle. Ich setze mich auf einen und stürze krachend auf den Boden. Die Stuhlbeine waren nicht festgeschraubt, nur angelehnt. Schätzt man das hier so oder ist hier alles einfach dermaßen verkommen?

Ich höre einen halben Satz aus dem Verhörraum, etwas über die 24. mechanisierte Brigade der Ukrainer. Ein Bediensteter kommt zu mir und händigt meinen Pass aus: »Sie sind erstmal frei!«

AUF DER KRIM
(Mai 2022)

In Rostow wird Fassbier zum Mitnehmen verkauft. Es wird hier und da in Plastikflaschen gezapft, ein Euro für den Liter. Am Don serviert man es gern mit frischen Flusskrebsen. Sie werden schläfrig in kochendes Wasser geworfen. Man presst Zitrone darüber, fügt etwas Dill hinzu und krönt das Gebräu mit Lorbeer. Doch Bier habe ich langsam satt. Ich will Massandra-Wein trinken und Krim-Kognak, zart und duftend wie ein Sonnenuntergang, der in die Kirschblüte fällt. Täglich auf eine Nachricht von meinem Korrespondenten aus der unerreichbaren Zone zu warten, ertrage ich nicht mehr. Ich fahre auf die Krim!

Wie viele Hochzeiten feiert man in Rostow an einem gewöhnlichen Samstag? Ein frisch vermähltes Brautpaar tritt königlich auf einen Pfad aus verstreutem Konfetti.

»Auf die Liebe!«, erhebt eine Brautjungfer ein Glas *Zimljanskoje*-Schaumwein. »Auf dass die Braut ihren Gemahl nicht umbringt!«, scherzt eine andere. Im städtischen Zirkusgebäude, in dessen pseudoklassizistischem Giebeldreieck eine Figur in einer Tunika wild eine Quadriga fährt, treten heute zahme Tiger auf.

Die Krim ist per Flugzeug nicht mehr zu erreichen, so sind alle Züge auf die Halbinsel mit Passagieren vollgestopft wie Fässer mit gesalzenem Fisch. Ein paar Tantchen, mit denen ich im selben Abteil gelandet bin, bringen sich gegenseitig den Umgang mit dem *Smartphone* bei. Unermüdlich spielen sie ihre Videos von Enkelkindern und kleinen Hunden bei voller Lautstärke ab. Jemand hat Setzlinge mitgebracht. Das Unerträglichste an einer solchen Reise ist der Geruch von ungewaschenen Körpern, die seit über einem Tag aus St. Petersburg unterwegs sind. Ich ziehe mich auf die obere Pritsche zurück und schaue durch den Spalt neben der Gardine auf die Lichter in der warmen Nacht der Taman-Halbinsel, so wie damals als Kind. Seitdem scheint sich nichts verändert zu haben.

Der Zug kommt vor Sonnenaufgang in Simferopol an. Es zieht mich ans Meer, und da die Stadt in der Mitte der Halbinsel liegt, will ich nicht lange bleiben. Ich zeichne mir eine Route für einen kurzen Spaziergang auf, über das Dreifaltigkeitskloster, in dem der selige Lukas von der Krim im letzten Jahrhundert lebte, dann weiter zur skythischen Festung, genannt »Neapel«.

Ein Denkmal für »höfliche Menschen«, wie die im Jahr vierzehn aufgetauchten, unmarkierten Bewaffneten genannt wurden, taucht am Wegesrand auf: ein Metallsoldat, um den herum eine Katze streicht.[47] Auf dem Strauß aus Stahl, den ein kleines Mädchen dem Soldaten überreicht, legen die Anwohner von Simferopol frische Blumen ab.

Die Vororte der Stadt sind einstöckig, ihre Straßen im Frühjahr vom Regen verwaschen. Die Kirschblüte betupft die Hügel mit rosafarbenen Flecken. Von hier aus fahren blaue Trolleybusse die weltweit längste Oberleitungsstrecke Richtung Jalta. In einen davon steige ich ein. Schneezungen liegen manchmal in den Bergen, die in das Trolleybusfenster hineinragen, Pinien sind von Oleander und Zypressen durchsetzt und auf einmal schimmert im stählernen Glanz das Meer.

Am Busbahnhof von Jalta hält einer ein Schild: »Unterkunft zu vermieten«. Der Preis passt und wir machen uns auf den Weg zum Apartment.

»Schirinowskij[48] ist tot«, fängt unser Geplauder an.

»Ich weiß schon. Witzig und schlau war er auf jeden Fall, wusste Bescheid über internationale Angelegenheiten und hatte ein Händchen für Sprachen ...«

»Ein Clown«, unterbrach er mich, »und was für ein bescheuerter Name für eine Partei, die Liberal-Demokratische.«

Ich erinnere mich an die Zeit der Parteigründung, als Schirinowskij Jürgen Möllemann nachahmte. Meinem zufälligen Begleiter erzähle ich von der FDP, ihrer damaligen »Strategie 18«, der zionismuskritischen Haltung des deutschen Politikers und dem tödlichen Unfall beim Fallschirmspringen.

»Es gibt einen Witz«, sagt der Typ nach einer Weile: »Ein Jude fragt seinen Rabbi, ob es koscher sei, am Sabbat Fallschirm zu springen. Fallschirmspringen am Sabbat, ja das sei schon erlaubt, antwortet der Rabbi, nur am Ring darf man halt dann nicht ziehen.«

Die Apartments sind durchaus passabel. Hinter den hellen Fenstern flattert ein Weinstock im Wind, dessen Schatten über einer Teichnymphe tanzt. Eine Marmortaube fliegt von der Handfläche der Statue auf. Aus der nebligen Felsschlucht, die bis zum Horizont reicht, wirbeln ein paar frühlingshafte Möwen. Schwere Tropfen hängen in den Zweigen eines Magnolienbaumes, der noch nicht knospen will.

Die Statue sehe ich mir genauer an. Ihre offensichtliche Altertümlichkeit hebt sich von dem umgebenden Neubau ab.

Die Dichterin Jekaterina Sadur schildert in ihrer Kurzprosa *Unbeholfenheit und Eloquenz*, wie ein paar Ukrainer den alten russischen Friedhof neben der Siedlung Simeiz plündern, Grabsteine und Trauerengel als Schmuck in ihre eigenen Gärten zerren. Die Zeit des ukrainischen Jochs hat auf der Halbinsel irreparablen Schaden angerichtet. Die zaristischen Paläste wurden von unbeholfenen Regenten übernommen, deren erster Karriere-Einstieg der Taschendiebstahl auf der Straße war.

Das Herz des Dichters Wladimir Lugowskoj ist beispielhaft für diese beiden räuberischen Jahrzehnte. Der bekannte Historienfilm *Alexander Newskij* aus dem Jahr 1938, der zum Weltkulturerbe zählt, enthält ein Lied, dessen Text von Lugowskoj stammt: »Steh auf, du Russenvolk!«[49] Vor seinem Tod 1957 in einem Jaltaer Hotel äußerte der Dichter den Wunsch, sein Herz in einem malerischen Felsen dort an der Schwarzmeerküste zu begraben. Die Witwe und seine Freunde erfüllten seinen letzten Willen. Zwar wurde der Leichnam in Moskau beigesetzt, das Herz des Dichters fand aber in einer Felsnische oberhalb einer Straße in Jalta seine Ruhe. Darüber wurde ein bronzenes Reliefbild angebracht, das später der Gier eines ukrainischen Buntmetallsammlers zum Opfer fiel. Die Plünderer rissen das Herz heraus, um das Stück Bronze zum Umschmelzen zu verkaufen.

Vor acht Jahren kehrte der Russe auf die Halbinsel zurück. Die seitdem in Jalta entstehenden Neubauten scheinen der allgemeinen Stadtlinie zu folgen, die leicht tatarische Züge aufweist. Der städtische Basar duftet nach allerlei Gewürzen, Fisch und frischem Hammelfleisch. Granatapfelsaft, Öle und Weine sollen, so die Verkäufer, alle von der Halbinsel stammen. Zum Imbiss, den man sich in Jaltaer Straßenbuden holt, bekommt man vom Wirt ein dickes Päckchen Servietten, nicht so wie in einigen anderen, angeblich zivilisierteren Ländern, in denen man an Servietten spart.

Auf dem Weg an einem grauen, von massiven Pflastersteinen gesäumten Gebirgsbach entlang empfinde ich eine ahnungsvolle Aura, deren Quelle vor meinen Augen im Verborgenen liegt. Es rauscht in einiger Entfernung unter den Schwingen weißer Tauben das Meer. Vereinzelt kreischen Saxophone am Abend an der Uferpromenade, ein tatarisches Mädchen in schwarzem Latex jongliert mit Fackeln. Im Schein der Lichtreflexe vertiefen ihre Pupillen sich zu einem schmalen Spalt, vertikal und einer Katze gleich.

EINE NEUE WELT

(Mai 2022)

»Auf dass die Apokalypse im *Dolce-Vita*-Modus weitergeht!« Wir stoßen mit Krimsekt an, dem Champagner der »Neuen Welt«[50].

»Sie haben Armageddon inszeniert. Der erste Reiter, die Pestilenz, sitzt auf einem Pferd aus Pappe und ist ein *Fake*. Der zweite Reiter auf dem roten Pferd ist kein echter Krieg, sondern eine ›Spezialoperation‹. Und der dritte Reiter, der Hunger, galoppiert noch aus dem Nebel der Zukunft auf uns zu ...« Lewon sieht mich eindringlich aus dunklen Augen an, um sich zu vergewissern, ob ich ihm noch folge.

»Probier die Meeräsche!«, unterbricht Lewon sich selbst, »hier wird der Fisch nicht auf die Mittelmeerart zubereitet, sondern auf Schwarzmeerart... Was ist das für ein fahles Pferd? Glaubst du, dass die Geimpften alle sterben werden?«

Was die vorgetäuschte Apokalypse angeht, stimme ich ihm zu.

»Krass, wie gewissenhaft der Bibeltext vor dem Publikum umgesetzt wird, das sich selbst für den Demiurgen hält!«

Lewon Nersesjan und ich amüsieren uns an einem Tisch des Aquarium-Restaurants oberhalb von *Nowyj Swjet*. Die Klippe unter uns fällt steil ab, wo die Wellen den Mondschein zum Falkenfelsen *Sokol* tragen. Die steilen Klippen tauchen wie die Flügel eines Vogels mit weit aufgerissenen Augen ins Wasser. Der Name »Neue Welt« wurde dem Ort vom letzten Zaren Nikolaus gegeben.

»Mein Zar, ich bin alt, mein Tod ist nah. Ich muss meine Dinge regeln. Ich habe ein uneheliches Kind, sozusagen...

Wirst du es für mich aufziehen?«, mit diesen Worten wandte sich Fürst Lew S. Golizyn, der beste Kenner seltener Weine, Winzer, Vater des Krimsekts und des Massandra-Weins, an Zar Nikolaus II. Nikolaus sah ihn wohl verwundert an: »Was meinst du, Fürst?«

»Dieses uneheliche Kind, Majestät, ist das Krimgut mit seinen Kellern. Du bist der Einzige, dem ich es hinterlassen kann.« 1912 gab es einen Besuch der Zarenfamilie, um das großzügige Erbe zu besichtigen, zu dessen Erinnerung die andere Seite des Berges immer noch *Zarskoje*, »Zarenstrand«, heißt. Der heutige Massandra-Wein, einst der Lieblingswein von Grigorij Rasputin, schmeckt meinem Gesprächspartner Lewon nicht. Er ist der Meinung, dass viel mehr davon verkauft wird, als es auf der Krim überhaupt Trauben gibt. Ob da mit minderwertigem Wein gepanscht wird? Er bevorzugt den trockenen Weißen aus dem Sonnental in der Nähe. Über Letzteres streite ich mich nicht. Ob der heimtückische Rausch daran schuld ist? Ich kann in dem goldenen, süßen Massandra keine Falschheit erkennen.

Mein Gesprächspartner ist ein führender Experte für altrussische Kunst, leitender Forscher an der Tretjakow-Galerie und Dozent an der Staatlichen Universität Moskau. Lewon hat mephistophelische Züge, vielleicht absichtlich, obwohl die Beziehung zwischen dem Meister des Siegels und dem versiegelten Geist ein unberechenbares Spiel ist, ein Glücksspiel, das beiden Seiten jede Sekunde Aufmerksamkeit abverlangt. Auf einem von Lewons Ringen erkenne ich ein gotisches Pentagramm. Vor zwölf Jahren, als die Staatsduma das Gesetz über die Rückgabe von Kircheneigentum prüfte, gab es einen Konflikt zwischen der Kirche und der Museumsgemeinschaft, nicht nur einen, sondern viele.

Damals machte Lewon vor allem die Absicht der Kirchenoberen öffentlich, die große Dreifaltigkeits-Ikone des heiligen Andrej Rubljow aus dem Museum zu entfernen. Der russische Theologe Pawel Florenskij führte sie als Gottesbeweis an: »Wenn es eine Rubljowsche Dreifaltigkeit gibt, dann gibt es Gott.« Rund um die Ikone kochten die Emotionen hoch. Vonseiten der orthodoxen Patriarchen gab es einen Appell: »Wer auch nur ein Fünkchen Gewissen hat, der möge sich jeder Kritik enthalten.« Der Appell richtete sich gegen das gebildete Bürgertum, das die Restitution blasphemisch behinderte. Mein Gesprächspartner antwortete auf die auch an ihn gerichtete Aufforderung des Patriarchen mit dem Satz seiner verstorbenen Mutter: »Die letzten gebildeten Bürger, die wir hatten, sind 1920 im Schwarzen Meer ertrunken.«

Lewon ist der Enkel eines Kochs und eines Eismachers, der Urenkel von Bauern aus Aschtarak und Schuhmachern aus Gjumri. Die Rede des orthodoxen Patriarchen beeindruckte ihn wenig. Er ließ sich in Venedig nieder und schloss sich dem Katholizismus an, in der Erwartung, dass die Weltkirche auf die Anforderungen der Zeit reagieren würde.

Die ewig lange Adria-Welle schwappte weiter über die hundert Inseln, diese Handvoll Felsen und darüber hinaus, nachdem die Weltgesundheitsorganisation eine Covid-Pandemie ausgerufen hatte, eine seltsame Pandemie, die das Spiel veränderte. Die venezianische Maskerade hatte sich verändert. Lewon mochte die neuen Masken nicht, wahrscheinlich weil sie eher Angst und Zwang als Lachen und Laune ausdrückten. Er kehrte nach Russland zurück und hier auf der Krim entdeckte er seinen Vertrauten, dieselbe ewige Mittelmeerwelle.

»Ich vermute, es geht um Unsterblichkeit«, sagt Lewon. »Vor etwa fünfzehn Jahren, ich weiß nicht, ob du dich dran erinnerst, gab es viele Veröffentlichungen über die Verhinderung des Alterns, über Mitochondrien, die manipuliert werden können, erfolgreiche Experimente an Mäusen. Dann verschwand das Thema wie hinter einer Nebelmaschine. Aber es ist doch unmöglich, dass keine Experimente mehr stattfinden, oder? Was meinst du?«

Der Gedanke fasziniert mich durchaus.

»So kommen wir zur Blutmystik und den Karmazins: Jesse Karmazin aus Kalifornien, *Ambrosia* nannte sich sein Unternehmen, das sich vornahm, das Altern durch Transfusionen des Blutserums von Jugendlichen aufzuhalten. Die Zeitschrift *Science* hat 2014 einen Bericht darüber veröffentlicht. Egal, ob die Methode funktioniert, dieser Karmazin berührte einen so wunden Punkt, dass ihm alte Narren mit 44 000 Dollar in der Tasche – dem Preis der Behandlung – quasi die Tür einrannten. Vierundvierzig ist die numerische Bedeutung des Wortes ›Blut‹ – *dam* im Hebräischen. Die gleiche Summe ergibt eine Pyramide mit dem kabbalistischen Namen ihres Gottes[51], der aus drei Buchstaben besteht. Der *Hype* ist für mich offensichtlich.«

Er macht eine weit ausholende Bewegung.

»Der Fehler dieser Unsterblichkeit«, sagt Lewon, »besteht darin zu glauben, dass alles hier, in diesem körperlichen Leben, endet. Es hat hier aber noch nicht einmal angefangen!«

Das kann ich akzeptieren. Aber wir haben auch unsere Differenzen. Die Lehre des Dritten Roms, die für mich die wichtigste ist, erkennt Lewon nicht an: »Als die heilige Königin Helena, die den Aposteln gleichgestellt war, die Ausgrabung des lebensspendenden Kreuzes anordnete«, sage ich, »befahl Kaiser Konstantin, dass ein Teil davon in seine Statue eingesetzt wird, die auf einer Säule in der Mitte des Konstantinplatzes aufgestellt wurde, wodurch unser lebensspendender Baum mit der römischen Triumphsäule identifiziert wurde. Jesus war natürlich nicht der König der Juden. Das Königreich der Juden, auch bekannt als Phönizier und Karthager, verschwand. Christus herrschte im Rom der Ökumene. Die Manifestation dieses ersten Reiches war Russland. Das Reich ist nun jener geheimnisvolle *ho katéchōn* – ›der Zurückhaltende‹, der nach dem Apostel Paulus das Erscheinen des Antichristen nicht zulässt.«

Das alles betrachtet Lewon als Heidentum: »Christus braucht keine seiner Ikonen auf Erden in Gestalt eines Kaisers, er selbst hält den Antichristen zurück und wir haben keine andere Stadt als die himmlische.« An einem Nachbartisch zitiert ein Betrunkener seinen Bekannten namens Tigran als Beispiel für den richtigen Weg, sich in der Welt fortzupflanzen.

»Sind die getrockneten Tomaten und der Parmesan importiert oder einheimisch?«

»Einheimisch, alles von der Krim.«

»Nicht schlechter als das, was sie an der Adria servieren, danke!«

Die Sanktionen haben den lokalen Produzenten Auftrieb gegeben.

»Mann!«

»Was?«

»Was soll das?«

»Gute Frau, steig halt ein!«

»Ich frage dich, was das soll?«

»Was?«

»Die Verspätung schon wieder!«

»Du hast mir hier keine Vorwürfe zu machen!«

»Es ist doch dein Fahrplan! Bin ich etwa zu spät?«

»Dann steig halt wieder aus!«

»Ungehobelter Klotz!«, schnaubt die Frau und setzt sich beleidigt hinten in den Bus.

Der Bus ist klein und wir holpern über eine schlechte Landstraße, bald kommen wir auf eine neu asphaltierte Straße, die von den Einheimischen nach dem Direktor der russischen *Sberbank*, der sie finanziert hat, »Grefstraße« genannt wird.

An der Kreuzung warten die Kinder eines Bekannten auf uns. Sie haben *Dreadlocks* auf dem Kopf und eine Katze an der Leine. Wir beginnen, graue Hügel hinaufzuwandern, die zunächst nur leicht abfallen. Der Berg riecht nach seltsamer Magie.

»Wie der Meganom über den Winter abgesackt ist«, sagt Lewon, »er ist wie sein eigenes Skelett geworden.« Die Katze läuft neben uns her. Die Leine ist ausgehängt. Sie hält ab und zu an und holt uns dann in schnellen Sprüngen wieder ein, wobei sie alle paar Sekunden ein rhythmisches Miauen von sich gibt. Die Katze hatte früher eine Glocke um den Hals, sagt ihre Besitzerin, aber dann hat *Mega* – benannt nach dem Berg, den wir besteigen – die Bedeutung des Läutens erkannt (damit die Menschen nicht verloren gehen!) und es einfach durch ihr eigenes Miauen ersetzt. Der im Winter ausgewaschene Pfad rutscht bei der nächsten Kurve fast in den Abgrund. Ich bin der einzige Anfänger in den Bergen, lehne mich an den Hang, greife nach brüchigen Wurzeln und Grasbüscheln ... Verdammt, was für ein Herzschlag ... Kein Grund, den Hang hinabzustarren, Nietzsche zu hören ...

»Warum bin ich so klug?«

Aber man braucht nur unter die Füße zu schauen, der Anblick von getrocknetem Lehmschlamm ist kein Trost. Ich fluche unflätig und spüre ein Frösteln in meinem Bauch. Alles gleitet und schwimmt. Ein warmer Windstoß scheint mich wie eine Feder wegzublasen. Ich kümmere mich um nichts und klettere weiter.

Wir steigen auf den Ostgipfel des Meganom. Rechts, jenseits der Kurve des Kaps, schwanken die Dächer von Sudak in warmen Luftströmen, wir hingegen waten durch die Felsen den Hang hinunter zur Eremitenbucht. Der Pfad zwingt uns, jeden Schritt mit Bedacht zu setzen. Er könnte eher für ein ausgetrocknetes Flussbett gehalten werden. Schließlich rennen wir los, tanzen auf dem klebrigen Kies und reißen uns im Laufen die Oberbekleidung vom Leib. Unten glitzert das Riff der Haibucht wie ein Dosenöffner, aber im April ist es hier noch zu kalt zum Schwimmen, also machen wir uns auf die Suche nach der Eremitage. Der Fluss Styx fließt hier, so heißt es, vom Berg unterirdisch ins Meer und die Bucht ist die Mündung des »Königs der Schatten«. Hier entspringt der unsichtbare Fluss – stygische Ströme, auf die die Götter geschworen haben!

Hier gibt es alles in Flecken: Blumen, Farben, Ähren. Die einheimische Flora haut einen um. Die Schreine der lokalen Genien haben indische Namen angenommen, und ich finde es einfacher, hier Indrajit Giri zu nennen, denn Giri ist ein Siddha-Wanderer in den Bergen. Ein Einsiedler, rothaarig wie der Teufel, bittet uns herein, singt zu seiner Gitarre etwas Schreckliches über Babylon und schenkt uns ein herzhaftes Lachen, aber nicht ohne Strenge.

Wir haben uns vorgenommen, das andere Horn der Bucht zu erklimmen, und hier sind wir nun und klettern wie Eidechsen. Der neue Weg ist nicht gefährlicher als der vorherige, er ist kein Pfad, sondern eine Leiter aus roten Felsbrocken. Wir laufen noch lange bergauf zwischen abgetragenen Hügeln zum alten Militärgebäude. Das weiß getünchte Gebäude und eine ehemalige Autowerkstatt mit rostigen Bolzen, die das Dach stützen, rutschen den Hügel hinunter.

Bis zum ehemaligen Standort der ukrainischen Funkstation führt ein asphaltierter Fußweg, flankiert von schwarzen, verstümmelten Fliederbüschen. Eine alte, breite, gepflasterte Straße aus der Zarenzeit windet sich über den Hügel. Dann las ich im Internet, dass sich um diese Funkstation Kreise aus rotem Gras bilden. Der Teufel kennt euch alle! Der Abstieg von hier bis zur ersten menschlichen Behausung ist schon recht sanft, aber das Tal und die darauf befindlichen Gebäude erscheinen dem Auge rechtwinklig, als ob wir auf einem steilen Pfad gehen würden.

Und dann tauchen die Flugzeuge auf und zerreißen den Himmel wie einen Fetzen. Vier, fünf oder sechs, ein unvollständiges Geschwader, das einen Kampfeinsatz fliegt oder zur Basis zurückkehrt?

Morgen wird mich Lewon über die Fuchsbucht weiter nach Kurortnoje bringen. Wir nehmen ein zartes Kebab und Wein von den Tataren, den man sich einfach als mit Tinte verdünnten Essig vorstellen kann.

»Wer seine Eltern beschützt, dem hilft Allah« steht auf einem Teehaus geschrieben, und der Berg Meganom wird sich in Form eines Krokodils, das auf etwas lauert, in mein Gehirn einprägen.

BRIEF AN KATHARINA

(April 2022)

»Die Krim zerreißt mit ihrer Lage unsere Grenzen. Ob wir uns vor den Türken auf der Bug- oder auf der Kuban-Seite in Acht nehmen müssen, in beiden Fällen haben wir die Krim in der Hand. Hier wird deutlich, warum der jetzige Khan den Türken zuwider ist: weil er ihnen nicht erlauben wird, über die Krim in unsere Herzen einzudringen. Stellen Sie sich vor, die Krim gehört jetzt Ihnen und Sie haben keine Warze mehr auf der Nase – plötzlich ist die Lage der Grenzen perfekt.«[52]

Liebe Katharina,
ich schreibe dir aus Koktebel, wo mich ein Wirbelsturm überrascht hat, ein Zyklon mitten im April. Als würde das Sonnenlicht abgerissen, wie ein Vorhang in einer Duschkabine, so prasseln kalte, dicke Tropfen auf mein Gesicht.

Ich habe miserabel eingecheckt. Das Hotel, in dem ich *online* ein Zimmer gebucht und schon bezahlt habe, ist geschlossen. Es ist niemand da, keiner geht ans Telefon. Nur ein bulliger, pechschwarzer Wachhund kläfft mich an. In der Dämmerung frage ich auf der Straße eine tatarische Frau nach einem anderen Hotel, es stellt sich heraus, dass sie ein Zimmer vermietet. Sie ist älter als du und ich, glaube ich, und je einfacher Menschen sind, desto souveräner und sicherer bewacht das Alter selbst ihre Gesichtszüge. Das Alter, die Zeit an sich, ist ja einfach. Ihr Gesicht wirkt zart, von feinen Fältchen durchzogen, ihr Lächeln ist freundlich und aufmerksam.

Sie führt mich in der Wohnung herum: Alles ist in Ordnung, ruhig und sauber. Der Fernseher empfängt viele Programme, sogar ausländische. Stolz zappt sie alle Sender durch, wie es hier üblich ist.

»Sie sind hier, mein Herr, doch nicht einfach so alleine auf Urlaub?«, fragt sie.

»Ich bin Journalist.«

»Zeigen Sie mal Ihren Personalausweis, ich muss Ihre Daten notieren.«

Ich gebe ihr meinen russischen Reisepass, den sie uninteressiert begutachtet.

»Schreiben Sie was darüber, wie es hier besser wurde, seit der Russe zurück ist.«

»Für wenn halten Sie mich, Madame? Sehe ich etwa aus wie ein Propagandist?«

»Aber es ist doch wahr! Die haben das Stromnetz stabilisiert, vorher saßen wir oft tagelang im Dunkeln. Man war froh, wenn man einen Grill hatte ..., damit konnte man sich wenigstens ans Meer setzen ... Aber ohne Strom kommen keine Touristen, verstehen Sie?«

»Ja, das leuchtet mir ein... und gibt's denn hier mittlerweile eine ethnische, beziehungsweise religionsbezogene Diskriminierung?«

Schnell reicht sie mir den Pass zurück und verschränkt die Arme vor der Brust.

»Kein Personalausweis? Mit dem Reisepass kann ich Sie leider nicht registrieren. Zahlen Sie am besten gleich in bar und genießen Sie Ihren Aufenthalt!«

Im Woloschin-Museum, wohin ich am folgenden Tag gehe, fällt die Morgensonne durch die Bäume vor den hohen Fenstern, Licht und Schatten tänzeln in den Ecken wie kleine Geister.

Man kann den Kopf einer ägyptischen Königin und Gedichtblätter unter Glas bewundern. Das Museum ist winzig, im Vergleich zu der enormen Menge an Exponaten.

Maximilian Woloschin schrieb hier einst: »Ich durfte in der Wüste die Mutterschaft Asiens spüren. Europa ist ein Kaktus in dieser Wüste. Die Krim ist eine Halbinsel, die sich aus Asien erhebt und mit ihren Felsen auf dem Kaktus Europa ruht. Die Krim ist sowohl Asien, sein unbestrittener Teil, als auch Europa, das den Stempel historischer Zivilisationen trägt.«

In seinem Gedicht über den Bürgerkrieg spricht er von einem

> »Raubtier [,das] sich in einer gierigen Meute
> anschleicht,
> Die Macht Russlands zu brechen
> Und an seine Feinde zu verkaufen!
> Um Russlands Kornkammer zu verderben!
> Um seinen Himmel zu entehren (sic!),
> Seine Reichtümer zu verschlingen,
> Seine Wälder zu verbrennen,
> Seine Meere und Erze auszusaugen.«

Selbst wenn man diese chimärenhafte Landmasse nicht aus einem geopolitischen Blickwinkel betrachtet, sondern als eine Art mütterlichen Auswuchs Asiens, der auf dem Kaktus Europa ruht, bleibt ein zersplittertes Bild, spürt man einen Stachel der Irritation, ein Kratzen auf der Haut, bis aufs Blut. Die wechselhafte Geschichte der Krim hat sich auf ihrer Oberfläche unauslöschbar eingraviert.

Vom Museum laufe ich einen kleinen Weg hinab zum Strand. Dunkle Wellen brechen sich auf hellem Kies. Das Meer ist hier ein ewiger Titan: erhabene Naturgewalt, in deren Anlitz ich lange schweigend starre. Es hat keinen Sinn, länger in Koktebel zu bleiben.

Auf den Plätzen und Boulevards Feodossijas spielt man sowjetische Märsche und Walzer in einer penetranten Endlosschleife. Die Motivation für diese Musikauswahl erschließt sich mir nicht, vielmehr frage ich mich, ob man hier die Stille nicht ertragen kann. Diesmal gehe ich nicht ins Museum, sondern vertreibe mir die Zeit mit Essen und Trinken.

Die adrette Verkäuferin im Lebensmittelgeschäft fragt mich mit einem Grinsen, leicht wie eine Morgenbrise: »Was wünschen Sie, der Herr? Fisch oder einen Meeresfrüchtesalat? Und einen feinen Madeira dazu?«

Die Häuser im Zentrum von Feodossija sind niedrig und hell. Ich stelle mir dort einen trägen Hochsommer in den 1970er Jahren vor, breitblättrige Schatten, raschelnd wie eine alte Zeitung. In was für einem Zeitloch steckt dieser Sowjetkram hier fest? Als ob Jahrhunderte von Kulturen durch die Zähne der Barbarei ausgebremst wurden und trotzdem weiter und weiter wuchsen. Was ist hier in Feodossija passiert? Ich erinnere mich an den Satz des Genossen Barsow, des ersten örtlichen Kommissars: »Die Bürger gehören mir, und ich werde nicht zulassen, dass Fremde sie ermorden.« Ich verstehe langsam die Furcht vor der Stille an diesem Ort.

Von Feodossija nach Kertsch fahren moderne Züge, sogar mit eigenem WLAN. Der Wirbelsturm zieht im Hintergrund unausweichlich seine Kreise. Am Bahnhof Kertsch Juschnaja, wo ich umsteige, werde ich von einer Regenwand mit Wasser überflutet. Was ist Kertsch Juschnaja? Ein neuer Bahnhof, dessen glänzend weiße Giebel mit klassischen Bögen und Pilastern dekoriert sind. Es regnet in Strömen. Auf der Krim-Brücke hupen nebelhafte Autokolonnen. Schwärme von Scheinwerfern schweben über dem Wasser. In der Umgebung des Bahnhofs sieht man überhaupt nichts, es ist stockfinster, nur das Neonlicht des neuen Bahnhofs bildet eine helle Enklave im Schwarz der Nacht. Die Verkaufsautomaten wurden leider noch nicht aufgestellt. Einige Männer in Uniform warten auf den Bänken liegend auf den nächsten Zug. Und irgendetwas wird gebaut dort draußen in der Dunkelheit, baut sich immer weiter auf, naturgewaltig wie der Zyklon über und unter mir: unsere neue Krim!

Rasuli

PHÖNIX
(Mai 2022)

»Der Feuervogel, das sagenumwobene Tier, schillernd im goldenen Gefieder, baut jedes Jahr zur ersten Tag- und Nachtgleiche sein Nest auf einer schneeweißen Insel im Ozean. Wenn die Sonne auf den höchsten Punkt steigt, legt der Phönix über dem Apfelbaum am Gipfel unter türkisblauem Himmel ein einziges Ei. Der Apfelbaum trägt sieben goldene Früchte; der achte Apfel, sagt man, soll aus Eisen sein. Nach ihm zu fragen, verbieten uns die Alten« – so heißt es in einer mündlichen Überlieferung.

In dem von Kerzenlüstern in goldenes Licht getauchten, mit dunklem Holz getäfelten Zimmer in einer Seitenstraße des Hohenzollerndamms in Berlin könnte man eine Stecknadel fallen hören, so still lauscht die Versammlung den Worten des Philosophen. Der Lärm der naheliegenden Baustelle hat bereits nachgelassen.

Dort wurde Ende der 1930er Jahre die Auferstehungskathedrale, ein Versammlungs- und Gebetsort für russische Emigranten – die Weißgardisten – vom *Reichsministerium für die Kirchlichen Angelegenheiten* errichtet.

Ein gereifter und noch immer radikal konservativer Redner hat eine kleine Schar von Landsleuten um sich gesammelt, die in dieser lauen Mainacht an seinen Lippen hängen. Er ist einer von denen, die auf dem berüchtigten »Philosophendampfer«[53] in den Westen abgeschoben worden sind.

»Wir haben diese Leute ausgewiesen, da es keinen Anlass gab, sie zu erschießen, aber sie noch länger zu ertragen, war unmöglich«, begründete Volkskommissar Leo Trotzki die Verbannung hunderter russischer Intellektueller auf Befehl Lenins. Ohne viel Federlesens wurde 1922 die nationale Intelligenz wie Vieh auf Schiffe verladen und aus dem Land transportiert.

Das Hirn des Volkes war unerwünscht, nur Muskeln wurden gebraucht, kräftige Arme für den großen utopischen Bau, der anstelle des verschwundenen Russenreiches entstehen sollte.

»Was ist die Bestimmung der Russen im Deutschen Reich?« lautet die zentrale Frage des heutigen Vortrags. Die Rede wird nur selten unterbrochen von dem Hüsteln einer blassen Dame (die noch im selben Winter an der Tuberkulose sterben wird) und dem Rascheln ihres bodenlangen Kleides, hier und da geflickt und aus der Mode gekommen. Doch nicht nur verarmte Adlige gehören hierher. Die bolschewistische Machtergreifung hat auch in der Fremde die Mauern der sozialen Stände eingerissen: Kosaken, ehemalige Offiziere, die ihr bitteres Brot in der Verbannung als Taxifahrer verdienen, ja sogar Arbeiter stehen neben dem Hofadel.

Nicht mehr die Geburt entscheidet über die Gemeinsamkeiten, nur das Verstoßensein von der schmerzlich vermissten Heimat, in der zur gleichen Zeit Millionen am Hungertod elend zugrunde gehen – Millionen unglücklich ermordeter Männer, Frauen und Kinder, die es nicht geschafft haben, ins Exil zu gehen.

»Lasst uns der Toten gedenken«, spricht der Philosoph, an seine Landsleute gerichtet, und seine wohl gewählten Worte verleihen ihm die Aura eines Weisen.

»Zu Johanni geht der Feuervogel in Flammen auf. Mit seinem scharfen Schnabel schürft er die Baumrinde, bis der Funke entflammt. Und wie jedes Jahr beginnt von neuem das Schauspiel, von dem ein Sterblicher erblinden mag, unfassbar hell, als würde man mit bloßen Augen in die Sonne starren. So hell, dass es schmerzt, erstrahlt das Tier in unfassbaren Farben, in einem kataklysmischen Flammenstrahl, der direkt vom Himmel zu kommen scheint. Der Phönix gibt sich seiner eigenen Vernichtung willentlich vollkommen hin, verbrennt zu weißer Asche, die auf das goldene Ei in der Mitte des Nestes rieselt.

Und dann geschieht das Wunder. Aus dem Ei ertönt ein kaum hörbares Pochen, die Schale springt mit einem hellen Klang, ein Zwitschern ist zu hören und schon schlüpft im selben Augenblick ein neues rot beflügeltes Küken. Die Augen öffnen sich zur Sonne hin, es breitet seine Schwingen aus in salziger Luft, die andächtig wie der Atem Gottes auf dem Wasser liegt [...] und der Ozean schlägt in zärtlichen Wellen an die sandigen Ufer der Insel.«

Ein Lächeln huscht über die ernsten Gesichtszüge des Philosophen, dessen tiefe Stirnfalten ihm sonst eine unnahbare Nachdenklichkeit bescheinigen. Einen tiefen Atemzug lang tanzen die Lichter in den Pupillen eines Jungen, der einen russischen Dreizack, das Symbol des *Bundes Russischer Solidaristen*[54] trägt, einer jungen Garde, die die Zukunft ihres Landes in einer solidarischen Volksgemeinschaft abseits von Marxismus und Kapitalismus sieht. Ernst Jünger könnte vielleicht dort gewesen sein, würde meine liebe Halja sagen.

»Das Schicksal trägt uns auf«, fährt der Philosoph fort, »dass wir den Deutschen unsere Märchen erzählen, so kindlich und barbarisch sie auch sind. Die Hexe Baba Jaga und Iwan der Narr, all die geheimnisvollen Gestalten leben. Solange wir von ihnen sprechen, sterben sie nicht, leben auch wir, lebt Russland und die Welt, denn was ist die Welt ohne Russland? Wenn schwere Schatten auf uns liegen, wenn das Leben eine einzige Wunde ist, erinnern wir uns an das russische Märchen. Hören wir auf seine alte, weise Stimme. Märchen sind nicht nur etwas für Kinder. Glaubt bloß nicht, dass Erwachsene klug und Kinder dumm sind. Ist es nicht andersherum? Entsteht nicht die Hälfte aller Sorgen durch die entwurzelte Rationalität unseres verrohten Erwachsenengehirns?

Das Erbe unserer Ahnen kann man uns nicht entreißen, es reicht sogar noch tiefer als der Glaube. Auch wenn in unserer Heimat Kirchen und Menschen brennen, auch wenn sie unsere Brüder und Schwestern verhungern lassen, unsere Seele können sie uns nicht nehmen. Über Jahrtausende hat sich dieser Duft in den russischen Seelen angesammelt, die auf den Ebenen unseres Mutterlandes blühen. Die Märchengestalten leben in den Tiefen des menschlichen Instinkts, in heiligen Kellern, unter sieben mal sieben eisernen Schlössern, wo die Knoten des nationalen Seins geknüpft sind und wo sie auf Auflösung und Freiheit warten. In dieses Gewölbe kann kein Stolzer, kein Kleingläubiger, kein Feigling eindringen. Nur ein vertrauensvoller Einfaltspinsel vermag die Schlösser zu öffnen und von dort einen Schwarm von Volksmärchen zu befreien. Jedem steht es frei, sie zu erzählen, wie es ihm richtig erscheint. Das Märchen ist wie ein Lied, das jeder auf seine Weise singt. Nichts ist in seiner Welt unmöglich. Ein Märchen muss man in der Dunkelheit erzählen, am Rande des Schlafes, wo die kindliche Seele lebt und einem Weisen gleicht: vertrauensvoll, aufrichtig, ratlos und verängstigt. Jenseits der bewussten Vorstellungskraft, mit dem ganzen Ernst der Leidenschaft taucht die Seele in die Geschichte, vergisst, dass es ein Spiel ist, denn in Wirklichkeit ist es kein Spiel mehr, sondern das Leben selbst – der Kampf, der Sieg und die Vollendung. Nur Iwan der Narr, sagt man, kann den Phönix mit dem reinen Klang seines Herzens locken.«

Ich denke an das Märchen vom Feuervogel, an meine Kindheit in Karelien und daran, als ich an einem kalten Novembertag in Berlin-Pankow in der Wohnung eines ukrainischen Anarchisten auf einem Küchenstuhl aus Aluminium hocke, kurz bevor ich bewusstlos werde, von dem Schmerz der Nadel, die mit schwarzer Tinte einen Phönix unter meine Haut sticht.

Ich meine, Schmerz gut zu ertragen, eine hohe Schmerzschwelle zu haben. Gut ist das nicht, wer Schmerz nicht fühlt, fühlt auch sonst wenig, spürt nicht die feinen Nuancen der menschlichen Existenz. So schätzte ich bisher die Reaktion meiner Psyche ein. Mein Körper reagiert aber dieses Mal auf den Schmerz mit einem *Blackout*. In diesen Minuten dunkler Unbewusstheit hab' ich mich übergeben, dann gebe ich mich dem Schmerz hin wie einem Fiebertraum. Sieben lange Stunden arbeitet Wolodymyr am Bild des Feuervogels auf meiner Brust. Die Arbeit soll in einem Stück gemacht werden, es ist eine Leistung für beide, den Künstler und den Tätowierten.

Warum einen Phönix? Auch ich bin einmal fast vernichtet worden, bin am Sterben nur knapp vorbeigeschrammt, sage ich rückblickend mit dem nötigen Abstand – vielleicht etwas zu lässig. »Wenn du den Tod gesehen hast, sieht die Welt anders aus, mein Kamerad. Geben wir deinem Tattoo noch eine politische Dimension«, schlägt der Tätowierer vor. Er kommt aus der Ukraine und die Preise, für die er in Berlin tätig ist, sind spottbillig.

»Lassen wir das Feuer, auf dem dein Phönix tanzt, aus einer Flasche fließen, einem mit Benzin gefüllten Molotow-Cocktail. Das Zeichen einer Revolution, das – wenn es in Flammen aufgeht – sich immer wieder selbst entzündet!«, höre ich den Tattoo-Künstler zu mir sprechen, seine Worte weit weg, wie unter Watte. Ich kann mich nicht bewegen. Mal weicht der Schmerz, mal ist er wieder da.

Wolodymyr ist ein Kiewer Anarchist und genießt an beiden Enden des politischen Spektrums der dortigen Subkultur großes Ansehen. Als Jugendlicher pflegte ich auch gewisse Sympathien für die Anarchie, doch als ich verstanden hatte, dass sie ein Vollzeitjob ist, der keine Ressourcen für etwas anderes übriglässt, bin ich doch kein Anarchist geworden. Wolodymyrs beinahe militanter Antifaschismus hat ihn nicht daran gehindert, einem Heimatschutzverband beizutreten. Der aktive Teil des ukrainischen Heimatschutzes ist zwar radikal rechts geprägt, doch ermöglicht die Mitgliedschaft Wolodymyr, legal Schusswaffen zu besitzen, was seinen libertären Überzeugungen sehr entgegenkommt, berichtet er stolz, während er letzte Details der Flügel auf mir zu Ende bringt. Langsam werde ich wacher, bin aber immer noch zu erschöpft, um zu erwidern: In den Volksrepubliken steht der Waffenbesitz allen erwachsenen Männern und Frauen frei und ist nicht zwingend mit einer politischen Orientierung verbunden.

Ansonsten ist der Querfront-Schulterschluss auch für mich logisch, eine dialektische Aufhebung der Rechts-Links-Kontroverse – die Synthese: eine radikale Kapitalismus- und Globalismuskritik. Den beiden Gegenparteien soll es ja um das Wohl des Volkes gehen. Angeblich kämpften auf dem Maidan Anarcho-Machos und rechte Fußballhooligans einträchtig Seite an Seite gegen die verhassten Bullen. Ich kann dazu nicht viel sagen, denn den Straßenkämpfen persönlich beizuwohnen, habe ich zeitlich nicht geschafft.

Wolodymyr will mir ein Taxi rufen. Ich aber laufe zu Fuß nach Hause, durch den Berliner Nieselregen auf schwarz glänzenden Straßen.

Es ist Neumond, eine sternlose Nacht, und trotz des geöffneten Fensters pechschwarz im Zimmer. Irgendwo neben dem Bett liegt mein Handy, außer Reichweite. Es klingelt schon wieder, ich habe vergessen, es auszuschalten. Dem Anrufer muss es ganz besonders dringend sein, denn er lässt einfach nicht locker. Ich fluche, doch bevor mich das Klingeln in den Wahnsinn treibt, gehe ich ran. Das *Display* meiner Digitaluhr zeigt elf Minuten nach Mitternacht. Welcher Idiot wagt es, mir um diese Uhrzeit so penetrant auf die Nerven zu gehen? Es ist Tim, ein Bekannter, der für so eine Art Stiftung für Demokratie in der Ukraine tätig ist.

»Hej, weißt du eigentlich, wie spät es ist?«

Er schlägt vor, dass ich als Beobachter in die Ukraine fahre, wo demnächst Sonderwahlen stattfinden werden.

»Als Beobachter bin ich dort so willkommen wie ein Telefonanruf beim Sex!« – Halja kichert, als wäre es ein lustiger Scherz.

Ich denke jetzt an Halja, ein rothaariges Wunder, eines dieser seltenen Mädchen, das gerne bumst und Bier trinkt, anstatt zu shoppen und sich über verletzte Gefühle zu unterhalten – zumindest habe ich das damals gedacht. Ich denke an sie und das berühmte ukrainische Lied *Oj, ty Halja*[55], das der Kosakenchor im Französischen Dom am Gendarmenmarkt in Berlin mal zum Besten gegeben hat, läuft in meinem Kopf auf *auto repeat*:

»Als die Kosaken vom Don nach Hause zogen,
haben sie Halja betrogen,
sie haben sie mitgenommen.
/ Oh, du Halja, junge Halja,
Sie haben Halja betrogen –
sie haben dich mitgenommen. /
Sie brachten Halja in den dunklen Wald,
sie banden die junge Halja mit ihren Zöpfen an die Kiefer.
Sie sammelten Reisig und setzten die Kiefer in Brand.
Die Kiefer brennt und lodert und Halja schreit und weint.«

Es ist ein »lustiges Lied«, aber was an diesem Lied »lustig« ist, wird sich einem Nicht-Ukrainer wohl nicht erschließen. Ich will auflegen, aber Tim lässt nicht locker – wie ein lästiger

Verkäufer, der einem am Telefon etwas Teures und Nutzloses aufschwatzen will.

»Hör zu«, sagt er, »dein aus Schytomyr stammender Großvater reicht völlig aus, um dich bei der außerordentlichen Präsidentenwahl vom *Ukrainian World Council* akkreditieren zu lassen.«

Als ich im Frühling 2014 kurz vor Sonnenaufgang in Kiew ankomme, sind die Hauptstraßen verbarrikadiert.

»Wir treffen uns kurz vor Mitternacht an der siebten Barrikade!« – klingt so ein *Date* nicht romantisch?

Die historischen Ereignisse teilweise verpasst zu haben, ist eine Nachlässigkeit, die ich mir rückblickend verzeihen kann.

Stunden später wandere ich alleine durch die Straßen, die in den sternlosen Himmel ragenden Gebäude tragen rußige Spuren verbrannter Autoreifen. Es riecht nach Schwefel, vermischt mit dem Duft der blühenden Kastanienbäume. Wie kommt man als ukrainischer Patriot überhaupt dazu, die eigene Hauptstadt dermaßen zu verwüsten? – Diese Frage beschäftigt mich seit dem Maidan immer wieder, aber nie so richtig.

Ist Kiew überhaupt eine ukrainische Stadt? Zur Volkszählung 1897 lebte in der Stadt circa eine Viertelmillion Menschen, wovon lediglich 22,22 Prozent Ukrainer waren, jedoch 54,2 Prozent Russen, 12,08 Prozent Juden, 6,69 Prozent Polen. Ähnliche, wenn nicht noch krassere Zahlen lieferten damals auch andere Städte, die heutzutage als »ukrainisch« gelten. Ob es dabei überhaupt eine Stadt gab, wo die Überzahl bei den Ukrainern lag? Ja, das im Osten des Landes gelegene Poltawa, eine Stadt, deren Mundart für mein Ohr besonders weich klingt.

Ich laufe am Ufer des Dnepr entlang, als die Wolken über den Kastanienbäumen schlagartig aufreißen. Das Mondlicht begleitet mich zu einer meiner vielen Herbergen. Ich komme bei Freunden unter, mal hier, mal da für ein paar Tage. Die Euphorie rinnt wie Heroin durch ihr Blut und blitzt aus ihren Augen – das Blutvergießen scheint noch nicht ganz bei ihnen angekommen. Die Begeisterung lässt sich noch nicht auslöschen durch literweise Blut.

Am Abend blättere ich in meiner Reiselektüre, einer zerlesenen dritten überarbeiteten Auflage der *Kleinen Geschichte der Ukraine* von Andreas Kappeler: »Dieser in sich selbst ruhenden und gegen außen abgeschlossenen Welt des Dorfes stand die Welt der Städte gegenüber, die den ukrainischen Bauern als doppelt fremd erscheinen musste, da die Stadt auch kulturell nicht-ukrainisch war. Dazu ein zeitgenössischer Beobachter: ›Die Stadt herrscht über das Dorf, und *Fremde* beherrschen die Stadt. Die Stadt zieht allen Reichtum an sich und gibt dem Dorf fast nichts zurück. Sie zieht Steuern ein, die fast nie ins ukrainische Dorf zurückkommen... In der Stadt muss man Bestechungsgelder zahlen. Die Stadt ist teuer gekleidet wie für ein Fest, sie isst und trinkt gut... Im Dorf gibt es dagegen fast nichts als Elend, Unwissenheit und harte Arbeit. Die Stadt ist für die Herren, sie ist fremd. Sie ist nicht unsere, nicht ukrainisch. Sie ist russisch, jüdisch, polnisch, aber nicht unsere.‹«

Dass auch die Rebellen auf den Barrikaden unter rotschwarzen Bandera-Flaggen in der Mehrzahl aus den westlichen Gegenden des Landes kommen, erklärt so manches. Dennoch begegne ich in Kiew tschetschenischen Islamisten, Georgiern, Balten, Weißrussen, russischen Staatsbürgern westliberaler oder nationalsozialistischer Gesinnung, Vertretern westlicher Stiftungen und wohl auch allerlei Agenten. Aus der amerikanischen Staatskasse allein fließen zur »Demokratieförderung des Landes« – das heißt im Klartext zum Sturz des demokratisch gewählten Präsidenten Janukowitsch – fünf Milliarden Dollar, so die Angabe von Staatssekretärin

Victoria Nuland, abgesehen von dem von ihr persönlich auf dem Maidan verteilten Gebäck. Fünf Milliarden plus die Kekse aus dem amerikanischen Auswärtigen Amt. Es gibt einen Dokumentarfilm von Oliver Stone, *Ukraine on Fire* (2016), der präzise alle Verstrickungen aufzeigt und den Irrglauben ausräumt, es handele sich um eine Verschwörungs*theorie*, statt um eine ganz reale und perfide Verschwörungs*praxis*.

Auch auf dem Maidan haben Menschen gebrannt. Ich meine die von den Putschisten mit Molotow-Cocktails beworfenen Kämpfer der Spezialeinheit *Berkut*[56]. Was damals genau passiert ist? Es gibt Dutzende Versionen davon.

Falsch liegen diejenigen, die meinen, dass Augenzeugen der Geschehnisse zwingend mehr Bescheid wissen, als Historiker es später tun werden. Die vom Revolutionstaumel dick gewordene Kiewer Luft hinderte die Massen am Denken. Die ersten Schüsse fielen am 18. Februar um acht Uhr früh vonseiten der nationalistischen Milizen und trafen die Polizisten, nicht umgekehrt. Um die eigene Gruppendynamik ins Extreme und beinahe Lächerliche zu treiben, hat der Mob gemeinsam zu hopsen begonnen. Ja, hopsen. Sie haben richtig gelesen. »Wer nicht hopst, ist ein *Moskal*, ein *Russki*«.

Das Hopsen war ein einigendes Symbol, das dem Ausschluss diente. Denn dem Russenhass der ukrainischen Rebellen dienten zur Erkennung des Feindes weder biologische noch ethnische Merkmale. Es gab ja zwischen den brennenden Polizisten von *Berkut* und den Verbrechern, die sie mit Molotows beworfen haben, keinen sichtbaren Unterschied. Selbst fließende Ukrainischkenntnisse waren unter den Rebellen damals kein Muss. Nicht wenige Ukrainer verstehen sich als Kleinrussen, und somit als Teil des dreifaltigen russischen Volkes, zu dem auch Weißrussen und Großrussen gehören. Diese Auffassung vertrat unter anderem Nikolaj Gogol, ihr Nationalgenie, der die Weltliteratur mit zahlreichen Juwelen beschenkte. *Moskal*, ein *Russki* war an diesen blutigen Februartagen ein jeder, der nicht hopste, und der angesichts des um sich greifenden Blutvergießens für Recht und Ordnung stand.

In der 18. Sure des *Heiligen Koran* berichtet der Prophet von einem Kaiser, Iskander[57] der Zweihörnige genannt, der die Horden der barbarischen Endzeitkönige Gog und Magog bändigt. Ein letzter Herrscher soll die chaotischen Potenzen des geopolitischen Großraumes in seine bronzenen Schranken weisen. *Ho katéchōn*, »den Aufhalter«, nennen wir diese Figur in unserer Kirche. Gemeint ist damit jener, der einer Weltverschwörung widersteht, so deutet es eine Überlieferung aus dunklen Zeiten, der Zweite Brief des heiligen Paulus an die Thessalonicher, an. Hunnen, Mongolen, Sarmaten, Wandalen – wie hießen noch all die Horden, die von der Eurasischen Platte kommend, Küsten und Flussufer plünderten?

Als das Chaos unerträglich wurde, beriefen slawische Stämme eine neue Herrschaft ein, die für Ordnung sorgte. Die neue Ordnung kam aus dem Wikingergeschlecht, die *Rus*, was in ihrer nordischen Sprache »Ruderer« hieß. Später heiratete einer ihrer Nachkommen eine byzantinische Prinzessin. Mit der Liebe kam die Krone, sie wurden *Zaren*, ein heiliges Wort, das sich von *Caesar* herleitet. Gewiss war das Zarenreich kein Paradies auf Erden, entscheidend ist jedoch, dass es auch nicht die Hölle war. Die Aufgabe des Zaren als *Katechon* ist, den Barbaren Einhalt zu gebieten. In diesem Sinne ist ein Russe einer, der für Recht und Ordnung sorgt. Das macht die auf dem Maidan gefallenen Polizisten zu *Moskali*. »Das ist die Treue, mehr gibt es nicht.«[58]

Hier folgen Vermerke aus meinem Notizbuch des Jahres 2014:

Fehde (22. Mai 2014)

Mit einem Kohlestift setze ich ein Kreuz neben dem Ortsnamen »Odessa«. Das gute *Ukrainian World Council* räumt ihren aus aller Welt anreisenden Wahlbeobachtern das Recht ein, ihr Missionsgebiet frei zu wählen. Erst vor ein paar Tagen sind in Odessa blutige Ausschreitungen ausgebrochen. Übermorgen soll in der Stadt parallel zur Präsidentenwahl auch noch der Bürgermeister gewählt werden. Die breiten Fenster in meinem viel zu warmen Zimmer stehen weit offen. Ein paar hundert Meter weiter versperren Barrikaden die Institutskaja-Straße, ein Haufen ausgebrannter Autoreifen sind mit Kunstblumen, Ikonen und Heiligenbildchen, Bändchen in den Farben blau und gelb verziert – wie eine Wunde, die verbunden wurde.

Vorgestern habe ich die *Checkpoints* vor Kiew passiert, ohne aufgehalten zu werden: Reihe an Reihe von Betonklötzen mit von Kopfpflastersteinen festgehaltenen Planen, dahinter ein halbes Dutzend dem Zufall nach zusammengewürfelter uniformierter Onkels mit quer umgehängten Maschinengewehren. Ukrainische Verkehrspolizisten sind auch dabei. »*Maschíngwery – Schtúrmgewery*« – die Wörter aus dem ukrainischen Nationalistenschlager brauchen für einen Deutschen nicht übersetzt werden.

Das Auto fährt eine Blonde namens Antonina, ihr rosa T-Shirt erinnert an einen Flamingo kurz vor dem Abflug. Auf dem Beifahrersitz ist Sascha, der Typ der mich vom Flughafen abgeholt hat. Sein Name klingt nicht ukrainisch, er könnte ein Tatare sein. Ein magerer Mittdreißiger ist er, ein Aktivist der »Autowache«, einer der sich im Laufe der Unruhen angeblich »von selbst« organisierenden Organisationen.

An der Geschichte von der spontanen Entstehung habe ich so meine Zweifel. Väterchen Lenin erwähnte immer wieder, wie schwer es sei, Kader für die Revolution zu schmieden. Hätte Lenin seine Kaderschmiede überhaupt stemmen können ohne die Geldbörse von Israel Parvus, der seinerseits das Kapital für die Revolution aus der Abteilung IIIb des militärischen Geheimdienstes des Deutschen Kaiserreiches bekommen haben soll?

Die zur »Autowache« gehörenden Fahrer beliefern Barrikaden. Mit Lebensmitteln, Medizin und Autoreifen, die umgehend zu verbrennen sind. Sie blockieren die Fahrzeuge der Polizei und der regierungstreuen Aktivisten.

Saschas Gruppe verselbständigte sich als Splitter einer prominenteren Bewegung, als »Automaidan«. In der Provinzstadt Tscherkassy gab es auf Aktivisten einen brutalen Überfall. Es gebe, meint Sascha, undichte Stellen in seinem Netzwerk. Auch die Finanzströme seien beim »Automaidan« intransparent. Die neue Gruppe legt keinen Wert auf die Öffentlichkeit: Mitstreiter werden selektiv angeworben und zur Verschwiegenheit verschworen. Die digitale Kommunikation verläuft verschlüsselt, sie tauchen immer unerwartet auf. Seit kurzem übernimmt diese verschworene Miliz die Kontrolle über die Kiewer Straßen. Zwar fehlt ihnen dazu jegliche Legitimation sowie auch die Erklärung, warum die Verkehrspolizei für diesen Job nicht mehr zu gebrauchen sei. Sie reißen die Kontrolle über die Straßen einfach an sich, als neuer Souverän, der im Ausnahmezustand seinen Willen durchsetzt, indem er Tatsachen schafft. »Ich komme grade aus dem Südosten. Wir waren in Mariupol«, sagt Sascha lächelnd, »auch in Slawjansk. Mariupol ist in unserer Hand, wir haben mit dem *Rechten Sektor* die Verwaltung übernommen. Neun Zweihunderter gab's.« – »Fracht 200« ist das Codewort für die Leichen.

»In Slawjansk sind wir unter Beschuss geraten, kamen aber ungeschoren davon. Wer dort gefeuert hat? Soldaten? Söldner? Scharfschützen? Man blickt nicht so recht durch im

Qualm.« Er reicht mir sein *Smartphone* mit den Fotos, wo er mit durchtrainiertem Oberkörper auf einem Panzer sitzt. Sein Gesicht liegt im Schatten der gelb-blauen Fahne, die stolz in der Sonne flattert.

In dem Kiewer Hochhausviertel, wo wir hereingefahren sind, sprießen die Gebäude wie Pilze aus dem Boden. In einem Büro für Einbaumöbel und Türmontage findet ein Treffen mit Journalisten eines Aktivistensenders statt. Einer will mich zu den Verwundeten befragen, die in Berlin im Krankenhaus liegen – denen vom Maidan: Alexander und Wassilij im Bundeswehrkrankenhaus. Warum nicht in einem zivilen? Wassilij hat beide Füße verloren, und um die Füße von Alexander kämpfen deutsche Ärzte. Die in Berlin lebenden Ukrainer helfen mit allem, was wer hat: Besuche, Blumen, Bücher. Ich war dort einmal mit Halja.

Ich erinnere mich an den strahlend weißen Flieder, der um das Bundeswehrkrankenhaus blühte, an die Augen des Krüppels, deren Farbe dem Maiblau glich. Wassilij wartet auf den Tag, an dem er wieder laufen kann, wenn auch auf Prothesen. Das wird aber noch dauern. Und zuhause in Borispol wartet auf ihn eine fünfköpfige Familie in der Zweizimmerwohnung eines Plattenbaus ohne Aufzug. Einfach aus der Wohnung raus, auf den Hof herunterzuklettern wird für ihn ohne fremde Hilfe schwierig. Nach dem Interview stellt man mich einem Macker im weißen Hemd vor, der sich am Überfall auf den Kommunisten Simonenko beteiligt hat.

»Wir stoppten das Auto von Simonenko«, der Aktivist fährt sich durch sein helles Haar, »weil er gegen Verkehrsregeln verstoßen hat. Ich rannte zu seiner Karre und schlug ihm auf die Windschutzscheibe. Von irgendwoher flog mir ein Baseballschläger zu. Scherben überall. Da fing er Streit an. Der fing plötzlich an zu schießen, der Kommunistenbonze. Wir ließen ihn gleich aus dem Auto raus. Jetzt versucht er es als ein Attentat hinzustellen, obwohl er zuerst geschossen hat!«

»Ja, Mann. Alles klar, Mann.«

Wir verabschieden uns und fahren Richtung meiner nächsten Bleibe. Das Gespräch dreht sich um den revolutionären Alltag. Man verlässt die Arbeit und das Zuhause den Barrikaden zuliebe, prügelt sich mit der Polizei oder denjenigen, die man »Separatisten« nennt, raucht schnell im Stehen eine Zigarette nach der anderen.

Die alten Griechen nannten es *Stasis*, eine Art festgefahrenen Stellungskrieg, als in ihrer Stadt Milet die Minderbemittelten, die »Partei der Fäuste«, Kinder reicher Bürger auf der Tenne von Ochsen zertrampeln ließen. Als sie kurz danach die Oberhand wieder verloren, versenkten die Reichen wiederum deren Kinder in heißem Pech. Ein halbes Jahrhundert dauerte das Hin und Her. Ein festgefahrener zäher Bürgerkrieg. Wird das auch hier passieren?

Die Kiewer Luft ist viel zu dick wegen der allgemeinen Wut auf die korrupte Polizei, auf die gescheiterte Staatlichkeit. Einmal übernachte ich draußen. Wie grün ist das Grün ukrainischer Felder und Wälder! Man steckt einen vertrockneten Ast in die Erde und er blüht. Als ich in der Nacht kurz draußen war, kroch mir die Brut Welpen einer streunenden Hündin zu.

Das Rätsel dreier Weisen (23. Mai 2014)

Der warme Regen trommelt eine Minute oder zwei, versteckt sich hinter einer Maiwolke, nur um hinter der Ecke wieder auf mich herabzuprasseln. Davor verstecke ich mich mal in einem Boutiqueladen, der so schick glänzt, wie er nur in Osteuropa glänzen kann, mal unter dem Vordach eines baufälligen Gebäudes.

Diesmal erwischen mich die Regenströme bei einem Sonnenschirm vor einem Bierzelt. Bier kostet umgerechnet sechzig Cent, für ein Glas *Kwass*, ein zitroniges Malzbier aus Brot, verlangt man vierzig. Mal taucht eine unverschlüsselte WLAN-Verbindung aus einem benachbarten Büroraum auf, mal verschwindet sie wieder. Zu mir am Stehtisch gesellt sich ein Typ. Er fragt auf Ukrainisch, ob es okay ist. Sein Anzug ist total zerknittert. Er sieht verwildert aus, rote Locken und ein struppiger Bart. Gleich fängt Pjotr an mich vollzutexten, wie er wochenlang als Gefangener in einem Separatistenkeller saß.

An allen Ecken der Stadt, wo Pjotr herkommt, entstanden in den letzten Wochen *Checkpoints* wie Unkraut, das verlassene Dörfer überwuchert. Er gestikuliert mit seinen langen Armen, während er erzählt: »Die sahen nicht gut aus, die Typen. Ganz harte Jungs. Sie durchsuchten Passanten, schauten in die Kofferräume. Man tippte auf die lokalen Bonzen als Auftraggeber, aber als die dann geschossen haben, merkte man, dass es ihnen ganz klar um was anderes geht. Die wollten einfach ein für alle Mal klarstellen, wer hier der Boss ist. Seitdem lassen sich die Milizen von niemand mehr was sagen und die Knarren geben sie auch nicht mehr her.«

»Klar, die politische Macht kommt aus den Gewehrläufen«, protze ich mit einem Mao-Zitat wie mit billigem China-Schmuck.

»Die haben alles Mögliche für die russische Revolution beschlagnahmt«, quasselt er unbeeindruckt weiter.

»Die ukrainische Revolution, meinst du?«

»Nee, die russische.«

»Ach so, das ist ja ganz was anderes! ›Spenden Sie uns bitte für den Strick, mit dem wir Sie erwürgen‹, hat das Limonow nicht mal so gesagt?«

Es ist zehn Tage her seit dem Abend, als in der Stube, wo Pjotr sich ein Bierchen gönnte, eine bekannte Schurkentruppe die Tür eintrat. Die hätten nicht bemerkt, wie Pjotr sie mit dem *Smartphone* filmte, hätte das Gerät nicht kurz geblinkt: sofort eine Schlägerei. Jemand hatte zufällig die Nummer der neuen Bürgerwehr. Die Einsatztruppe der Donezker Volksmiliz ließ sich nicht lange bitten und nahm Pjotr grob sein *Smartphone* ab. Die Benutzeroberfläche war auf Ukrainisch – diese Einstellung gilt im Donezk-Becken als verdächtig.

Man lieferte ihn in Handschellen in einem Gebäude ab, angeblich ein Haus des SBU[59]. Die Keller drunter sind schalldicht, wenn man da zum Trainieren ballert, hört das draußen keiner.

Unter der Erde läuft die Zeit anders. Häftlinge, die Pjotr in der Dunkelheit nicht sieht, liegen kreuz und quer über dem Betonboden, auf verlegten Matratzen. Als Klo dient ein Loch in einer Ecke, zu dem Blutrillen führen. Die Knastbrüder sind von dreierlei Kaliber: Fixer, Luden und »Faschisten«. Mit diesem Begriff ist in Donezk das ganze Maidan-Spektrum gemeint. Unter den Gefangenen war auch, sagt Pjotr, so ein Tantchen, dessen Verbrechen darin bestand, dass sie in einem illegalen Casino die Spielautomaten reparierte. Pjotr warf man vor, er sei vom *Rechten Sektor*. Die ukrainischen nationalistischen Dorftrottel sind dafür bekannt, dass sie auf dem Maidan zuerst geschossen haben. Dafür gibt ihnen ein General, der direkt danach nach Russland abhaut, einen Kofferraum voll *Cash*. Eine krasse Strategie, blutige Tatsachen zu schaffen und die Spielregeln grundlegend zu ändern. Den heutigen Zerfall haben die Ukrainer dem Terror des *Rechten Sektors* zu verdanken.

Im Dunkeln zählt Pjotr nicht die Tage, er zählt die Arbeitsschichten der anderen Gefangenen. Als »Faschist« braucht Pjotr selber nicht arbeiten zu gehen. Als Kriegsgefangener stünde er eigentlich unter dem Schutz der Genfer Konvention, meint er.

»Genfer Konvention? Haben sie dich denn geschlagen?«

»Und wie!«

Ich kenne den Wortlaut der Konvention nicht, weiß nicht, was dort steht. Die Militanten in den Donezker Kellern wahrscheinlich auch nicht. Fixer und Luden schuften ordentlich für die junge Republik. Tagsüber bauen sie Barrikaden, schichten Autoreifen, Reihe an Reihe. Nachts werden sie wieder in den Kellern eingesperrt.

Am vierten Tag ist Pjotr freigelassen worden, berichtet er schließlich. Ihm sei es aber deutlich länger vorgekommen, so ganz ohne Licht. Ob jemand was für ihn bezahlt hat oder man nur die von ihm belegte Liege freihaben wollte? Er weiß es nicht. Jetzt sitzt er jedenfalls in Kiew. Maidan-Aktivisten gaben ihm eine Bleibe. Erst fährt er in die Westgebiete des Landes, dann in die eigene Stadt, die er befreien will.

»Ich bin ein friedlicher Mensch«, sagt Pjotr, »von meinem Naturell her. Die Geschichte ließ mir aber keine Wahl!«

»Klar«, sag ich ihm, »einfache Leute wollen nie Krieg. Hermann Göring sagte das einmal. Warum hast du überhaupt versucht, die Rowdies zu filmen?«

Annäherung (24. Mai 2014)

»Charkow und Poltawa! Charkow und Poltawa!« – schreien die Fahrer an der Kiewer Busstation. Ich bemerke einen jungen Bärtigen mit einem Papp-Plakat »Odessa«. Sein Blick ist schwer zu fassen wie ein Schmugglerboot und seine Sätze klettern über Zäune wie Ganoven.

»Gleich, gleich geht's los! Fünfzehn Minütchen noch und wir fahren sicher!« Er will den Bus mit Passagieren füllen, etwas geht schief und die versprochenen fünfzehn Minuten dehnen sich auf eine Stunde, dann auf die zweite aus. Es scheint, als ob die Zeit Richtung Odessa ganz anders fließt, levantinisch langsamer, zäh wie Melasse.

Die Wahllokale sind morgen ab acht Uhr offen, ich soll um sieben da sein. Das Öffnen und die erste Zählung der Stimmzettel ist eine höchst betrugsanfällige Phase des Wahlverfahrens. Ich will nicht erst spät in der Nacht ankommen.

So nehme ich für umgerechnet zwei Euro ein Taxi um den Batyj-Berg herum zu einer anderen Busstation, wo ich ein Auto mit einem freien Platz erwische.

Fünf Stunden lang schweigen bis Odessa zu den Klängen ukrainischer Schlager aus dem Auto-Radio rings um uns regenschwere Wälder, dann blitzt ein See. Zwischen sumpfiger Schwarzerde schillern schilfgesäumte Flüsse.

In der Abenddämmerung strömt wellenweise aus dem Meer ein kühler Dunst und riecht nach Fäulnis: Odessa. Die vom Stadtplaner gezogenen geraden Linien sind vom Zahn der Zeit gebeugt, fließend und trügerisch wie trübes Wasser. Verdankt die Stadt ihren Charakter der Libertinage von Katharina der Großen, ihrem barocken Bild der Liebe? Nicht rechtwinklig begegnen sich zwei Linien, sondern eine imperiale Kurve schneidet sich mit einer unendlichen Zahl von Kurven. Ein Semikolon liegt auf der spiegelglatten Oberfläche: Zeitlosigkeit, auf eine Weiterführung wartend.

Ich weiß nicht, wo ich schlafen soll, ich möchte gern die Koordinatoren der Mission um eine Auskunft bitten, doch keiner ist erreichbar. Am Morgen gehe ich zu dem mir zugeteilten Wahllokal und zähle Stimmen. Die Frage nach der nächsten Übernachtung steht noch offen.

Von einem Bekannten habe ich die Nummer einer Freundin, die in der Stadt lebt. Sie kann mich nicht beherbergen, eine Kollegin aber hat ein Zimmer frei, eine Psychoanalytikerin wie sie. Meine Gastgeberin heißt Sweta, wohnt im fünften Stock eines Plattenbaus, nicht mal einen Kilometer vom

Strand entfernt. Für den Gast aus Berlin packt sie Grütze mit Ziegenkäse aus, ein Zehn-Liter-Glas Tomatensaft und den berüchtigten *Horilka*-Schnaps aus eigener Produktion. Wir reden über die Ereignisse vor drei Wochen, bei denen Dutzende von Menschen umgekommen sind.

»Ich sitze in der Gretscheskaja-Straße«, erzählt Sweta, »draußen im Café, da wird nebenan geschossen! Ich lauf zum Domplatz, zum Treff der Ultras. Die stehen da schon mit den Hooligans aus Charkow, solche *Asow*-Freunde, weißt du, tätowiert von oben bis unten. Zufällig treffe ich dort Bekannte, lauter friedliche Leute. Drei Uhr nachmittags, wir wollen schon los mit den Hooligans in Richtung Stadion, aber es geht nichts vorwärts. Wir sitzen fest. In einer Viertelstunde werden wir eine Kolonne. Die Bürgerwehr mit Schilden und Helmen rückt vor. Das Chaos bricht aus, als unsere Front eine gerade Linie bildet.

Einer schreit: ›Die *Russkis*!‹

Die Gegenfront voller St.-Georgs-Bänder[60] baut sich auf.

›Wie viele sind es?‹

›Schwer zu sagen. Zwei, dreihundert auf jeden Fall, aber viel weniger als auf unserer Seite, wie gesagt, wir haben ja noch die Ultras aus Charkow.‹

Dann fliegen Steine. Rauchbomben. Man wird fast blind. Ständig gehen Heuler los, Feuerwerkskörper. Die Polizei positioniert sich in zwei Reihen mit dem Rücken zum Mob. Die *Moskali* haben rote Armbinden am Ärmel. Die dritte Linie bildet unsere Bürgerwehr. Sie reißen Pflastersteine aus dem Bürgersteig. Der Himmel ist einen Moment lang schwarz vor Steinen. Schüsse, eine Frau schreit, es gibt Tote. Die *Moskali* fangen an, uns zu verprügeln, dann kommt Verstärkung. Auf beiden Seiten fängt man zu ballern an. Nach zwei Stunden verbarrikadieren sich die *Russkis* im Einkaufszentrum *Athena*, die meisten sind aber abgehauen, die feigen Hunde. Du kannst dir vorstellen, die Straße war ein Schlachtfeld. Bürgersteige voll zerbrochener Flaschen, Pflastersteine, Trümmer, hier und da Fliesenscherben aus buntem Porzellan. Der Müll fing sofort zu stinken an. Jemand von oben behindert die Aufräumarbeiten. Man kann kaum atmen. Tagelang. Politisch aktiv zu werden kommt nach dem schweren Trauma für die Menschen hier nicht mehr in Frage. Die sind fertig mit den Nerven.«

Sweta arbeitet als Psychoanalytikerin mit Menschen, die sich unter ihrer geschulten Anleitung ihren eigenen Dämonen stellen. Natürlich ist auch ihre Weltsicht stark von der Psychoanalyse eingefärbt: »Warum bin ich ausgerechnet zum Domplatz gelaufen? Ich hab' mich das seitdem oft gefragt. Vielleicht, wenn die Angst allgegenwärtig wird, sagt man das so? Wenn sie einem so tief in die Knochen fährt, dass man nur noch aus Angst besteht, vielleicht zieht es einen dann in ihren Wirbel, unbewusst, meine ich, wie in einem Taifun, bis man zu ihrem Ursprung kommt, da, wo geschossen wird.«

Ihre Stimme zittert ein wenig. Sie steht sichtbar noch unter dem Einfluss der Ereignisse.

Wir laufen die Strandpromenade runter, als es dunkel wird. Hier und da heben sich hässliche Neubauten vom fast schwarzen Himmel ab. Die Hotels und Restaurants, sagt sie, wurden innerhalb weniger Monate nach dem Rücktritt des vorherigen Bürgermeisters gebaut. Ein neuer wird demnächst gewählt. Amtsträger haben hier kein langes Ablaufdatum.

Sweta spricht über ukrainische Schuldgefühle den Russen gegenüber, über das Trauma der ganzen Existenz – und dann wieder über Schuldgefühle: Es scheint ihr wichtig, dass diese so gar keinen inhaltlichen Grund hätten. Sie spricht von Geburtstraumata, auf Länder und Völker ausgeweitet, darüber, wer von den beiden Völkern wem die Mutter sei. Es ist langatmig und schrecklich kompliziert. Ich halte dagegen, die Schuldigen sollte einfach ein Gericht feststellen und bestrafen, so wie es üblich wäre, wenn es hier eine institutionalisierte Rechtsstaatlichkeit gäbe. Die gibt es aber nicht, denke ich. Es gibt eine Erzählung von Isaak Babel über ein Judenpogrom in Odessa. Eine Prozession von orthodoxen Christen mit Kreuzen und Ikonen trifft auf einen jüdischen Leichenzug. Da springt plötzlich so ein Typ aus einem Grab und hat alle abgeknallt. So waren manche Pogrome damals hier in Odessa.

Die salzige Meeresluft schenkt mir den Duft weißblühender Akazien durchsetzt von zwitschernden Gesprächsfetzen zweier alter Damen.

»Schauen Sie, was jetzt in Kiew los ist!«

»Ach, halten Sie doch bitte Ihre Klappe!«

Umkreisung (26. Mai 2014)

Ich wache vor dem Morgengrauen gut ausgeschlafen auf, marschiere nach dem Frühstück zügig los und springe über tiefe Schlaglöcher durch den nach dem Dichter Taras Schewtschenko genannten Park, vorbei am Schießstand, dessen Name »*Sniper*« mir angesichts der jüngsten Ereignisse ein wenig anzüglich vorkommt. An der Kasse bei den rostenden Fahrgeschäften prangt ein Aufkleber »Tod der Bourgeoisie«, ein Skelett mit Knarre, in Anzug und Fliege, hat auf mich angelegt. »Nationalbolschewistische Partei« steht drunter. Der Ausgang vom Park wird von einem drei Meter großen Plastikgorilla bewacht. Jemand mit Geld hat in eine Hose und ein Hemd für den Gorilla investiert. Die Kleidung, die der Primat neuerdings anhat, ist blau und gelb. Für die Schlaglochsanierung war dann anscheinend kein Geld mehr übrig.

Mein zugeteiltes Wahllokal befindet sich auf der Bolschaja-Arnautskaja-Straße in einem noch in der Zarenzeit errichteten Schulgebäude. Die hohen Decken sind mit massivem Stuck verziert, die Wände giftgrün gestrichen, an den Geländern filigrane gusseiserne Schnörkel, die dazu gedacht sind, die dunkelblauen Uniformen der Jungen zu zerreißen, wenn sie hinunterrutschen.

Der ausländische Wahlbeobachter beunruhigt den ohnehin nervösen Wahlausschuss, man versucht vergeblich, es sich nicht anmerken zu lassen. Ein bärtiger Lehrer, ein Pensionär mit dicker Brille, eine levantinische Schönheit mit Rehaugen und ein langes, dürres Mädchen bilden das Aufsichtsgremium. Es gibt noch mehr Beobachter: ein buckliger griechischer Kommunist mit einer Hakennase und so ein aufgepumpter Sportlertyp, der die ukrainischen Nationalisten vertritt.

Nachdem ich die Checklisten unterschrieben habe, suche ich mir eine sonnige Ecke am Fenster und beobachte die Wahl.

Die Wähler kommen in Scharen: alte Juden, Frauen griechischen oder rumänischen Aussehens, junge Ehepaare mit kleinen Kindern. Das mittig gelegene Wahlviertel ist, wie sich aus den Gesprächen der Wahlkommissare herausstellt, politisch eher liberal. Die Wähler geben in der Regel ihre politische Tendenz nicht preis. Einen korpulenten Mann mittleren Alters sehe ich mit einem St.-Georgs-Band an seiner Jacke. Ein Jugendlicher trägt dasselbe Zeichen an seinem engen Sportanzug. Ein Georgier hat eine Jacke mit dem Abzeichen der örtlichen Karateschule und eine schwarz-rote Baseballmütze mit einem Dreizack an, die ihn politisch dem *Rechten Sektor* zuordnet. Zwei ältere Damen, eine mit Kopftuch, eine andere mit einem Barett, weisen sich mit Pässen aus, noch ausgestellt in der Sowjetunion. Die Bürgerinnen eines seit Jahrzehnten von der Karte verschwundenen Staates wollen ihren Beitrag zur Zukunft der jungen Republik leisten. Die Angst vor einem Anschlag ist greifbar.

Ich gehe raus auf eine Zigarette. Vor dem Eingang stehen zwei Bereitschaftspolizisten in meinem Alter in blauen Hemden mit Krawatte und breiter Mütze. Einer, mit hellem Schnurrbart, schaut mich grimmig an, als ob er mich gleich schlagen will:

»Bist du der Wahlbeobachter aus Deutschland?«

»Genau.«

»Hast du sonst nichts zu tun?«

»Wir sollen hier faire Wahlen sicherstellen.«

»Ohne euch ging's auch ganz gut. Wer bezahlt dich eigentlich?«

»Keiner. Ich bin als Freiwilliger da.«

»Und wir Polizisten kriegen eintausendfünfhundert Hrywna monatlich, hörst du? Für das Geld reist man nicht mal so rum, um umsonst Gutes zu tun.«

Er starrt mich misstrauisch an. Sein Partner ist kurz davor, einzugreifen. Man will hier sicher kein Aufsehen. Dann lässt er ihn reden.

»Das sind nicht mal hundert Dollar. Meine Frau verdient tausend, wir haben drei Kinder, zwei Mädchen. Wir brauchen Geld, ein menschenwürdiges Gehalt. Wer gibt uns das? Die da auf dem Maidan rumhopsen, die Idioten? Diejenigen, die unsere Kollegen angezündet haben, als sie treu ihre Pflicht tun wollten?«

Nach einer Stunde ging ich, um andere Wahllokale anzuschauen, fand aber fast keine ernsthaften Verstöße, außer einer Wahlkabine, in der ein Bleistift statt eines Kugelschreibers zum Ankreuzen lag. Der blaue Nachmittag stolzierte gemächlich wie eine satte Taube von Straße zu Straße. Die Polizeipräsenz in der Stadt war kaum wahrnehmbar. Ich steige in eine Straßenbahn in Richtung des Platzes, wo das Massaker stattgefunden hat. Ein ärmlich gekleideter Mann steigt ein und beginnt Gedichte vorzutragen:

Ich hatt' einen Traum,
da war 'ne Möwe,
die flog im Kreise.
Also fing sie einen Fisch
aus dem Schwarm,
sie machte sich fort
auf die Reise.

Dann geht er mit einer Mütze in der Straßenbahn herum, die Odessaner reichen ihm kleine Münzen. Ein Mütterchen mit hellem Kopftuch gegenüber spricht mich höflich an: »Was ist denn Ihr Traum, junger Mann?«

»Ein Buch zu schreiben.«

»Das Gleiche wie bei ihm«, sie nickt in Richtung des vorbeigehenden Dichters, »aber das Glück des Lebens liegt bei guten Kindern.«

Sie macht eine Pause, nachdenklich schließt sie die Augen, lächelt und fügt hinzu: »Schauen Sie, wie schön heute die Wolken sind!«

Ich steige aus der Straßenbahn und gehe an den Bücherständen vorbei in Richtung des Platzes, wo alles passiert ist. Ein gut gekleidetes Paar kommt auf mich zu. Der Mann mit grauem Bart spricht inbrünstig mit seiner zierlichen Begleiterin, vielleicht seine Tochter: »Ich weiß, wie ungeheuerlich es klingt, aber die *Moskali* plattzumachen war notwendig. Du würdest doch auch nicht wollen, dass mit unserer schönen Stadt dasselbe passiert, was in Lugansk oder Donezk mittlerweile so abgeht?«

Das Argument kommt mir ironischerweise fast biblisch vor, es erinnert mich an die Worte des Hohepriesters Kaiphas, als er sagte, es sei besser, wenn ein einziger Mann für das Volk stirbt, als wenn das ganze Volk zugrunde geht. Auf dem Dach des abgebrannten Gewerkschaftshauses flackert eine rote

Fahne. Eine Prozession ist hier zum Stehen gekommen. An ihrer Spitze ein magerer Mann mit Rauschebart. Vorsichtig trägt er die halbmeterhohe vergoldete Ikone der »Kaiserlichen Leidensdulder«[61], so nennt unsere Kirche die ermordete Zarenfamilie. Ihm folgen paarweise Mütterchen in schwarzen langen Roben, mit schweren Kreuzen und Ikonen ehrfurchtsvoll beladen. Unbekümmert singen sie die Osterhymne: »Christ ist erstanden von den Toten, hat den Tod durch Seinen Tod überwunden und denen im Grabe das Leben gebracht.« Ich bekreuzige mich und tauche in den kühlen Schatten einer Einfahrt.

Die erste Etage des Gebäudes ist an der Frontseite verrußt, bis dahin haben die pro-westlichen Ukrainer ihre Molotows geworfen. »*Asow*-Freunde, lauter friedliche Leute«, erinnere ich mich an die Worte meiner guten Gastgeberin Sweta. Als die Prozession vorbeigezogen ist, gehe ich langsam um das Gebäude herum. Auch auf seiner Rückseite, hinter einem hohen Blechzaun, hat eine zweite Feuerquelle ihre Spuren hinterlassen. Man kann sehen, wie der Rauch im schwarzen Treppenhaus wie durch einen Schornstein aufgestiegen ist.

Auf dem Platz gedenken ein paar hundert Odessiten ihrer ermordeten Kameraden. Auf der improvisierten Bühne liest eine magere Brünette von einem karierten Blatt Kugelschreibernotizen vor: »Es wird Ermittlungen geben und ob sie die Wahrheit ans Licht bringen, weiß ich nicht. Vielleicht werden sie wieder einmal alles vertuschen. Deshalb, Freunde, dürfen wir nicht vergessen, was passiert ist. Wir müssen die Erinnerung bewahren, auf ewig. Faschisten, die Russen unter ukrainischer Flagge zu den Klängen der ukrainischen Hymne bei lebendigem Leib verbrennen, diese Manifestation der Hölle darf nie in Vergessenheit geraten.«

Um mich herum breiten niedrige Bäumchen ihre dürren Äste aus, mit Dutzenden von St.-Georgs-Bändern behängt.

So ähnlich werden bei einigen Kulturen Eurasiens Bänder an den Stammbaum gebunden, um die Ahnen zu ehren. Andere binden farbige Streifen aus buntem Stoff an ihren heiligen Baum, um Kinderseelen anzuziehen, die auf die Erde hinabsteigen werden. Wieder andere binden an einen Ast einen Knoten mit drei losen Enden als Zeichen des Gelübdes einer Blutfehde. Dies sind die Anfänge aller Monumentalkulturen.

Die Bänder flattern im Wind wie Blütenblätter von furchterregenden Blumen – wie Feuerflammen. Unter weiß getünchten Baumstämmen inmitten lebender Blumen, vor den Porträts der Ermordeten und billigen Ikonen flackern kleine Kerzenlichter. Die Flammen auf den schmelzenden Kerzen, schon beinahe unsichtbar im Schein der Maisonne, sind schutzlos wie die Seelen der Ermordeten.

Ich fahre zurück zu meinem Wahllokal auf der Bolschaja-Arnautskaja-Straße. Der Menschenstrom der Wähler hat nachgelassen, eine ungute Spannung hingegen nimmt mit der Abenddämmerung zu. Nach und nach trudeln die Mannschaften ein, die die Wahlzettel von Heimabstimmungen bringen. Um 20 Uhr schließen wir die Türen, um mit der Auszählung der Stimmen zu beginnen. Alle Wahlurnen werden geleert.

Die Vorsitzende der Wahlkommission beginnt mit der Sortierung der Zettel für die Bürgermeisterwahl. »Poroschenko, Tigipko, Ljaschko, Poroschenko, Dobkin, Rabinowitsch, Tjahnybok, Rabinowitsch, Simonenko. Nun, wer stimmt für Simonenko? Was für Menschen können das sein?«

Wir zählen die Stimmzettel in den Stapeln von jedem Kandidaten. Der Sieg Poroschenkos ist unbestreitbar. Der zweite Platz geht in Odessa an Rabinowitsch. Die Anzahl der angekreuzten Zettel stimmt mit den am Anfang des Tages abgerissenen Kontrollcoupons überein.

Aber die Auszählung der Stimmzettel für die Kommunalwahlen ergibt Unstimmigkeiten. Ein Zehntel aller Bögen fehlt, sowohl bei den morgens abgerissenen Kontrollcoupons als auch bei den nummerierten Bögen mit den Namen der Bürgermeisterkandidaten. Sie sind direkt vor meinen Augen am frühen Morgen verschwunden. Ich war Zeuge, wie die Bögen aus dem Tresor entnommen, ausgezählt und aufgeteilt worden waren für die Stimmabgabe sowohl im Wahllokal als auch zuhause. Alles schien in Ordnung zu sein, aber irgendwie verschwanden trotzdem zehn Prozent, als hätten sie sich in Luft aufgelöst.

Als ich das Wahllokal verlasse, ist es bereits mitten in der Nacht. Die Polizisten vor dem Eingang sehen mich unfreundlich an. Ich tauche in das dichte Grün der Schwarzmeernacht und bin in einer halben Stunde bei Sweta zuhause.

Bis zum frühen Morgen liege ich wach. Gedanken schwirren wirr in meinem Kopf. Was für eine Revolution soll das hier abgeben? Mir fallen die Augen zu. Kaleidoskopartige Träume – wie Rauch über brennendem Plastik. Eine feurige Zunge kriecht das breite Treppenhaus hinauf. Mit einem unwiderstehlichen Schub zerstreut sich die Feuerwelle, Verbrennungsprodukte wälzen sich in einem Wirbel. Die Verbrennungsfront bewegt sich explosionsartig hoch wie Rauch in einem Schornstein. Unhörbare Stimmen eines Kosakenchors dröhnen dumpf in meinem Kopf. Heiter singen sie, und in ihrem Gesang kommt das ukrainische Wesen zum Vorschein:

Halja schreit,
Die Kiefer brennt,
Halja schreit,
Die Kiefer brennt …

Feuervogel (5. Juni 2022)

Tattoo – Tabu – Voodoo. Ein Land kann, auch wenn es keine eigenständige Hochkultur entwickelt hat, trotzdem eine Art Weltmeister im Zaubern werden.

Ein langhaariger Typ in einer Hafenspelunke im lauen Juni in Odessa, mit dem ich an einem Tresen frühmorgens trinke, angeblich Pope einer der ukrainischen Splitterkirchen, erzählt mir von einem im 17. Jahrhundert in Kiew gedruckten Gebetbuch, in dessen Besitz er sei, das bis dato in ihrer Wirksamkeit unübertroffene Dämonenbeschwörungen enthält. Von Bischof Petro Mohila soll es sein, ein Name der für das russische Ohr untergründig klingt.[62] Hiesige Hexen können eine Kuh so verfluchen, dass die Milch in ihrem Euter vergärt.

Einem autodidaktischen Zauberer entgehen jedoch Nuancen und Feinheiten, die das Gegenteil seiner Absicht bewirken.

Acht Jahre ist es schon her, und mit der Zeit ließ es sich immer deutlicher erkennen: Der Feuervogel auf meiner Brust steht nicht für die Flammen eines Pogroms, das auf ukrainischem Boden auf die eine oder andere Weise schon immer glimmt. Der Phönix ist nicht das Feuer selbst, sondern einer, der brennt. Möge der Verbrannte aus der Asche wieder auferstehen, einer wie aus dem Gewerkschaftshaus in Odessa, ein Russe, ein *Moskal* – so einer, wie ich selber einer bin.

Nachruf auf Darja Alexandrowna Dugina (9. September 2022)

Vita est militia super terram – »Das Leben ist Krieg auf Erden«, so lautete der Leitspruch in der Beschreibung ihres *Telegram*-Kanals. Was gibt es da hinzuzufügen? Ich versuche in diesen düsteren Tagen, das Bild der jungen russischen Philosophin wiederzugeben, auch wenn es dem Betrachter so verzerrt und verbogen vorkommen mag, wie die Schönheit Diotimas sich einst im hässlichen Schädel des Sokrates spiegelte, als sie beim Kämmen auf seine Glatze wie in einen Spiegel blickte.

Die hiesigen Gazetten und Nachrichtenformate schäumen über vor Häme: »Putin-Hetzerin« nennt sie die *Bild* – andere tun sie ab als »Tochter eines rechtsextremen Vordenkers des Angriffskrieges«, als »Kind eines obskuren Einflüsterers«, eine Handlangerin von Putins »Rasputin«. Für Darja selbst hat sich fast niemand interessiert.

Sie war aber nicht nur eine Tochter. Sie war auch kein »Mädchen«, wie man überall schreibt. Darja Dugina war eine erwachsene junge Frau, eine studierte Politologin und Philosophin, fast dreißig Jahre alt, vielfältig gebildet, souverän in ihrem Denken und Tun. Darja war humorvoll, wortgewandt, schlagfertig, charmant und von einer grazilen Schönheit. Eine ganz und gar russische junge Frau. Ein Mensch voller Hoffnungen und Ziele. Jetzt ist sie tot. Von einer Autobombe in die Luft gejagt, zerfetzt, nachts in der Dunkelheit auf einer kalten Straße in einem Vorort von Moskau.

Darja Dugina teilte weitgehend die philosophischen Theorien und politischen Ansichten ihres Vaters, Alexander Dugin. Ihr Werk auf seine Nachfolge zu reduzieren ist jedoch falsch und ungerecht. Ihr ständiges Bemühen, das politische Schubladendenken zu beenden, scheinbare Kontroversen zwischen »rechts« und »links«, sozial und volkstreu, traditionsverbunden und zukunftsgerichtet in einer organischen Synthese zu überwinden, macht es mir einfach, ihr Werk eher der französischen Neuen Rechten, der *Nouvelle Droite*, zuzuordnen.

Mit der *Nouvelle Droite* kam sie während ihres Philosophiestudiums in Frankreich intensiv in Berührung. Darja sprach unter anderem fließend Französisch, sie hat manche ihrer akademischen Arbeiten in dieser Sprache verfasst. Die Grundintention ihrer Schriften über aktuelle politische Perspektiven der neuplatonischen Philosophie weist eine Verwandtschaft mit dem Erbe Charles Maurras‘ auf. Wie Maurras führte sie die Unterschiede zwischen den Menschen und ihren Lebensformen, die »das Schöne schön, den Staat stark und das Volk gesund machen«, auf die ewige Natur des Menschen und deren »ewige Formen« zurück.

In Moskau vermisste sie Frankreich. Ihr fehlte das rege geistige Leben – »eine so starke Schule für die Neuplatonismusforschung«, die es dort gibt.

Sie sagte auch, dass »das französische Denken dem russischen weit voraus« sei. Die aktuelle politische Lage in Frankreich war für Darja eine Herzenssache: »Die derzeitigen Regierenden in Frankreich leugnen leider selbst die Existenz einer eigenständigen französischen Kultur«, bemerkte sie. »Migranten, die 2014 oder danach dort ankamen, fanden einfach keine identitätsstiftende Gemeinschaft vor, in die sie sich – selbst beim besten Willen – integrieren konnten. Im Gegensatz dazu kennen und schätzen Migranten aus früheren Jahrzehnten die französische Kultur sehr wohl.«

»Was ist mit Deutschland?«, fragte der Interviewer damals. – »Für Deutschland gilt seit dem Krieg ein Verbot auf alles Eigene. An die Stelle der deutschen Kultur ist die Schuldkultur getreten.«

In ihrem Blog schrieb Darja:

> »Der Herrscher denkt in *Frontiers*, der Vasall denkt in Grenzen – und das ist ein Riesenunterschied. Grenzen in dem Sinne, wie sie auf einer physischen Karte in Atlanten angegeben sind, verloren nach dem Zweiten Weltkrieg ihre Bedeutung. Die gibt es nicht mehr. Heutzutage ist die Linie, die Einfluss- und Interessengebiete der Weltmächte umreißt, die Linie einer

sogenannten Frontier. Es ist wichtig, diesen Begriff zu verstehen: Man kann eine *Frontier* nicht immer physisch ziehen, oft verläuft sie metaphysisch. Eine *Frontier* bewegt sich im Gegensatz zu einer Grenze vorwärts. Das größte supranationale Machtgebilde, das die russischen Interessen bedroht, ist die NATO. Die NATO-*Frontier* kann mit einer gepunkteten Linie statisch markiert werden – aber sie bewegt sich dennoch vorwärts. Eine *Frontier* ist eine sich bewegende Linie, die voranschreitet, eine Linie, die sich bewegt, um zu erobern. In der aktuellen geopolitischen Situation ist das, womit wir es im Donbass und in der Ukraine zu tun haben, das Ergebnis des Voranschreitens dieser NATO-*Frontier* auf ein Gebiet, in dem der Westen historisch und geopolitisch gesehen nichts verloren hat.

Eine fortschreitende NATO-Osterweiterung würde eine Ausbreitung des Einflusses einer bestimmten Macht bedeuten, ihre vollständige Kontrolle über wirtschaftliche und militärische Aktivitäten in Eurasien und schließlich den vollständigen Sieg des Liberalismus und Kapitalismus weltweit. Wollen wir das?

Die wichtige Gegenfrage lautet: Gibt es auch so etwas wie eine russische *Frontier*? Wenn ja, wie sollen wir die russische *Frontier* definieren? Wo enden die Interessen Russlands, und wie weit soll die russische Idee voranschreiten?

Russland soll keine nicht russischen Gebiete erobern, da dies eine völlig andere Kultur bedeutet, eine andere Art von Menschsein, eine Zivilisation, die uns zwar ähnlich, doch grundlegend anders ist. Unsere Zusammenarbeit mit den Europäern muss zukünftig anders gestaltet werden. Eine Erweiterung der russischen *Frontier* muss die Eigenständigkeit europäischer Völker fordern, anhand von Prinzipien, die sowohl für die russischen als auch für die europäischen Zivilisationen im gleichen Maße gelten. Kulturelle Unabhängigkeit, wirtschaftliche Sicherheit, politische Unversehrtheit und gegenseitige Achtung sind diese Prinzipien.«

Am 24. Februar 2022 schrieb sie in ihrem Blog:

»Letzte Nacht ging ich eine leere Moskauer Straße entlang, und in der Ferne kräuselte sich an einem Haus die russische Flagge. Ein leises Rauschen... Die Russen kommen. Die weibliche Intuition ist mächtig... Aus irgendeinem Grund bin ich auf diese Ruhe und die Flagge aufmerksam geworden. In meinem Kopf formte sich der Slogan: ›Es werde das Reich!‹ Ich bin aufgewacht, und das Reich ist wahr geworden.«

Darja, wie auch die meisten Russen, akzeptierte und unterstützte die vom Präsidenten Putin erklärte »Spezialoperation«:

»Das ist kein Krieg gegen die Ukraine, das ist ein Krieg gegen den kollektiven Westen. Was das Regiment *Asow* vertritt, ist nicht die wahre ukrainische Identität, es ist ein böswilliges Konstrukt, eine Volksschändung. Was ist dann die wahre ukrainische Identität? Freunde der Russen zu sein!

Ich glaube, man muss bereit sein, für eigene Ideen zu sterben, sich allen Herausforderungen zu stellen. Die Geschichte ereignet sich jetzt. Das aktuelle Geschehen ist, was Martin Heidegger als ›Ereignis‹ bezeichnete: Das Sein wird wahr und sein Sinn offenbart sich. Die Aufgabe eines jeden von uns ist, die Geschehnisse nicht nur aus einer geopolitischen Sicht zu betrachten, sondern den Moment eines möglichen Erwachens wahrzunehmen. *Tiktok*, *Instagram*, *McDonald's* wurden uns weggenommen. Tatsächlich sind wir unumkehrbar dazu gedrängt, uns selbst zu konfrontieren, zu erkennen, wer wir sind. Was ist die Alternative zu all dem? Was sind unsere Bücher, unsere Dichter, unsere Klassiker, was ist unser Land? Wir verweilten in einer Konsumglückseligkeit, in dieser globalistischen Ausschweifung. Unser Sein war billig, da wir jeden schwierigen Augenblick, unsere Melancholie, unsere Verlorenheit mittels einer kontinuierlichen Clipfolge ausblenden konnten. Jetzt begegnen wir uns selbst, unserer eigenen Identität, wir schauen in den Spiegel und denken: Wer sind wir? Wie lautet die Antwort?«

Die Antwort darauf von Darja selbst lautete wie folgt:

»Ich bin eine russische Christin, und ich bin weiß. Ich bin das russische Volk – *Je suis le peuple russe*«, fügte sie auf Französisch hinzu. »Ich will alle Russen lieben und loben.«

Mitte Juli 2022 besuchte Darja die Stadt Mariupol. Tief bewegt von den Ruinen des *Asowstal*-Werkes vernahm sie in diesem Akt der Vernichtung und absoluten Morbidität die schönste atonale Musik der Welt – denn sie schrieb: »Das Auffälligste war die *Asowstal*-Sinfonie. Massive Metallstücke wiegen sich im Wind, etwas fällt herunter. Ein riesiges Tier, ein Atlas, der seine Schultern nicht mehr strafft, ein Atlas, der die Welt abwirft. Atlas wirft endlich seine Last ab.«

Dort, in den tiefen Labyrinthen von Mariupol, träumte sie von einem Symposium mit Philosophen aus aller Welt – von einem Reigen streitender Geister in den zerstörten Werkstätten zum Klang elektronischer Musik. Sie komponierte auch selbst. Suggestiv und dunkel ist ihre Musik, so wie der Tanz eines achtzackigen Chaos-Sternes am abgründigen eurasischen Himmel.

> »Ich glaube, jeder Mensch, der etwas fühlt, ob innere Schwere oder Freude, sollte es in Musik, Poesie oder philosophische Texte umwandeln. Dazu muss er ein totalitäres Diktat über sich selbst ausüben können. Dann verwandelt er sich in ein radikales Subjekt und erschafft Welten.
> Ich lehne den Krieg nicht ab, sondern werde ihn führen – einen Krieg für das russische Volk, für die europäische Zivilisation, für das eurasische Reich. Ich werde bis zum Ende gehen. Ich wünsche uns allen viel Erfolg. Ich wünsche euch Krieg, Liebe und eine innere Revolution, eine innere totalitäre Diktatur, eine rücksichtslose Haltung gegenüber euch selbst, gegenüber eurer eigenen schwachen, egoistischen Seite. Richtet eure Schwäche hin, lebt eure Stärke!«

Ich glaube nicht, dass ukrainische Terroristen von selbst dazu kamen, Darja Dugina an die Spitze ihrer Mordliste zu setzen. Die Gewalt des Denkens zu begreifen, das billige ich diesem einfältigen Pack nicht zu. Mit ihrem Namen begann die Liste der Russen, gegen die Großbritannien Sanktionen verhängte. Eine Liste, auf der die Namen übrigens nicht alphabetisch geordnet waren, wurde von ihr angeführt. Ich fragte mich lange, warum. Dann wurde ihr Auto in die Luft gesprengt. Der Phönix ist in Flammen aufgegangen.

»Du bist eine Walküre geworden« war das Erste, was ich mir notierte, als die Nachricht von dem Terroranschlag kam.

Nicht die Walküre aus Richard Wagners Opern: »Gefallner Helden hehre Schar umfängt dich hold mit hochheiligem Gruß.« Ich stelle mir eine Walküre unseres russischen Wagners vor: eine fliegende Kampfeinheit zur Feuerunterstützung, ein Mehrzweckvogel, der nicht so sehr zu Lande, zu Wasser oder in der Luft Ziele erledigt, sondern in höheren Dimensionen des Äthers die ewigen Feinde trifft.

GÖKÇEN – BODRUM – MOSKAU

(27.-29. Oktober 2022)

Ich kann nicht einschlafen. Die Lampen entlang des Ganges leuchten zu schwach, um weiterzulesen. Ich lausche dem Turbinengeräusch des Airbus A320 auf der Strecke Bodrum–Moskau und versuche in dem monotonen Gemurmel ein Muster zu erkennen wie die zerstreute Pupille eines Wahrsagers, die den Kaffeesatz in einer Tasse spiegelt.

Gestern habe ich es tatsächlich geschafft, vier Stunden auf einer Bank im Wartesaal des Flughafens *Istanbul-Sabiha Gökçen* zu schlafen. Mit meinem leichten Schal über dem Gesicht dämmerte ich hinüber. Erst am Morgen sah ich die weichen Sessel des örtlichen *Starbucks*, in einem davon hätte ich mich gemütlicher ausgeruht. Über der Startbahn lag ein milchiger Dunst, der im südlichen Sonnenlicht schimmerte. Die Flugzeugrümpfe, die Dächer der Hangars und die Hügelkette schienen im klaren Wasser zu versinken. Es erinnerte an die venezianische Lagune in der Morgendämmerung. Als wir abhoben, erhoben sich kahle Hügel über den immer dünner werdenden milchigen Wolken, dann kamen gepflügte Täler in Sicht. Etwas funkelte in der Sonne, wie zerstreute Blütenblätter aus Glimmer, der auf Lidern und Wimpern glitzert. Als sich der Dunst lichtete, tauchte darunter das wirkliche Wasser mit den wirklichen Inseln auf. Je weiter man sich vom Ufer entfernte, desto dunkler wurde das Wasser. Die Untiefen waren von einem azurblauen Rand gesäumt. Hier und da war Schilf und ein wildes braunes Seegrasreich zu sehen.

Die letzten goldenen Herbsttage hatte ich in Berlin allein verlebt, die letzten Stadtbewohner, mit denen ich mich austauschen konnte, hatten die Stadt schon verlassen. Offensichtlich muss ich härter arbeiten, um mit der Stadt mittels meiner Bücher zu kommunizieren. Nun war ich aber wieder unterwegs nach Moskau.

Umsteigebedingt verbrachte ich den gestrigen Tag in Bodrum. In der warmen Stille stehen dort Palmen und flattern Akazienbäume. Der starke Duft von *Eau de Cologne* wandert durch die Gassen. Die Stadt ist übersät mit kleinen Türkenflaggen. Türkischrot ist die Farbe des Hartriegels, des Beerenblutes, nur das Tuch an den Fahnenmasten der Yachten ist von jenem russischen Rot, in dem goldene Funken verblassen. Das Russischrot ist mit der Flamme verwandt. Ich hatte gar keine Lust, von dort aus nach Moskau zu fliegen. Weder hatte ich Bock, Patriot zu sein, noch reizten mich die Schrecken des Krieges. Ich begnügte mich mit schmelzender Wärme, mit den Klängen einer mir unverständlichen Sprache, die eher dem Vogelgezwitscher ähnelt.

Wir fliegen über Land. Das goldene Spinnennetz unter uns wird dünner, die in der Nacht unsichtbaren Steilhänge des Großen Kaukasus heben sich davon ab. Ich nehme die wenigen Dinge wahr, auf die ich mich konzentrieren kann. Das Geräusch der Turbine wird zum Wegweiser durch das Reich mechanisierter Träume. Ich träume, dass ich ein zeitfressendes Tier bin.

Dann geht in der Kabine das Licht an und die grelle Stimme eines *Stewards* fordert uns auf, ein Formular zum Thema COVID auszufüllen. Wie sich bald herausstellt, hat die Corona-Kontrolle in Russland beinahe ausgedient. Tanten in unsauberen weißen Kitteln holen die Fragebögen am Flughafen ab, ohne sie auch nur anzuschauen. An dieser Stelle aber greife ich mir selbst vor. Die Landeformalitäten dauern dieses Mal nicht lange. Die Grenzbeamtin mit einem zarten russischen Gesicht sieht mich freundlich an.

»Rasuli Achmatow?«

Sie lächelt.

»Haben Sie etwas gesagt?«

»Nein, ich will Sie nur nochmal ansehen…«

In der Lobby des Flughafens *Domodedowo* ist die gleiche Horde wie immer, doch diesmal gibt es wegen der Nachtstunde kein Gedränge. Ein fetter asiatischer Mann sitzt in der Hocke, die Knie gespreizt wie ein Adler. Während ich meinen Kaffee trinke, kommt ein athletischer Vollbartträger auf mich zu. Am Arm führt er seine in Schwarz gehüllte Mutter, mit der anderen Hand hält er zwei gerollte Gebetsteppiche. »Wo ist die Moschee im Flughafengebäude?«, fragt er mich. Ich helfe ihm, sie auf dem Plan zu finden.

Draußen hängt ein grauer Nieselregen in der Luft. Der laufende Motor des Shuttlebusses hustet leise. Ich zögere, bevor ich die Kabine betrete, und suche nach meiner Brieftasche.

»Haben Sie etwas verloren?«

»Es ist so unordentlich in meiner Tasche…«

»Haben Sie Schlappen dabei?«

Der Fahrer grinst in seinen grauen Schnurrbart, nimmt seine Lederkappe vom Kopf und beginnt, die Tropfen abzuschütteln, die sich auf dem Visier gesammelt haben. Ich stelle meinen Rucksack auf den Boden, damit ich das Portemonnaie mit beiden Händen suchen kann.

»Stellen Sie die Tasche jetzt nicht mehr auf den Sitz«, fügt er dann hinzu.

Der Bus setzt sich in Bewegung. Sein unregelmäßiges Schwanken reißt mich hin und wieder aus dem Schlummer. Ich beobachte die Hochhäuser, die von schütteren Hainen durchsetzten Flutlichter, die ein unmenschliches Licht ausstrahlen. Wir kommen kurz nach vier Uhr morgens in die

Stadt. Die widerwillig erwachende U-Bahn befördert schlecht gekleidete Menschen. Es sind keine jungen Leute zu sehen. Sind alle vor der Mobilisierung geflohen? Es scheint, als sei der Prunk der Metropole wie *Make-up* von einem müden, asiatischen Gesicht gewischt. Nein, hier möchte ich doch nicht leben. Zwei Jungs küssen sich im Wagen, zutiefst betrunken und – anhand der Zerlumptheit ihrer Kleider zu erkennen – schon seit Tagen unterwegs. Ich verlasse die U-Bahn in der Nähe des Kremls. Ein Streifen Sonnenaufgang in der Farbe von gefrorenem Fisch kriecht am Horizont empor.

Ich gehe in das erste geöffnete Teehaus und bestelle einen *Beschbarmak*[63] mit Pferdefleisch zum Probieren. Ein etwa fünfzehnjähriges usbekisches Mädchen mit Kopftuch und im lilafarbenen Gewand nickt lächelnd, bringt eilig eine Teekanne, doch statt *Beschbarmak* serviert sie mir Hammel-*Manty*[64]. Das Mädchen spricht kaum Russisch. Ich versuche einen WLAN-Zugang zu finden, doch jedes ungeschützte Netz verlangt eine PIN, die auf meine Nummer als Textnachricht gesendet werden soll, damit die *Smart-City-Freaks* der Moskauer Stadtregierung alle unsere Bewegungen überwachen können. Auf der deutschen SIM-Karte kommen Textnachrichten nicht an. Ich schaue überall nach einem SIM-Kartenladen. In einem mir bereits bekannten Einkaufszentrum ist fast alles beim Alten, die gleichen Schilder wie vor den Sanktionen, nur *Starbucks* heißt jetzt *Star Café*, und die Buchstaben *served* sind von der Marke des Modeherstellers *Reserved* verschwunden, nur *Re* ist in Russland geblieben. In einem SIM-Kartenladen drängen sich ausgelassene Jugendliche an einem Schalter. »Welcher Tarif? Geben Sie uns bitte Ihren Ausweis! Reisepass? Kann man die SIM-Karte auch auf einen Reisepass registrieren? Es gibt hier eine Liste mit den Dokumenten ... Wir müssen die Verwaltung anrufen ... Hallo ... Nein... Nein ... mit so einem Pass, das geht nicht!«

Das Gleiche passiert mir auch in einer anderen Filiale. Bei meinen früheren Besuchen hatte ich die SIM-Karte gleich nach der Ankunft von Asiaten gekauft. Es ist bereits Nachmittag, als ich dafür zurück zum Flughafen fahre. In den belebten Straßen nehmen die adrett gekleideten Schönheiten deutlich zu. Auf dem Weg treffe ich einen Schwarm junger Rekruten. Ein halbes Dutzend Burschen in noch nicht beschossenen Uniformen schleppen mit himmlischer Leichtigkeit Rucksäcke, die halb so groß sind wie sie selbst. Ich spürte in ihrem braven Schritt jenen von Ernst Jünger beschriebenen Rausch, der Rekruten packt, jenen Regen von Blumen, jene trunkene Stimmung von Rosen und Blut. Und dennoch ist da etwas Einfaches, etwas ewig Russisches in dem Rekrutenzug.

Eine tadschikische Frau am Flughafen verkauft mir eine SIM-Karte ohne überflüssige Worte zu verlieren, wie gehabt. Am gleichen Abend spricht mich auf der Straße eine betrunkene, verrückte Frau an. Sie zieht aus der Tasche eine Figur, eine kleine pseudobarocke Marquise, solche, wie man sie früher gerne auf Schränke stellte.

»Junger Mann, schauen Sie mal auf Ihrem *Smartphone*, was habe ich da? Ich habe das als Geschenk für meine Mutter bei einem Antiquitätenhändler gekauft.«

»Nein, das ist keine Antiquität«, sage ich, »das ist chinesischer Plunder.«

Sie lacht und lässt ihre Metallzähne aufblitzen.

»Junger Mann, wo wollen Sie denn hin?« Sie will mich umarmen. Die Farbe ihrer Augen ist wie gesponnener Tee. Ich verabschiede mich von der seltsamen Marquise mit äußerster Galanterie.

KAMENSK SCHACHTINSKIJ

(1. November 2022)

Heute ist der 1. November. Ich lege mein *Tweed*-Sakko, meine Manschetten und Manschettenknöpfe ab und ziehe eine *Kossoworotka*[65], ein Trachtenhemd mit schrägem Kragen, im Stil der Schwarzhundertschaft[66] an, darüber eine Militärjacke, die mir Petrow geliehen hat. Die muss ihn in mehreren Feldzügen gewärmt haben. Das Taxi zum *Kasanskij-Bahnhof* ist da.

»Die Mütze!«, sagt der Fahrer. In der Eile habe ich mich auf seine Mütze gesetzt, die er auf dem Beifahrersitz liegen hat. Der Chauffeur ist ein Kaukasier, Mitte fünfzig.

»Mobilisiert?«, fragt er mich.

»Nein, das heißt, ich fahre schon in die Gegend, aber mit einer anderen Aufgabe.«

»Es ist das erste Mal, dass ich einen Mobilisierten befördere. Letztens habe ich ein paar Jungs gefahren, die haben sich auf ihren Datschen vor den Vorladungen versteckt. Ach was, Datschen, die haben ja Villen auf dem Land.«

Dann seufzt er tief: »Wer zieht denn so in den Krieg? Mein Bruder lief selbst ohne Aufforderung zum Rekrutierungsbüro. Asamat ist sein Name. Sein Vertrag wäre in drei Wochen ausgelaufen, als er verschüttet wurde. Jetzt schläft er nur und kann kaum sprechen. Er liegt die ganze Zeit zuhause. Wer soll jetzt Geld für seine vier Kinder verdienen? Und ein anderer Bruder ist in der Nähe von Isjum gefallen. Bei seiner Mutter war er der einzige Sohn. Sie ist ganz grau seitdem. Hier, sieh mal.« Während er das Lenkrad mit der Linken dreht, blättert er mit der Rechten durch die Fotos auf seinem *Smartphone*.

Auf dem Bild, das ich anschauen soll, sieht man fünf Soldaten mit Sturmhauben auf einem gepanzerten Mannschaftswagen.

»Schau, was für ein Maschinengewehrmodell das ist? Soll das eine moderne Waffe sein?«

Ich stimme zu, dass die Rüstungs- und Munitionsversorgung bei der Kompanie suboptimal läuft. Auch ich konnte in Moskau keinen Helm und kein Panzerhemd finden.

»Kein Panzerhemd hilft, wenn ein Granatsplitter die Wand durchschlägt. Dort, sagte mein Bruder, pfeiffen Granaten wie Vögel, und man ist so müde, dass man schläft.«

»Paradiesvögel«, sage ich.

»Bitte?«

»Man lehrt doch bei euch, dass es zwei Paradiese gibt, so ein Ferienreservat mit viel Wasser und zarten Jungfrauen und das zweite Paradies liegt im Schatten der Säbel. Letztendlich gewöhnt man sich auch an ihren Gesang.«

»Stimmt. Man gewöhnt sich an das Gegenteil und wenn es still wird, macht man sich Sorgen, dass jederzeit was in die Luft fliegen kann. In der Ruhe steckt die schlimmste Unruhe.« Wir schweigen eine Weile.

»Glaubst du, dieser Krieg geht ewig weiter, auch wenn Putin stirbt, wie zwischen Israel und Palästina?«, fragt er dann.

»Es muss ja jetzt zackiger gehen«, meine ich.

»Ja, bitte! Ich habe meinen Militärdienst in der Westukraine abgeleistet. Schon zur Sowjetzeit hat diese Bande in Gruppen einzelne russische Soldaten überfallen und verprügelt. Wenn unsere Spezialeinheiten das Pack auf dem Maidan plattgemacht hätten, wäre die ganze Welt jetzt nicht vom Atom bedroht. Nach dem Einmarsch auf die Krim hab' ich mal einen Kameraden angerufen, einen Ukrainer: Wenn es zwischen unseren Ländern knallt, werden du und ich uns nicht gegenseitig erschießen! Wir gehen zusammen ins Restaurant und gönnen uns was Gutes! Danach hat er mich trotzdem nie mehr angerufen.«

In dem Moment erscheinen die Lichter des Platzes der drei Bahnhöfe. Der Motor steht still. Ich beginne Geldscheine abzuzählen.

»Pack die bloß wieder ein, ich werd dir nichts berechnen. Auf dein Glück, Soldat!«

»Bitte, ich bin kein Soldat!«

»Steck das Geld weg! Auf dein Glück dort.«

Der Zug fährt gerade an einer Reihe riesiger Fackeln vorbei. Man verbrennt das unbenutzte Gas, damit der Druck die Röhre nicht sprengt. Schluchten, Rinnen, schwarze, durchscheinende Haine flackern in seinem Schein. Wir sind bereits seit vier Stunden unterwegs. Der ganze Zug schläft, nur ich nicht, weil ich meine Tagesnotiz beenden will. In jedem Tag steckt neues Material.

KAMENSK SCHACHTINSKIJ – LUGANSK
(3. November 2022)

»Warum schauen Sie so müde drein? Man sieht Ihnen an, dass Sie ein Ausländer sind, der hier nichts zu schaffen hat, so verloren, wie Sie rumlaufen und Krähen zählen. Los geht's!«

Ein stämmiger Fremder spricht mich an. An seinem Aussehen ist nichts Auffälliges. Es sind hier alle so. Ich bin eben aus dem Zug auf den sonnigen Bahnsteig des Bahnhofs von Kamensk Schachtinskij gestiegen ohne die geringste Ahnung, wie ich nach Lugansk kommen soll. Ein Freund meiner Freunde aus dem Kosakenkorps soll mich abholen und durch die Kontrollpunkte und Absperrungen begleiten, doch die versprochene Telefonnummer dieses Begleiters habe ich nie erhalten.

»Ich gehöre zu den Menschen, die kein Telefon benutzen«, sagt er. »Na, dann lassen Sie uns zum Auto gehen! Warum tragen Sie eine Uniform? Schon im Krieg?« Das Verhalten des Fremden hat etwas von der Gutmütigkeit eines gezähmten Raubtiers.

Wir nähern uns einem schwarzen Geländewagen, der auf der anderen Seite der Gleise geparkt ist.

»Das erste Mal im Donbass? Nein, nicht das erste, Sie waren ja in Awdejewka. Wir haben Ihre Gedichte gelesen. Nichts Verbotenes dabei? Dann werfen Sie Ihren Rucksack in den Kofferraum!«

Der Rahmen unter dem Nummernschild des Wagens trägt die Aufschrift »Institut für Schicksalskorrektur«. Der Platz neben dem Fahrer ist besetzt, ich setze mich nach hinten. Auf dem Sitz neben mir liegt, wie eine bunte Natter, eine *Nagajka*. Diese biegsame Schlagwaffe, die auch als Peitsche zum Lenken eines Pferdes verwendet wird, begleitet seit Jahrhunderten den Kosaken sein ganzes Leben lang: Sie dient ihm treu in der Schlacht, auf dem Marsch, bei der Jagd und auf Reisen. Man hängt sie über die Wiege, um böse Geister abzuwehren, man gibt sie dem Jungen, wenn er zum Reiter erzogen wird, man bestraft damit den Schuldigen, und wenn in alten Zeiten ein Kosak starb, begrub man ihn zusammen mit dem Schwert, dem Zaumzeug und der Peitsche. Heute ist sie eine der Waffen des Nahkampfes, wenn es darum geht, den Gegner zu entwaffnen, aber nicht, um ihn zu töten.

Das Auto fährt eine Schleife auf der Landstraße zwischen den Hainen und Hügeln, die mit Birkengold übersät sind. Es kann schwierig sein, Landschaften aus dem Gedächtnis zu zeichnen. Jede Bewegung der Zeit bedeckt alles, was ich sah, mit einem undurchsichtigen Schleier. Ich erinnere mich, dass die Luft feucht und leicht rauchig war. Aus der Feuchtigkeit taucht der geschwungene Zaun auf, das Profil eines grauen, fünfstöckigen Gebäudes mit wahllos mit Silberfolie beklebten Glasscheiben und die Kuppel einer Kirche auf dem Hügel, golden wie der Kopf eines Bauernkindes. Die Plakate an den Zäunen entlang der Straße tragen keine Spur der Selbstdarstellung, wie es in der Stadt sonst üblich ist, noch weniger eine politische Aussage. Die Schilder »Lebender Fisch zu verkaufen«, »Frische Eier aus eigener Haltung«, »Reifenmontage« sind unauffällige Zeichen des Daseins, verwurzelt in der fruchtbaren Schwarzerde. Das Gespräch zwischen meinem Begleiter und dem Mann auf dem Beifahrersitz verläuft in der gleichen gedämpften Weise: warum eine Einspritzdüse undicht ist, wie man den Vergaser reguliert, über Reparaturarbeiten im Haus des Fahrers, die Karriere eines gemeinsamen Freundes in einer der Strafverfolgungsbehörden, seine Probleme mit dem Gesetz. Sie zögern, die Politik anzusprechen, und haben ja auch keinen Grund, dies zu tun. Der Fluss Sewerskij Donez schimmert mit seinen sanften Windungen, gefolgt von der ehemaligen Grenze zur Volksrepublik. Ab und zu überholen wir Kolonnen mit Militärtechnik. Einige Panzer sind mit einer taktischen Markierung versehen, die ich noch nie zuvor gesehen habe: ein Dreieck mit einem Kreis darin, auf die Spitze gestellt wie ein umgedrehtes Zeichen der »Heiligtümer des Todes« bei Harry Potter. Nicht nur das Militär ist auf dem Weg nach Westen, auch Baumaschinen, Lastwagen mit Betonplatten, Rohren und Ziegeln. Die Infrastruktur der Republiken muss wiederaufgebaut werden. Unmittelbar nach dem Grenzübertritt verschwindet das mobile Internet, das nach dem Rückzug der russischen Truppen aus dem Charkow-Gebiet im September abgeschaltet worden ist.

»Andernfalls könnten Saboteure Raketenkorrekturen vornehmen, indem sie dem Feind die aktuellen Geokoordinaten übermitteln«, erklärt der Begleiter.

»Es gab kürzlich einen Treffer in Altschewsk, es traf das Hotel, in dem Soldaten untergebracht waren.«

»Wird Lugansk bombardiert?«

»Nein, hier ist es ruhig. Lugansk ist das Paradies.«

Wenn man hier ankommt, ist es, als würde man in einen anhaltenden Traum von einer südrussischen Stadt eintauchen, die man als Kind gesehen hat, mit gedrungenen Kaufmannshäusern, verwinkelten Gassen, dem Duft von abgestorbenem Laub, der sie durchzieht – und man riecht eine Note darin, die unmissverständlich darauf hinweist, dass es sich um Pappellaub handelt. Der einfache Asphaltbelag wird unerwartet durch filigrane Jugendstilfliesen ersetzt, auf denen drei Schlangen drei Sonnen in einem geometrischen Muster umkreisen und ein Achtstern strahlt wie bei einer Radierung von Alfred Mucha. Im Lokalradio wird nicht das Teenager-Gejaule gesendet, das man von woandersher kennt, sondern Musik, die den Ohren eines Alten und eines Kindes würdig ist. Gelegentlich tut sich mitten in der Stadtbrache ein wassergesättigtes Reservoir eines einst schönen Brunnens auf – ein gigantisches Überbleibsel einer unwiederbringlich vergangenen Zivilisation. So wie sich der Verstand im Traum nicht die Mühe macht, den Objekten Tiefe zu geben, sondern sich mit einer konventionellen Kulisse begnügt, so ist in der Frontstadt die Hohlheit einiger von Menschen verlassener oder ausgebombter Gebäude offensichtlich. Verleiht das den Figuren der Stadtbewohner, ihrer Art sich zu bewegen, einen Hauch von Unsicherheit, eine seltsame Leichtigkeit? Ist dies eine Stadt oder nur eine Erinnerung an eine Stadt?

»Es wird nicht einfach, eine Unterkunft für Sie zu finden«, sagt mein Begleiter, »zu uns kommen nicht nur Flüchtlinge, sondern auch Beamte verschiedener Behörden, Bauarbeiter und andere.« In der Tat sind die Hotels, wohin wir auch gehen, ausgebucht. Ich beginne, bei privaten Anzeigen anzurufen, und beim zehnten Anruf finde ich eine billige, aber saubere und sehr warme Wohnung. Die Hitze in russischen Häusern ist afrikanisch. Die Vermieter der Wohnung haben einen Blumentopf, in dem eine künstliche Palme steckt, mit Münzen aufgefüllt, damit ihr Wohlstand wachsen möge. Leitungswasser in Lugansk zu trinken, wird nicht empfohlen. Die Bürger tragen das Trinkwasser aus den Geschäften in 6-Liter-Kanistern nach Hause.

Während ich einchecke, schickt mir eine Bekannte, die Dichterin Jelena Saslawskaja, eine Einladung zu einer Tagung der Philosophischen Gesellschaft über pakistanische Musik in der Nationalbibliothek.

Am Eingang umarmt sie mich herzlich.

»Was führt dich denn nach Lugansk?«

Als ich mit der Antwort zögere, lächelt sie verschmitzt.

»Weißt du das etwa nicht so genau? Es ist nämlich so ...«

Gemeinsam gehen wir die breite Treppe zur Bibliothek hinauf, in deren stuckverzierten hohen Räumen noch der Geist einer früheren Epoche zu leben scheint.

»Der selige Philipp von Lugansk hat etwas über die letzten Tage prophezeit: Man wird Lugansk die ›Heilige Stadt‹ nennen, sagte ihm die Muttergottes, und viele Menschen wird es hierher ziehen, ohne dass sie sagen können, warum.«

»Wer war dieser Philipp von Lugansk?«, frage ich, als wir im Saal ankommen, der sich langsam mit Publikum füllt.

»Philipp von Lugansk hatte in der Kirche keinen hohen Rang«, erklärt mir ein anderer Teilnehmer, der Journalist Wiktor, der sich gleich freundlich vorstellt. »Eines Tages überfielen ihn im Wald ein paar junge Kommunisten: ›Na, Pfaffe, zeig uns deinen Gott!‹ – Sie wollten ihn zwingen zu bekennen, dass es Gott nicht gibt.«

»Wo Gott ist?«, soll ihnen Philipp geantwortet haben: »Schaut selbst!« Und er berührte einen Baum mit der Hand und der Baum verwandelte sich vor ihren Augen zu Stein, so geht die Legende. Heute liegt dieser Baum auf seinem Grab auf dem Friedhof hinter dem Busbahnhof. Man ließ die Reliquie analysieren und stellte fest, es handelt sich tatsächlich um versteinertes Holz.

»Merkwürdig, nicht wahr? Aber wenn das Gläubige erzählen... Er selbst wohnte in einem gewöhnlichen fünfstöckigen Wohnblock und ließ sich von keinem zum Heiligen inszenieren.«

Wiktor erzählt mir noch eine andere Geschichte: »Es war das vierzehnte Jahr. In Lugansk fand ein Kongress lokaler Aktivisten statt, bei dem ich selbst anwesend war. Auf der Tagesordnung stand der Staatsstreich in Kiew und die Schaffung einer lokalen Miliz. Die Diskussionen waren laut, ja exzessiv, dann kam ein ernst aussehender Mann mit zwei Maschinengewehrschützen auf die Bühne. Das Publikum verstummte. ›Die Demokratie ist vorbei, ab jetzt wird gearbeitet! Wer nicht einverstanden ist, geht raus!‹ Eine pro-ukrainische Journalistin verließ den Saal, zwei oder drei andere folgten, und der Rest machte mit seiner Arbeit weiter. So waren die ersten Tage der Lugansker Volksrepublik, keine ›Demokratie‹ im gewohnten Sinne, dachte ich, da es keine Macht der pro-westlichen Berufsdemokraten gab, sondern eine aristotelische *politeía*, die Macht verantwortungsbewusster Bürger im Sinne des Gemeinwohls.«

Ein hünenhafter, bärtiger junger Mann in einem indisch anmutenden Kaftan beginnt nun seinen Vortrag und entführt uns alle in die Vergangenheit. Wie duftet ein altes Buch, das einst von rauchigem Pulver aus Muschelschalen, Muskatnuss oder einem an der Küste von Karnataka angespülten grauen Ambra-Riegel berührt worden ist?

Lugansk begrüßt mich nicht mit Frontschlamm, sondern mit tanzenden orientalischen Farbklecksen, mit dem ekstatischen Wirbel der Sufi-Derwische, wie ein italienischer Futurist einmal das Drehen der ägyptischen Mystiker nannte.

»Nimm meine Träne, wirf sie ins Meer und sieh zu«, sang Hafiz, »wie sich das Salz von den Wunden dieser Erde und der Menschen aufzulösen beginnt.«

Anschließend tranken wir gemeinsam einen *Masala*-Tee, von dem alle betrunken zu werden schienen, wie man sonst von Wodka trunken wird.

DIE ROSA WOLKEN VON SEWERODONEZK

Wenn man ein Panzerhemd in der Hand hält, fühlt es sich zuerst schwer an. Wenn man es aber trägt, gewöhnt man sich sofort an das Gewicht, als ob man selbst zugenommen hätte. Um 5.30 Uhr morgens ruft mich der Fahrer an. Er wartet vor dem Haus. Eilig laufe ich die Treppe hinunter und springe auf den Rücksitz des schwarzen Geländewagens. In Russland nimmt man es mit den Sicherheitsgurten nicht so genau, in den Volksrepubliken noch weniger. Aus den Lautsprechern des Autos dröhnt Techno. Unsere »Gazelle« hüpft in der tauenden Dämmerung über die mit kleinen Schlaglöchern übersäte Straße.

»Die Safari kann losgehen«, sagt der Fahrer, und tatsächlich sieht die ukrainische Steppe zu dieser rosigen Stunde wie die Savanne aus. Als der Tag erwacht, sehe ich eine seit der Kindheit vertraute Landschaft: Birken in den Tälern und auf den Sandsteinfelsen hinaufkletternde Kiefern. Hühner laufen um Hütten herum, Ziegen grasen, größeres Vieh ist nirgends zu sehen. Die meisten Häuser sind weiß getüncht und haben drei Fenster, die von azurblauen Verkleidungen umrahmt sind. Als ornamentale Details schnitzen die Meister der Region gerne eine Sonne und ein Kreuz. Das Auto fährt über einen Fluss, dessen Ufer mit Drahtgeflecht umspannt sind. Ich blicke auf Reihen von kasernenartigen Gebäuden, Ruinen eines unvollendeten Kontrollpunktes.

»Das ist ›Glück‹, Schtschastja«, sagt der Fahrer, und als er meinen verwirrten Blick bemerkt, erklärt er: »Die Stadt

Schtschastja war vor Beginn der Spezialoperation eine Grenzstadt.« Die Straße führt weiter durch Sonnenblumenfelder, Hügel, abgeerntete Felder des Nowoajdarskij-Rajons, die Kornkammer der Republik.

Um auf der Karte nach einer Überquerung des Sewerskij Donez zu suchen, halten wir auf dem Gelände einer ausgebrannten Tankstelle bei einem Transformatorenhäuschen, auf das jemand *Rechter Sektor* gesprüht hat. Der Wind rüttelt an den von einem ramponierten Strommast baumelnden Drähten. Aus der Ferne sieht der Mast aus wie ein Riese, der durch einen Schlag in den Bauch eingeknickt ist. Ein Militärhubschrauber nähert sich im Tiefflug. Ein Rudel streunender Hunde, das sich durch den Müllhaufen wühlt, ergreift vor Schreck die Flucht.

Vorsichtig umfahren wir nicht explodierte Granaten des Mehrfachraketenwerfers *Grad*[67], die die Fahrbahn blockieren. Am Straßenrand sehe ich Fetzen gesprengter Autos, die Raupenkette eines Panzers, die Schnauze einer Haubitze. Im gemächlichen Tempo halten wir auf den Fluss zu, bis wir an der Kreuzung von einer Patrouille der Volksmiliz angehalten werden.

Ich spüre einen stechenden Blick zwischen meinen Schulterblättern. Auf dem Hügel hinter mir ist ein Unterstand aufgebaut. Der Lauf eines Scharfschützengewehrs ragt dort unter Ästen und Lumpen hervor.

Mir fällt auf, dass einige der Soldaten sowjetische Flaggen als Abzeichen auf ihren Ärmeln tragen, andere haben ein altes slawisches Sonnensymbol auf ihren Uniformen. »Und?«, antwortet der Fahrer auf meine Bemerkung: »Russen kämpfen seit jeher unter der roten Fahne, nur dass da früher mal das Antlitz des Erlösers drauf war und nicht Hammer und Sichel.«

»Und die anderen kämpfen für Walhalla?«

»Ist das ein Problem?«

»Nein. Der Patriarch Kirill predigt, dass ein Krieger, der auf dem Schlachtfeld stirbt, alle Sünden mit seinem eigenen Blut reinwäscht. Das ist im Grunde dasselbe wie Walhalla.«

Noch zwei Kilometer lang holpern wir auf einem Feldweg, überqueren über eine halb zerstörte Brücke ein Flüsschen, bevor am Horizont die schwarzen Silhouetten von Sewerodonezk auftauchen. Das Aussehen dieser Häuser hat etwas von einem Versuch, die Merkmale ihrer einstigen ärmlichen Gemütlichkeit wiederherzustellen, sie so in Erinnerung zu rufen, wie es nur die Unglücklichen können. Die Straße, auf der wir uns befinden, ist durch von der Hitze der Explosion angesengte Maschinenteile blockiert, so als wären sie auf der Flucht vor dem Tod, den sie in sich trugen, steckengeblieben. Wir stellen den Motor ab. In den Büschen hört man ein Spatzenheer zwitschern. Diese Stille, dieses filmische Licht hat etwas Trügerisches, als ob sich eine flüchtige Kreatur in der Nähe vor unseren Augen versteckt und die Stadt mit ihrem fauligen Atem verbrennt. Die Stickstoff-Fabrik glänzt mit der Würde einer exponierten Festung im Blech ihrer Rohre. Ich erinnere mich, dass viele Menschen während der Kämpfe in der Anlage über eine mögliche Umweltkatastrophe schrieben und in den Nachrichten eine rosa Wolke aus Stickstoffemissionen zu sehen war. Doch wie mein Fahrer sagt, hatten die Fabrikarbeiter alle gefährlichen Inhaltsstoffe schon vor Beginn der Kämpfe verbraucht. Die Freisetzung von Stickstoff sei sogar gut für die Natur, sagt er, der Stickstoff werde auf den Boden regnen und die Erde düngen.

Lissitschansk liegt an den nördlichen Ausläufern der Donezplatte zum Fluss Sewerskij Donez, in einem hügeligen und zerklüfteten Gebiet, in dem es unzählige Senken und trockene Rinnen gibt. Wir fahren an dem historischen Industriegebiet vorbei. Die Ruinen der neogotischen Gebäude des Krankenhauses der ehemaligen Soda-Fabrik stehen rauchig da. Eines der kumanischen Weiber[68], jene rundlichen, wie von Zeitströmen umspülten Statuen in der Nähe des Gebäudes der ehemaligen Steiger-Schule, ist durch einen Minensplitter beschädigt.

Wir halten an dem besetzten zivil-militärischen Verwaltungsgebäude in der Gruschewskaja-Straße. Wir haben einen Termin beim Bürgermeister, Andrij Skoryj, doch er ist gerade nicht da.

»Er ist zu beschäftigt«, sagt jemand, »läuft immer mit mehreren Leibwächtern herum, denn er ist eine Zielscheibe für Attentatsversuche.« Der kleine Saal ist voll von Bittstellern, meist Frauen und Ältere, deren Wohnungen bei den Kämpfen beschädigt wurden. Der Staat hat zugesagt, die Kosten für den Wiederaufbau zu übernehmen, die Besucher aber sind lautstark unzufrieden mit der Behäbigkeit der Beamten.

»Es gibt nicht genug Manneskraft für alles«, erwidert die Vorwürfe ein junger Freiwilliger aus Russland. Während mein Fahrer versucht, den Verwaltungschef zu erreichen – das Mobilnetz funktioniert in der Nähe der Front nur sporadisch – unterhalte ich mich mit einer Lissitschansker Dame.

Ihr Name ist Inna. In dem neunstöckigen Wohnblock, in dem sie lebt, gibt es nur noch sechs weitere Familien. Inna ist seit mehr als einem Vierteljahrhundert Lehrerin an der örtlichen Sekundarschule. Vor ein paar Jahren, so erzählt sie, wurde eine in Wolhynien geborene ukrainische Lehrerin namens Wera Petrowna an die Schule geschickt.

»Nennen Sie mich nicht Wera Petrowna, sondern *Pani Wira*«, sagte sie sofort. Die im Westen des Landes eingeführte polnische Anrede *Pani* (»Madame«, »Frau«) stieß bei den Schulkindern nicht auf positive Resonanz. Im Donbass gibt es keine *Pani*, und die Menschen vor Ort waren noch nie Polens Untertanen. Als Pani Wira die Schulkinder eines Tages bei einer Prügelei erwischte, schrie sie »*Smitja*« (»Abschaum«) und fügte hinzu: »Leute wie ihr, die Russisch sprechen, sind schuld daran, dass der Krieg weitergeht.« Nicht alle ihre Schülerinnen und Schüler waren glücklich darüber, den Schultag damit zu beginnen, dass sie aufstanden und – wie sie untereinander scherzten – »ihre Hand auf ihre Titten legten«, um die ukrainische Hymne zu singen. Inna erzählt von einem Schüler: »Er war kein Revoluzzer, obwohl er seine Haare lang trug. Als die ukrainischen Behörden einen Dreizack aufstellten und eine Nationalflagge an die Stelle des zerstörten sowjetischen Denkmals setzten, hat der Junge die Flagge heruntergerissen und verbrannt. Der Vierzehnjährige wurde von den ukrainischen Behörden nicht bestraft, weil sonst in der pro-russischen Mehrheit Unruhen ausgebrochen wären.«

Vor ein paar Jahren, sagt Inna, bemerkte ein Nachbar, dass Lastwagen mit Sand und Zement am Stadtrand vorbeifuhren. »Baut jemand Datschen?«, fragte sie ihn. Seine Antwort war: »Datschen? Das sind Befestigungen, unterirdische Mauern von einem halben Meter Breite und drei Metern Tiefe. Es wird wieder Krieg geben.« Zu Beginn dieses Jahres saß Inna einen Monat lang im Keller. Während der ganzen Zeit behielt sie ihre Oberbekleidung an. »Habe ich immer noch einen Streifen auf der Stirn, von meinem Hut?«, fragt sie mich. Zeitweise kam eine ukrainische Patrouille in den Keller und suchte ihn nach Männern durch. Frauen und Alte versteckten die Männer unter Stapeln von Lumpen und setzten sich darauf. Die Ukrainer haben nie einen von ihnen gefunden und sie auch nicht weggebracht.

»Andrij Michajlowitsch ist jetzt im ehemaligen Gebetshaus«, teilt eine Mitarbeiterin der Stadtverwaltung meinem Fahrer mit. Als wir nach draußen treten, ertönt ein Geräusch in dem bis zum Glockenlaut klaren Himmel, als würde jemand mit einem Vorschlaghammer auf die Himmelskuppel einhämmern. »Reinkommende Rakete«, kommentiert es ein Einheimischer. Wir gehen an halbzerstörten Gebäuden vorbei zu einem Kirchengebäude mit einem spitzen, unrussischen Turm. »Jehovas waren das«, sagt mein Fahrer. »Nein«, erwidere ich, »die Zeugen Jehovas benutzen kein Kreuz.« Während wir im Empfangsbereich auf den Empfang warten, bringt man uns Tee, der auf einem Lagerfeuer im Hof gekocht wurde.

Als der Konflikt im Jahr 2014 begann, befand sich der Interimschef der Stadtverwaltung, Andrij Skoryj, in seiner Heimatstadt Lissitschansk, wo er von 2006 bis 2008 bereits der stellvertretende Leiter der Stadtverwaltung war. Als stellvertretender Direktor eines Bergwerks zog er dann in den Krieg. »Als in Odessa Russen verbrannt wurden und unsere Sprache verboten wurde«, sagt er, »konnte ich als Veteran des Afghanistankrieges meine Landsleute nicht im Stich lassen, die nicht mal schießen konnten. Ich musste ihnen beibringen, sich gegen die ukrainischen Terroristen zu wehren.«

Er befehligte das 1. Bataillon des 6. separaten motorisierten Schützenregiments der Volksmiliz, nach Hauptmann Platow benannt, und diente anschließend als Kommandeur der 7. separaten motorisierten Schützenbrigade der Nationalen Kosakenfront. Als ukrainische Einheiten die Stadt besetzten, musste sich seine Truppe in die Stadt Stachanow – »die Stadt des Bergmannsruhms« – zurückziehen.

»Die Lage in der Stadt ist stabil angespannt, weil wir uns an der Kontaktlinie befinden«, erklärt uns Oberst Skoryj. »Wir versuchen, die Stromversorgung wiederherzustellen, aber der Feind sabotiert uns ständig. Die Umspannwerke in Kreminnaja und Rubeschnoje sind zerstört, wir kümmern uns jetzt darum, die Leitung wieder zu ziehen. Einen Stromgenerator haben wir nach Rubeschnoje gebracht. Ursprünglich verlief die Strecke über Artjomowsk, dann haben die Ukrainer sie abgedreht. Das Hauptproblem bei der Stromversorgung liegt darin, dass es eine verminte Leitung gibt.

Unsere Sappeure müssen dort sechs Kilometer durcharbeiten, obwohl sie sonst auch viel zu tun haben.« Von oben hört man einen schrillen Ton, als eine Raketenabwehrrakete pfeift.

»Gestern schlug eine HIMARS[69] in eines der Stadtwerke ein«, fährt Oberst Skoryj fort, »und zerstörte das Gebäude. Eine Wasserversorgungsanlage wurde bombardiert. Gerade als wir Gas gaben, wurde die Gas-Umspannstation getroffen, jetzt sind wir wieder am Reparieren. Unsere Gaswerker arbeiten auf eigene Gefahr. Sobald die Front fortrückt, werden Reparaturtrupps aus Russland kommen, die Infrastruktur und Häuser wiederaufbauen.«

Ich frage nach der Kriminalität in der Stadt. Die Lage sei auch da »stabil angespannt«.

»Ein paar Banden ziehen durch die Gegend in Militäruniform, sie beschlagnahmen Autos und rauben Häuser aus. Ein Prozent unserer Soldaten plündert. Wir untersuchen jeden Fall und werden Marodeure streng bestrafen. Es handelt sich nicht um ein Massenphänomen, das sind Einzelfälle«, so Oberst Skoryj. Andrij Skoryj ist ein Ehrenmann, ein Veteran von einwandfreiem Ruf, dessen Worte ich nicht anzweifle. Über die Lage andernorts höre ich, dass man die marodierenden Privatmilizen weder durch die Militärkommandantur noch eine andere staatliche Instanz in den Griff bekommt.

DIE HILFSGÜTERVERGABE

(8. November 2022)

Um acht Uhr morgens stehe ich vor dem Pressezentrum der Armee in Lugansk. Heute fahren wir mit Journalisten der wichtigsten russischen Fernsehsender an die Front. Sie sollen von der Übergabe der von der Freiwilligenorganisation *Narodnyj Front*[70] gesammelten Hilfsgüter an die Soldaten berichten. Über Nacht ist es kälter geworden. Vor dem Eingang rauchen Männer in Schutzwesten mit dem Logo des *Ersten Russischen Fernsehens*, darunter ein allseits bekannter Onkel aus der Glotze und ein arabischer Journalist, der im mittleren Osten angeblich ein Star sein soll.

Wir setzen uns in die Fahrzeuge des Notstandsministeriums.

»Ist die ›Volksfront‹ eine Organisation der Volksrepublik?«, frage ich.

»Nein, von der Russischen Föderation. Eigentlich steht sie dem Präsidenten nahe.«

Der Konvoi bewegt sich in Richtung des Frontabschnitts Lissitschansk auf einer anderen Strecke als der, die wir gestern gefahren sind, eine zwischen alten Halden, auf denen dichtes Gestrüpp wuchert, und weiter auf dem krummen Kamm eines langen Hügels. Als wir Stachanow – »die Stadt des Bergmannsruhms« – passiert haben, ändert sich die Farbe der Halden zu Ocker, das lokale Erz vermischt sich mit rötlichem Mineral.

Die Landschaften des Donbass sind ein Schauplatz der Konfrontation zwischen dem prometheischen Menschen und den titanischen Kräften der Zerstörung, der Natur und der Zeit, die sich im Krieg mit dem Willen der Menschen auf beiden Seiten der Front zu einem unzerreißbaren Geflecht verweben.

Das Gespräch auf dem Weg dreht sich, wie es mir jetzt oft passiert, um die Situation in Deutschland. Ob ich Sahra Wagenknecht kenne? Klar kenne ich sie. Eine sympathische Dame, das ist wahr, und was sie sagt, hat Hand und Fuß, doch an ihren politischen Sieg glaube ich nicht. Frau Wagenknecht konnte keine Organisation aufbauen und hat offensichtlich Scheu vor der Straße. Ob die *Alternative für Deutschland* Nazis sind oder doch eher Patrioten? Wie es mit den pro-russischen Sympathien unter den Deutschen aussieht? Wenn die Russen an der Front gewinnen, werden die Europäer dann mit ihnen reden? Es würde schon reichen, wenn die Politiker auf den gesunden Menschenverstand setzen und das eigene Volk respektieren, meint einer. Und vielleicht, wenn die Leute der endlosen Produktion des Lügenimperiums überdrüssig werden.

Ich nehme ein im Voraus gekauftes *Schawarma* aus der Plastiktüte. Der Fahrer fragt, ob man auch in Deutschland *Schawarma* isst. Klar tun wir das. Ob es dort auch gleich schmeckt? *Schawarma* schmeckt gleich, sage ich, nur die Soßen sind anders.

Die Karawane hält in einem unbekannten Birkenhain. Man hört entfernten Beschuss. Der kalte Wind lässt Blätter wie kleine Münzen auf den Boden rieseln. Vor uns halten zwei Geländewägen, aus denen Soldaten aussteigen. Einen von ihnen erkenne ich, wenn auch nicht sofort: Der neugewachsene dichte Bart lässt den ehemaligen Kommandeur der LVR-Volksmiliz Michail Filiponenko wie einen Feldherrn aus dem Nahen Osten aussehen. Sein Sohn Iwan befiehlt den Journalisten, sich vor dem Transporter mit Hilfsgütern aufzustellen und die Kameras einzuschalten. Soldaten öffnen den Lieferwagen, klettern hinein und beginnen, die Kisten auszuladen.

»Jetzt packt die Geschenke aus und freut euch aufrichtig!«, befiehlt Iwan.

Ein Offizier mit einem Abzeichen des tschetschenischen Bataillons *Achmat*, drei Granaten an der Flakjacke, einem Bart, wie ihn Moslems gerne tragen, ohne Schnurrbart, aber mit hellen Augen – ich habe von einer Rasse helläugiger Kaukasier gehört – öffnet eine Kiste und kommentiert, in ihrem Inhalt kramend, mit St. Petersburger Akzent.

»Hier ist ein Wärmebildfernrohr für ein Maschinengewehr! Es wird hier mittlerweile schon früh dunkel. Wenn das Wetter schlimmer wird, brauchen wir Wärmebildgeräte, Nachtsichtgeräte, für Sappeure Minensuchgeräte. Bei der Kampfhandlung geht ständig was kaputt! Wir sind dankbar für jedes Paar Socken, Heizungen, Funkgeräte, Schutzwesten, Zielfernrohre, Rucksäcke und Erste-Hilfe-Kästen.«

Der Offizier und der Vertreter der »Volksfront« reichen einander die Hände, die Kameras fokussieren den Handschlag. Ich bin kurz abgelenkt, höre Fetzen aus der Dankesrede des Volksfront-Typen: »genauso tapfer weiter... aufrichtige Freude... Unterstützung für die Helden... aus der Heimat«.

»Weiterfilmen!«, befiehlt Iwan, der Leiter des militärischen Pressezentrums, »und nicht aufhören, sich aufrichtig zu freuen! ... sehr gut gemacht! ... Schnitt!«

So wird die Geschichte für die russischen Sender produziert, wie es in dieser Branche wohl üblich ist. Bei dem, was ich beobachte, sehe ich aber weder Lüge noch Fälschung.

Ich treffe den Offizier, der die Güter auspackte. Er ist kein Tschetschene, er ist Russe aus St. Petersburg, über Funk nennt er sich »Steuermann«.

DIE ÖLRAFFINERIE BEI LISSITSCHANSK
(9. November 2022)

Ein blasser Schleier schwebt über Unkrautfelder, eine Schicht weißlicher Gülle, man kann nicht sagen, ob es sonnengesättigte Staubpartikel sind oder ob es nur wegen der schmutzigen Fenster so scheint. Das Auto rumpelt geräuschvoll über zerkratzte Betonplatten. Offenbar wurde die Straße ursprünglich für eine Bewegung von Panzerkolonnen gebaut. Ich fahre mit Höchstgeschwindigkeit. Die Straße zur Ölraffinerie verläuft in greifbarer Nähe ukrainischer Mehrfachraketenwerfer. Im Himmel oben kursieren Drohnen. Auf dem ehemals weißen *Toyota* ist in Lila fett der in Deutschland verbotene Buchstabe »Z« gemalt. Der Transporter, dem ich folge, biegt in die Einfahrt der Lissitschansker Ölraffinerie ein. Wir müssen schnell sein, auf dem Fabrikgelände schlagen immer wieder neue Treffer ein. Um uns herum ist ein Gemisch aus kaputten Rohren, Zisternen, dem folgt eine Reihe Betonbauten. Ich bremse ab. Ein Soldat läuft auf uns zu und schreit, die Autos dürfen nicht draußen stehen bleiben. Wir fahren durch ein Hangartor.

Im Inneren des Hangars fegen Männer in nicht gekennzeichneten Uniformen den Boden. Ein Soldat muss immer was zu tun haben. Es handelt sich um Freischärler der 4. motorisierten Gewehrbrigade der Volksmiliz. Wir öffnen den Lieferwagen, die Männer beginnen, Kisten mit gelieferter Fracht und Heizöfen auszuladen. Ihre Gesichtszüge sind weder nervös noch aggressiv, die Gesichter auf eine russische Art offen.

Auf Alkohol oder andere süchtig machende Substanzen gibt es in dieser Stellung keinen sichtbaren Hinweis. Die Milizionäre sehen nicht durchweg aus wie durchtrainierte Athleten; im zivilen Leben könnten sie einfache Bergleute, Studenten, Kriminelle, Geschäftsmänner oder gar Obdachlose sein.

Zur Mobilmachung in den Volksrepubliken holte man Männer von der Straße und aus dem öffentlichen Verkehr. Die Front verleiht den Konturen ihrer Körper eine gewisse Unschärfe, ihren Bewegungen aber eine Schärfe und eine besondere Geschicklichkeit.

Der Kommandeur, dem Funkrufzeichen nach als »Steuermann« bekannt, rennt eine Eisentreppe hinunter. Er grüßt den Vorsitzenden der *Republikanischen Veteranen-Union*, der die Hilfsgüter geliefert hat, dann uns alle. »Von jedem einen Faden – dem Nackten ein Hemd«[71], sagt der Vorsitzende der Veteranenvereinigung.

»Das sind Blutgerinnungsmittel«, er zeigt auf die Kisten; die Heizöfen seien ein Geschenk von Lugansker Unternehmern. Die Ecken der gusseisernen Platten, aus denen die Öfen gefertigt sind, sind nicht abgeschliffen, so dass man sich daran aus Versehen schneiden kann. Ich gehe mit den Beamten in die Wohnküche.

»Tee, Kaffee?«

»Kaffee, bitte!«

»Schwarz?«

Ich nicke.

»Und für mich, entschuldigen Sie, wenn Sie welche auftreiben können, ein Löffelchen Kondensmilch«, bittet der Veteran. Brot, Süßigkeiten und Speck werden auf den Tisch gestellt.

Der Veteran erzählt Feldwitze. Die Veteranenorganisationen bilden einen inoffiziellen Kanal für Verhandlungen zum Gefangenenaustausch; es gibt genug Kameraden aus dem Afghanistankrieg auf der anderen Frontseite. Seine Geschichten sind bruchstückhaft, so erzählt ein Jäger von dem Tier, das er aus einem Loch geräuchert hat: »Wir werfen eine Granate, die wird im Flug von einem Splitter abgeschossen. Eine zweite prallt an der Brüstung ab. Heute hast du Schwein, *Ukro*, rufen wir, komm raus, es passiert dir nichts!«

Die Freischärler zeigen mir ihre Schlafräume, in denen Etagenbetten an den Wänden stehen, dazwischen sind Camouflage-Lappen zum Trocknen aufgehängt. In der Mitte des Schlafzimmers brennt ein gusseiserner Ofen. Die Hitze, die dabei entsteht, reicht keinen Meter. Ecken und Wände bleiben kalt.

»Seit ich an der Front bin«, sagt einer, »hasse ich die Kälte. Als ich jung war, ließ ich meine Jacke im Winter immer offen, nach einer Saison im Schützengraben war's vorbei damit.«

Ich frage, wo sie hier die Wäsche waschen. Einer lacht: »Gar nicht. Wir tragen hier alles, solange es geht, und was du dann am Ende in den Ofen wirfst, zischt im Feuer wie 'ne Granate.«

Erfahrene Kämpfer weisen die Anfänger in die Grundlagen des Minenwesens ein.

»Es kommt vor«, sagt einer, »dass der Zünder einer ganzen Gruppe von Landminen durch das Öffnen des Kontakts unter einem absichtlich zurückgelassenen Gegenstand in einer verlassenen Stellung aktiviert wird. Da hebt ein Soldat ein Paar Schuhe auf und das ganze Haus fliegt mit ihm in die Luft.«

»Es ist besser, nicht ohne Not auf den Hof rauszulaufen«, rät mir ein junger Dicker, als ich auf die Toilette muss, »wir haben ein Pissoir aus Blech und einem Rohr gebaut und ein Loch in die Wand gebohrt, und dort geht man auf die Toilette, um nicht unter Beschuss zu geraten.«

Der Feldwebel kommt rein und ruft mich zum »Steuermann«, der im Kommandeurszimmer auf mich wartet. Die Wand hinter dem Schreibtisch ziert ein rotes Banner mit dem Antlitz des Erlösers. Er bietet mir Tee an. Ich frage ihn, wie er in den Krieg hineingeraten ist.

»Eigentlich bin ich aus St. Petersburg«, antwortet der Kommandeur, »als die Spezialoperation begann, ging ich zum Rekrutierungsbüro, man sagte, es gebe keinen Mangel an Offizieren. Die Tschetschenen nahmen mich sofort ins *Achmat*-Regiment auf. Jetzt kämpfe ich bei der Volksmiliz.«

»Warum sind Sie zum Einberufungsamt gegangen?«

»Um für mein Heimatland zu kämpfen, mein Volk zu beschützen, außerdem hatte ich noch zwei Monate Dienst vor meiner Pension.«

Der »Steuermann« ruft den Feldwebel herein: »Sag mal, warum bist du denn hier?«

»Ich wollte immer zur Armee, Herr Kommandeur«, sagt der Feldwebel.

»Mittlerweile hab' ich kapiert, dass ›in der Armee sein‹ und ›der Krieg‹ ganz verschiedene Dinge sind«, wendet er sich an mich, »ich habe mir vorgestellt: Man läuft mit seiner Einheit in die Offensive, wird verwundet, wirft eine Granate, hat alle gerettet, einen Panzer in die Luft gejagt, ein Flugzeug abgeschossen. Dafür kriegt man dann sein Heldenkreuz. Nein«, überlegt er, »nein, hier geht alles ganz schnell, ganz einfach: Du stehst vom Graben auf und bist tot! Du trittst auf die falsche Stelle – tot! Eine Salve – aus, das war's!«

Er berührt mit zwei Fingern seinen Mund, atmet tief ein, als ob er an einer unsichtbaren Zigarette zieht, dann nickt er und geht hinaus.

Der »Steuermann« und ich schweigen eine Weile, dann erzählt er: »Wenn wir hier ein Dorf einnehmen, finden wir ukrainische Kalender mit der Aufschrift: ›Wir haben den Faschismus besiegt – jetzt ist der Russismus dran!‹ Der Krieg gegen uns geht nicht erst seit dem Jahr vierzehn, sondern schon viel länger. Wenn der Oberbefehlshaber nicht den Präventivschlag angeordnet hätte, läge die Front nicht bei der Fabrik, sondern bei Moskau. Das ist keine lokale Operation, sondern ein Überlebenskampf. Manchmal glaub ich, wir müssten der ganzen Welt was beweisen. Ja, wir haben das größte Land, viele Wälder, viel Gas, aber, Entschuldigung bitte, das gehört uns doch! Die Russen werden als die schlimmsten Schlächter der Welt dargestellt. Wenn ein Neuer bei uns ankommt, verfliegt seine Wut wie die seit der Kindheit gehörten Geschichten. An der Front vergeht die Zeit schneller. Da draußen muss man jemand ein paar Jahre kennen, sich anfreunden, um ihn zu verstehen. Hier an der Front offenbart sich ein Mensch schon in ein paar Wochen; in einem Augenblick ist man seiner Fassade entledigt.«

Er nimmt einen Schluck Tee und schweigt wieder.

»Im Sommer bin ich mal umzingelt worden. Ich lag am Boden, hinter feindlichen Linien, konnte nicht mal den Kopf heben, geschweige denn aufstehen. Die Kugeln flogen. Der Scharfschütze machte seinen Job. Der Mörser auch. Ich hab' mich vom Leben verabschiedet. Scheinbar vergingen Stunden. Dann hörte ich eine Stimme: ›Renn!‹ Nur eine Stimme, die flüsterte: ›Renn!‹ Ich stand auf und rannte! Als ich in Sicherheit war, habe ich nur eine einzige Kugel in meinem Körperpanzer gefunden, obwohl ein Maschinengewehr, ein Scharfschütze und ein Granatwerfer zugleich auf mich gerichtet waren. Vielleicht haben sie zur gleichen Zeit ihre Positionen gewechselt und die Maschinengewehre nachgeladen, ich weiß es nicht. Aber ich sag den Soldaten immer: Es gibt einen Gott und Gott spricht zu uns. Wenn wir uns auf die Ausfahrt vorbereiten und der Wind in dieselbe Richtung weht, verstehe ich, dass Gott unterwegs ist und wir ihm nachgehen.

Wir überqueren eine Straße und sehen ein Eichhörnchen, ein Reh – das sind gute Omen, wir bleiben am Leben. Ich bringe es den Männern bei: ›Hinsehen!‹ Meine Frau ruft mich an: ›Wann kommst du wieder, hör auf, du hast es doch allen bewiesen.‹ Was hier jeden Tag passiert, zeigt mir, ich tue das Richtige. Ein *Déjà-vu* fast jeden Tag und das bedeutet, dass ich auf dem vorgezeichneten Lebenspfad bin. Verstehst du, was ich meine?«

DONEZK
(11. November 2022)

Der Bus hat schon bessere Tage gesehen und wankt wie ein schlaftrunkener Hund durch die Lugansker Straßen, die zu der frühen Stunde wie leergefegt sind. Vor uns liegen die einstöckigen Gebäude der kilometerlangen Siedlung Kambrod. Das gleichförmige Schaukeln lullt die wenigen Fahrgäste ein, dunkel gekleidete Frauen, deren Aussehen ihr Alter nicht verrät. Auf einem Hügel blinkt die Silhouette einer Moschee. Dann bewegen sich ungeerntete Felder voll schwarzer Sonnenblumen, gedrungene Fabrikhallen im Nirgendwo, eine graue Bushaltestelle, der klassizistisch-stalinistische Giebel des Kinos *Metallurg*, und die hohen Schornsteine der Stadt Altschewsk. Der Gegend steht der November gut, die Monotonie dieser Tage tarnt sie in Camouflage, und was passt zu diesem zarten Land besser als eine Militäruniform?

Der Ballungsraum Donezk kündigt sich an mit funkelnagelneuen Tankstellen, breiten Schaufenstern am Straßenrand und der modernen Straßenbahn im europäischen Stil in Jenakijewo. So glänzt das Geld. Ein flüchtiger Blick kann in Donezk oder Makejewka die Spuren des Krieges ausblenden. Erst bei näherem Hinsehen ahnt man, dass die sternförmige Blume auf dem Pflaster unter den Füßen von einer ukrainischen Granate zerschrammt worden ist. Wenn man an den grauen Hochhäusern vorbeifährt, spürt man unterschwellig, dass die Stadt ohne die Ausgangssperre am Abend niemals schliefe. Würde man diesen Ort, wie es ihm gebührt, beleuchten und Werbung an den Giebeln zulassen, wäre er sofort wieder eine pulsierende Metropole, so wie man sich ein abstraktes Hongkong vorstellt.

Den Mann, der mich am Busbahnhof abholt, nenne ich den »Captain«. Er trägt eine Dienstpistole und gelegentlich eine für den Nahkampf geeignete klappbare, kurze Kalaschnikow. Ich steige auf den Beifahrersitz des schwarzen Geländewagens ohne Kennzeichen. Um Platz für mich zu schaffen, räumt der Captain einen Baseballschläger auf die Rückbank.

»Die Straßen von Donezk sind im rechten Winkel angelegt: *Street – Avenue, Street – Avenue*, so wie in New York«, sagt er.

»Kann es sein«, frage ich, »dass es hier in der DVR kaum rote Fahnen gibt? In Lugansk sah ich sie ständig.«

»Richtig«, antwortet der Captain, »dort erinnert man sich gerne an den Kommunismus. Bei uns geht's mehr wie im Wilden Westen zu.«

Er denkt nach.

»Ein Brite, John Hughes, hat hier vor über hundert Jahren mal ein Stahlwerk gebaut und einen Handelsposten. Das zog Leute an, hier war Geld zu machen. ›Neue Welt‹ hieß die Siedlung wie in Übersee, nur ohne Indianer. Keinen interessierte, wo einer herkam. Es zählte nur, was für ein Kaliber einer war. Deswegen kapiert hier auch kein Mensch den ukrainischen Nationalismus. Unter Janukowitsch kamen ungelernte Bauern zum Arbeiten, tausend Dollar im Monat. Im Westen gab's nicht mal die Hälfte. Zusammen mit der Stadt Makejewka war Donezk das größte Industriezentrum des Landes. Nach dem Maidan standen ukrainische Truppen am Kiewer Bahnhof. Die NATO-Söldner haben das Maul nicht aufgemacht, um kein Aufsehen zu erregen, aber die Freiwilligen aus den Dörfern: Jeder hätte Anspruch auf zwei Hektar Ackerland und ein Dutzend Arbeiter. Selber waren sie mal Sklaven der Polen gewesen. Aber ein Sklave will keine Freiheit, er will Sklavenhalter sein.«

Eine Autokolonne mit blauem Blinklicht rast auf uns zu.

»Was war denn das?«

»Keine Ahnung. Hier kann sich jeder Depp ein Blinklicht aufs Auto klemmen. Obwohl die russische Föderalregierung jetzt ein paar Regeln einführt. Demnächst soll's wieder eine technische Überprüfung für Autos geben. Dass es so etwas gibt, hatte ich schon ganz vergessen.«

Während der Fahrt verweben sich die Donezker Aussichten mit dem Rhythmus unserer Unterhaltung. Die modernen Gebäude könnten im *Business*-Viertel einer mondänen Metropole stehen. Spiegelungen ihrer Profile, die von der Strömung des Kalmius-Flusses weggespült werden, krümmen sich wie die Rücken von Seepferdchen.

Am Eingang des berüchtigten Restaurants *Happy Life* ermahnt ein Schild die Gäste, keine Waffen mitzubringen, woran sich aber niemand hält. Dass es relativ wenig Kriminalität in Donezk gibt, könnte mit den libertären Waffengesetzen zu tun haben. Auf jeden Bürger kommen zwei bis drei Gewehre, erzählt mir der Captain, als wir das Lokal betreten. Die Einrichtung scheint in der kitschig funkelnden Jahrtausendwende hängengeblieben zu sein, als schamloser Konsum noch gesellschaftsfähig war: viel Gold, Chrom und eine Menge großer Spiegel. Auf riesigen Bildschirmen läuft in einer Endlosschleife *Fashion TV*, auch unter den Gästen gehen ein paar gazellenhafte Schönheiten glatt als Models durch.

Auf dem Weg zu einem freien Tisch kommen der Captain und ich am Klo vorbei. Er deutet auf die Tür. »Da kannst du dir die Hände waschen, und hingehen, wenn du mal musst.«

Ich wundere mich über die unnötig erscheinende Erklärung, bis mir einfällt, dass dieses Klo einer der wenigen Orte in Donezk sein muss, wo es noch fließendes Wasser gibt, seit die Ukrainer im März die Leitung abgestellt haben. Städte wachsen normalerweise, wo es Grundwasser gibt, doch hier lag das explosionsartige Wachstum an dem darunterliegenden Kohlebecken. Trinkwasser hat man aus dem Fluß Sewerskij Donez über einen Kanal geleitet, der jetzt auf ukrainisch kontrolliertem Gebiet verläuft.

Eine resolute Oberkellnerin scheucht die jungen Kellnerinnen herum. Wir bestellen *Wiener Melange* und Apfelstrudel, weil man in den Volksrepubliken an Uniformierte keinen Alkohol ausschenkt. Beides kann leicht mit einem österreichischen Kaffeehaus mithalten. Das ist hier definitiv keine abgewrackte postsowjetische Kneipe, wo man farblose *Pelmeni* mit fuseligem Wodka runterspült. Der Laden hat Format: Hier trifft sich, wer an der Front etwas zu melden hat. Militärintelligenz, Politiker und Presse geben sich die Klinke in die Hand.

»Kommst du aus Donezk?«, frage ich den Captain. Vor zwölf Jahren traf ich ihn in einer obskuren Ecke des Internets. Wir unterhielten uns über die Invokation planetarer Geister, was für einen deutschen Leser vielleicht seltsam klingt, für einen Russen nicht so sehr. Der Okkultismus ist in Russland verbreiteter als im Westen. Nicht erst seit Rasputin wenden sich Entscheider und Macher an die Geisterwelt. Auch im Kriegswesen gibt es okkulte Komponenten. In Russland wurden Hexen nicht verfolgt, wie es im Westen lange üblich war.

»Ich bin von hier. Erst bin ich Ingenieur gewesen, dann Soldat.«

Vor zwölf Jahren invozierte mein Gegenüber den Geist des Mars. Danach spielte die Galle verrückt, er war schwer krank gewesen.

»Seitdem bin ich so«, erinnert er sich.

»Hat die Beschwörung von Mars den Krieger in dir geweckt?«

»Egal, woran es lag. Wir sagen hier ›Krieg‹, weil der Krieg hier seit dem Jahr vierzehn geht. Die ›Spezialoperation‹ ist nur eine Verschärfung.«

»Wie stehst du zu den Ukrainern?«

»Wir haben die Putschisten nicht als legitime Regierung akzeptiert. Stattdessen haben wir uns zur Volksrepublik erklärt. Die Souveränität ging vom bewaffneten Volk aus.«

»Das wurde von der Weltgemeinschaft nicht akzeptiert. Nicht mal Russland hat die Republiken anerkannt.«

»Kurz nach dem Maidan kam ein bewaffneter Mob vom *Rechten Sektor* und hat unsere Versammlung angegriffen. Einer wurde totgeschlagen. So läuft es halt im Donbass. Dann beschossen sie unsere Städte. Was Poroschenko damals sagte, weißt du noch? ›Wir werden Arbeit haben, und sie nicht. Bei uns wird es Renten geben, bei denen nicht. Unsere Kinder werden in der Schule sitzen und ihre Kinder im Keller.‹«

»Wie ging es weiter?«

»Es gab kommissarische Regierungen, von denen haben manche lieber geplündert als regiert. Dann gab's Milizen. Wer fünfzehn Gewehre unter sich hat, braucht auf niemanden zu hören. Wer hundert hat, wird zur politischen Kraft.«

»Erinnert mich an Somaliland«, werfe ich ein, »das Recht des Stärkeren – wie in den alten Westernfilmen.«

»Nicht ganz. Politisch gab es am Anfang alles Mögliche. Kommunisten, Monarchisten, Libertäre... wie schnell Männer eine Hierarchie aufbauen, wer *Alpha*, *Beta*, *Gamma* ist und so weiter. Dann kam aus Moskau das Signal, eine zivile Regierung sei zu wählen, die uns bei den Minsker Gesprächen vertritt. So ist das politische System entstanden. Eine Volksherrschaft ohne Parteien.«

Ein großgewachsener junger Typ in Uniform kommt an unseren Tisch, der Captain stellt ihn vor als »Daliant Maximus«. Später erzählt mir der Captain, der Name, den der Typ sich in seinen DVR-Pass vollständig eintragen hat lassen, ist »Daliant Rodland Johannes Maximus, Prinz von Goten«. Obwohl der Name wie aus einem *Marvel Comic* klingt, erscheint der Mann seriös. In der Ukraine war er oberster Ermittler bei der Kripo. Er winkt der Kellnerin.

»Kaffee, bitte!«

»Americano?«

»Gibt's keinen normalen russischen Kaffee?«, poltert Daliant. Sie bringt ihn ein paar Minuten später mit einem Grinsen: »einen normalen russischen Kaffee, der Herr!«

Der Captain zeigt ein paar Fotos auf dem Handy von seinem Haus. Der mehrstöckige Plattenbau ist schwer beschädigt.

»Der Splitter einer ukrainischen Granate. Die Frau, die Kinder, die Schwiegereltern, alle unverletzt. Glück, Zufall oder vielleicht doch was anderes...«

»Hier fängt manch einer an, an was zu glauben«, meint Daliant. »Einmal ist meine Einheit in der Stellung, wir sitzen so beisammen, da kommt das Thema auf, ob's sowas gibt wie Waffenglück.«

»Was soll das sein?«

»Die Superkraft von einem Krieger, mit einer Waffe den größtmöglichen Schaden anzurichten und dabei selber am wenigsten abzukriegen. Ein alter Kämpfer in der Stellung sagte, das seien Ammenmärchen. Der Krieg sei völlig rational durchschaubar: Strategie und Risikoabwägung – mehr braucht man nicht zum Überleben, meint der Alte. Da geht genau in dem Moment eine Granate runter, keinen Meter von dem Alten, schlägt ein und geht nicht hoch, das Ding blieb einfach stecken. Der Alte war bekehrt, der hat ab der Sekunde fest an das Waffenglück geglaubt.«

Der Captain nickt.

»Da gibt's schon was. Ob wir's Gott nennen, Vorsehung oder Heil. Früher war ich bei der Militärischen Aufklärung. Hab' ausländische Söldner in Kiew überwacht. Ganz erfolgreich, bis der SBU mich auf dem Kieker hatte. Die Mobilüberwachung. Sie drohten, meine Braut zu überfallen, wenn ich mich wehre. Ich kam in Haft. Nach ein paar Monaten im Kerker fiel mir ein orthodoxer Kalender in die Hände. Ich war nie fromm. Von den Heiligen hatte ich keine Ahnung, von einem Spiridon noch nie gehört. Der Heilige stand an dem Tag im Kalender. In der Nacht hab' ich dann was geträumt. Halb wach kam mir der Gedanke, falls ich jemals lebend aus diesem Loch rauskomme, ich meiner Braut ein Kind mache und mein Sohn den Namen Spiridon bekommt. Es war, wie wenn man ein Gelübde ablegt. Am nächsten Morgen haben sie mich geholt und ausgetauscht.«

»Und deine Braut?«

»Die konnte es nicht fassen, dass ich am Leben war. Am 25. Dezember, am Spiridontag, genau ein Jahr danach haben wir unseren Spiridon bekommen. Er wird sieben dieses Jahr.«

Ich schreibe jetzt in das Notizbuch des OSZE-Beobachters, das der Captain an einer von den Ukrainern zurückgelassenen Stellung gefunden hat. *Facts Matter* ist auf dem Einband des Heftes in drei Sprachen gedruckt, *Facts Matter*. Tun sie das wirklich?

DANDY

(11. November 2022)

»Ich kann mir nicht alles merken«, sagt der Captain, »aber ich kenne einen von früher aus Kiew, ›Dandy‹ haben wir ihn genannt. Der kann sich mit einem fotografischen Gedächtnis an alles erinnern. Dann gab's vor ein paar Jahren einen Vorfall mit ihm. Du kannst ihn hier in der Bibliothek treffen, wenn du willst.«

Ich ziehe den Zettel aus der Tasche, auf den der Captain die Adresse der Bibliothek geschrieben hat. Neben dem Eingang hängt ein Plakat »Lesen bringt dich weiter«. Ich kann das nur bestätigen. Die dralle Bibliothekarin winkt mich zu sich heran, führt mich durch eine schwere geschmiedete Eisentür in den Lesesaal, dessen hohe Wände mit staubigen sowjetischen Folianten gefüllt sind.

»Er wartet da hinten auf Sie«, sagt sie und ich ahne einen Hauch ihres blumigen Parfums. An einem der Tische sitzt ein seriös wirkender Herr mit einem blonden Schnauzbart. Er trägt ein helles Sakko mit schweren goldenen Manschettenknöpfen, die mir ins Auge fallen, als er kurz aufsteht, um mir die Hand zu schütteln. Was für eine Löwenpranke.

Auf dem Tisch liegt ein Heft der Pariser Zeitschrift *Éléments*.

»Nenn' mich bitte Jackinson.« Das ist vermutlich nicht sein richtiger Name. Die goldumrandete Sonnenbrille auf seinem gegerbten Gesicht nimmt er während des gesamten Gesprächs nicht ab.

»Du schreibst über uns *Orks*.« Es ist eine Feststellung seinerseits, keine Frage.

»Stimmt. Wenn man nach dem ukrainischen Fernsehen geht, liegen die Volksrepubliken in *Mordor*«, erwidere ich und denke an eine blondbezopfte TV-Ansagerin mit Meerjungfrauenlippen, die um zwanzig Uhr, während der Hauptnachrichten im ukrainischen Staatsfernsehen, vor einem *Bluescreen* voll wogender goldener Kornfelder von *Orks* in *Mordor* fabuliert.

»Sprache ändert den Menschen«, denke ich laut. Jackinson nickt und bedeutet mir weiterzureden. Ich habe einige Fragen an diesen Experten für Donezker Angelegenheiten, wie der Captain ihn nennt.

»Mich wundert, dass ihr euch Volksrepublik nennt, ihr seid doch keine Sozialisten?«

»*Republikaner* – wie im Alten Rom. Auf ihren Münzen stand *res publica populi*, ›die öffentliche Sache, die dem Volk gehört‹. Und diese gemeinsame Sache ist das Fundament unserer sozialen Experimente.«

»Soziale Experimente in welchem Sinn?«

»So ziemlich in jedem. Denk einfach an ›Versuch und Irrtum‹. Wir haben versucht, ein Zwei-Parteien-System einzuführen, wie in England. Das scheiterte, weil die eine Partei die andere finanziert hat, was irgendwann aufflog.«

»Vielleicht hättet ihr dazu ein Königshaus gebraucht«, scherze ich.

»Vielleicht«, sein Gesicht verzieht sich kein bisschen.

»Jetzt haben wir keine Parteien mehr. In jedem Bezirk wählen die Bürger einen Abgeordneten, der zieht ins Parlament. Man wählt, wen man kennt. Es kommen die an die Macht, deren Charakter sich bewährt hat. Das funktioniert.«

»Ihr seid aber nicht bei allem so weit.«

Er nickt wieder: »Vieles ist gescheitert. Die Minsker Vereinbarungen scheiterten, vielleicht waren sie von Anfang an zum Scheitern verdammt. Konzerne haben kein Interesse an souveränen Staaten.«

Ich muss ihm Recht geben: Souveränität verhindert die leichte Normierbarkeit, den Superkleber des Neoliberalismus, der irgendwie alles am Laufen hält.

»Was sind deiner Meinung nach die größten Unterschiede zwischen den Bürgern der Donezker Volksrepublik und den Nachbarn?«

»Das Heer. Wir haben eine Freiwilligenarmee. Zum größten Teil willige und fähige Leute. Sie wählen ihre Kommandeure selbst. Hier ist Eigeninitiative viel mehr gefragt als im Westen – auch mehr als im russischen Verteidigungsministerium. Ich weiß, wovon ich spreche. Wir haben hier keine unbewegliche Armeedisziplin, wo jeder stur den Regeln folgt.«

Jackinson spricht wie ein Mann, der ganz und gar Offizier ist. Trotz der zivilen Kleidung strahlt er eine militärische Strenge und Ernsthaftigkeit aus, wie ich sie unter Zivilisten selten zu sehen bekommen habe. Ich mache mir Notizen. Bevor ich jedoch meine nächste Frage stellen kann, dröhnt ein schrilles Heulen gegen die Fensterscheiben. Ich springe auf, Jackinson bleibt sitzen.

»Setz dich bitte wieder hin.«

Hektische Schritte trappeln.

»Das ist ein Fehlalarm.«

Ein Gerenne im Treppenhaus.

»Bist du sicher?«

Halb aufgestanden, höre ich ihn leise sagen: »Heute gibt es keine Bombardierung.«

Tatsächlich hört das Heulen der Sirene so abrupt auf, wie es begonnen hat, und ich setze mich wieder hin.

Jackinson redet unbeeindruckt weiter.

»2014 wollten alle zur Volksmiliz, das war ein richtiger Trend, gerade bei den Jungen. Jeder wollte eingezogen werden: Studenten, Professoren, Arbeiter und Kriminelle«, er zögert, »auch Maurer ..., die Leute sind einfach ihre Stadt schützen gegangen.«

»Schützen vor was ?«, werfe ich ein, obwohl ich die Antwort sehr gut kenne.

»Lass uns erstmal was essen gehen.«

In einer schmalen Seitenstraße führt eine unscheinbare Holztür in ein unerwartet elegantes kleines Lokal, auch hier sieht man viel Gold und Spiegel. Wir nehmen an einem Tisch im hinteren Teil Platz und sind zunächst die einzigen Gäste. Eine charmante Kellnerin serviert Wodka und bringt uns bald randvolle Teller mit dampfenden Fleischspießen, Weizenbrei und frischen Pilzen, direkt aus dem Wald.

Wir stoßen auf unsere Bekanntschaft, die Gesundheit, auf die Lebenden und die Toten an.

»Bis zum Jahr vierzehn hatten wir keinen Streit mit den Ukrainern, genauer gesagt bis zu dem Tag, an dem sie uns ihren ersten ›Zug der Freundschaft‹ geschickt haben, vollgepackt mit Hooligans. Bei der anschließenden Schlägerei ist einer von den Typen abgestochen worden.«

Er habe einige Jahre als Analyst gearbeitet für eine Firma namens *System Kapital Management* (SKM). Sie haben den Maidan und seine Folgen vorhergesagt, sagt er, eine Inszenierung, um Europa und Russland zu ruinieren.

»Das klingt alles ein bisschen zu einfach«, sage ich, »zumindest auf den ersten Blick.«

»Natürlich ist jedes Schema eine Vereinfachung. Es geht darum, ob es funktioniert, ob man aufgrund des Schemas eine Handlungsstrategie entwickelt. Schreib das ruhig auf!«

Nach und nach trudeln mehr Gäste ein, gut gekleidete Frauen, die Männer meist in Uniform. Es wird gelacht, gescherzt und reichlich Essen bestellt, aber auch hier geht kein Alkohol an die Uniformierten. Die Leute sehen alles andere als ärmlich aus.

»Wie läuft denn die Wirtschaft hier?«

»In der Republik zahlst du mit allen Sozialabgaben maximal acht Prozent Steuern. Was du herstellst oder anbaust, kannst du auf dem freien Markt verkaufen. Wenn du eine Ziege hast, brauchst du sie nicht impfen. Dafür sind alle großen Betriebe seit 2016 in Staatsbesitz, die wurden von den früheren Besitzern konfisziert. Wir haben eine sozial orientierte Wirtschaft. Wucher wird nicht geduldet und wer den Preiskorridor nicht einhält, wird vom Finanzamt hart bestraft. In der Ukraine gilt das Recht des Korrupten, es gibt keinen Grund anständig zu bleiben, wenn du deiner Regierung so gleichgültig bist, dass sie dich nicht mal vor dem Verhungern schützen will.«

»Ist denn Arbeitslosigkeit ein Thema?«

Er überlegt: »Es gibt hier keine Sozialhilfe für arbeitsfähige Leute und nicht viele, die sie beziehen. *Downshifting* ist nicht unser Stil, Arbeit und Geld sind etwas wert. Man gibt nie zu viel aus, man verdient dafür zu wenig, sagt man. Wer arbeiten kann, arbeitet, und Arbeit gibt es genug.«

Die Kellnerin bringt Vanilleeis mit heißen Himbeeren zum Nachtisch. Jackinson rührt löffelweise Zucker in seinen Kaffee und schenkt uns Wodka nach.

»Ein wichtiger Unterschied ist auch: Es herrscht strikte Gewaltenteilung, der Präsident darf nicht auf die Wirtschaft Einfluss nehmen. Dagegen darf der Regierungschef nicht in der Politik mitbestimmen. Weder der Präsident noch der Regierungschef haben Einfluss auf das Militär, die Polizei und die Geheimdienste, die auch selbstverwaltet und von außen unbeeinflussbar sind.«

»Es ist folglich schwierig, Sicherheitsbeamte vor Gericht zu stellen«, fällt mir auf.

»Korrekt, aber ich will dich jetzt nicht mit zu vielen Details langweilen.«

»Aber genau wegen der Details bin ich ja hier«, erwidere ich, »auch wenn das altmodisch geworden ist.«

Jackinson zieht sein Handy aus der Tasche und nickt in Richtung zweier Männer in Zivil, die an einem Tisch an der gegenüberliegenden Wand Platz genommen haben. Er macht ein paar Fotos von den Männern. »Die zwei Vögel da hinten, haben die in Moskau nix gelernt?«

Die beiden Männer haben identische schwarze taktische Taschen auf dem Tisch neben sich liegen. Ob Jackinson oder ich tatsächlich observiert werden, erläutern wir nicht weiter. Dass hier jeder Bürger eine Waffe haben darf, hat mir der Captain bereits erzählt. Das libertäre Waffenrecht hat zu einer recht entspannten Kriminalitätsstatistik geführt. Nach der Erklärung der Souveränität wurden zahlreiche Waffen gefunden. Wenn man hier eine findet, muss man sie bei der Polizei vorzeigen und dort wird anhand von Computerdaten und Sachexpertise festgestellt, ob die Waffe schon einmal in ein Verbrechen verwickelt war. Falls nicht, kann man sie behalten. Eigentümer bleibt die Republik, Besitzer sind die jeweiligen Finder und Finderinnen. Frauen haben das gleiche Recht. Gewalttaten sind selten und werden konsequent geahndet.

»Manche befürchten, dass Moskau uns die Gewehre abnehmen wird. Ob das passiert und wann? Der Krieg wird sich noch Jahre hinziehen und auch wenn der Krieg zu Ende ist, heißt das noch lange nicht, dass es Frieden gibt. Daher bleibe ich optimistisch.«

Ich denke unwillkürlich an Deutschland, während Jackinson weiterredet, als habe er meinen Gedanken erraten: »Bewaffnete Bürger unterwerfen sich nicht so leicht einem Tyrannen«, sagt Jackinson. »In Deutschland, habe ich gehört, regieren Extremisten? Die sich in den Krieg gegen Russland reinziehen lassen? Stimmt es eigentlich, dass man bei euch die Regenbogenfahne anstelle der Deutschlandfahne hisst?«

»Blau-Gelb ist doch längst die neue Regenbogenfahne«, erwidere ich. »Hier habe ich übrigens noch keine einzige gesehen, werden Schwule hier verfolgt?«

»Wir haben hier ganz andere Probleme. Wenn wir mal die Sache mit den ständigen Bombardierungen gelöst haben, haben wir vielleicht genug Ressourcen frei, um uns um die Befindlichkeiten der Homosexuellen zu kümmern. Solange interessiert uns das Thema einfach nicht. Es hat keinen höheren Stellenwert als die Bedürfnisse anderer Minderheiten. Insbesondere übertrifft das nicht die Interessen der Mehrheit, die in Ruhe mit ihren Familien leben und ihre Kinder nach traditionellen Werten großziehen wollen.«

»Wie ist es hier, Kinder großzuziehen?« Ich erinnere mich an die Jugendlichen mit denen ich in Awdejewka die Cyborgs gemalt habe. Was mag aus ihnen geworden sein?

»Auch unsere Jugend wird globalistisch beeinflusst, die schädlichen Einflüsse werden bei uns allerdings zensiert. Zensur gibt es ja überall. Ein Unterschied ist vielleicht, dass man unseren Kindern grundsätzlich das Existenzrecht abspricht.«

»Die Ukrainer werden das vermutlich genau so sehen.«

»Wir haben hier eine ukrainische Musikbar. Die ukrainische Sprache ist bei uns in *Mordor* nicht verboten.«

Dieses Lokal besuche ich an diesem Abend dann trotzdem nicht mehr.

MARIUPOL
(12. November 2022)

Weit nach Mitternacht höre ich ausgehenden Beschuss. Gegen den trockenen Husten der Mehrfachstartraketensysteme setzt sich allmählich das Zischen der Luftabwehrraketen durch. Am Morgen liegt ein milchiger Dunst auf den schwarzen Berghalden am Rande der Stadt, die Dämmerung taucht die Fassaden vor meinen Fenstern in ein fahles Grau. Ich koche Kaffee mit Wasser aus dem Kanister und wasche mich mit einem nassen Lappen. Zumindest ist die Bude, die ich hier in Donezk gemietet habe, angenehm warm. Der Captain steht Punkt sieben vor dem Haus. In der Nacht hat er gearbeitet, sagt er, als wir losfahren. Aus den Lücken zwischen den Gebäuden erheben sich an manchen Stellen Fördertürme. Langsam drehen sich die Räder der Hebemaschinen. Der Kohlebergbau hört trotz Beschuss nie auf. Stadtauswärts fahren wir am Opernhaus vorbei, der klassizistische Bau mit seinem spitzen Giebel und hohen Säulen strahlt im ersten Sonnenlicht in einem fast unwirklichen Weiß.

»Als ich mal von der Front kam, bin ich direkt von dort zur Oper gefahren, hab' nur die Frau zuhause abgeholt, erst als ich reinging, fiel mir auf, dass mir die Kalaschnikow noch am Gurt über der Schulter hing«, sagt der Captain.

Wir fahren auf der neu gebauten Straße nach Mariupol. Links und rechts sieht man provisorische Straßenschilder, Planierraupen und aufgetürmtes Baumaterial. Die Straße war beschädigt und wird jetzt wieder repariert. Pinkelpause gibt es keine, die Strecke ist vermint.

»Und wär' doch schade, wenn du dich hier beim Pissen gleich in die Luft sprengst«, lacht der Captain. Auf der Hälfte der Strecke kehren wir in einer griechischen Taverne ein. In dem schlichten, weiß gestrichenen Gastraum warten wir ungewöhnlich lange auf unser Essen.

Nach über einer halben Stunde bringt die Wirtin uns frittierte Blätterteigtaschen, gefüllt mit Spinat und Feta. Es gebe keinen Strom zurzeit, erklärt die Wirtin, man muss alles über dem offenen Feuer zubereiten, dafür schmecke es aber umso besser.

»Das Warten lohnt sich ja«, sagt der Captain, »aber das nächste Mal ruf ich vorher an und bestell was.«

»Gern, falls das Mobilnetz mal funktioniert«, meint die Wirtin.

»Der Werbeslogan vom Donezker *Provider* ist wahrscheinlich: ›Wir klingeln bis zum Endsieg!‹«

Der Captain lacht.

Die Hügel werden sanfter und die Vegetation spärlicher. Wir nähern uns Mariupol. Weißer Rauch strömt aus den hohen Schloten der Stahlwerke. Der Himmel wird hier nie wirklich blau. Aus der breiten Einfallstraße sticht die Skulptur eines gigantischen Stahlarbeiters hervor. Die Gegend ist berühmt für ihre Stahlproduktion. Rechts und links von dem Arbeiter flattern an hohen Masten im Wind die Flaggen der Volksrepublik und der Russischen Föderation.

Der menschliche Alltag in Mariupol ist von der jüngsten Geschichte bis in seine Haarwurzeln ausgehöhlt worden: ein mit Stahlbürsten geschrubbtes Skelett, ein Knochengerüst der Realität, das erst langsam wieder Fleisch ansetzt. Die ausgebrannten Hochhausruinen, die man aus dem Fernsehen kennt, sind zum größten Teil schon abgerissen, die Stadt gebiert sich aufs Neue: eine Etage pro Woche, fünf Stockwerke in einem Monat, neun Stockwerke in zwei. Modernste chinesische Bauweise: einfach, billig, schnell. War das alles? Soll es dieser Stadt denn anders ergehen, als jeder anderen, die im vergangenen Jahrhundert zerbombt wurde?

Wir halten kurz an unter einem frischgestrichenen Schild: *Pizzeria Fiume*. Die Wirtschaft gehört einem Kameraden vom Captain, der Adonis heißt. Er ist stämmig, trägt einen schicken Schnauzer und auf seiner breiten Brust unter der Militärjacke wuchert dichtes rotes Haar. Die beiden haben was zu besprechen. Ich laufe ein paar Meter die schmale Straße hinunter. Vereinzelt zwischen verlassenen Häusern liegen Gärtchen mit Hopfenstauden, efeubewachsenen Mauern, Reben schwer mit roten Trauben. In einem der Gärtchen sehe ich eine junge Griechin, die im staubigen Geröll von Regentropfen benetzte November-Rosen schneidet.

Wir bringen Hilfsgüter zu dem einzigen in der Stadt funktionierenden Krankenhaus. Vor dem Gebäude rauchen ein paar Jungs in weißen Sanitäterkitteln. Während ich draußen auf den Captain warte, komme ich ins Gespräch mit zwei jungen Burschen, um die zwanzig Jahre alt. Beide sind, so erzählen sie, recht schnell ukrainische Deserteure geworden.

Deserteure

Sie stehen draußen am Liefereingang des Hospitals neben der Auffahrt zur Rampe, bei der immer wieder mal ein weißer Kastenwagen hält. Hilfsgüter werden gebracht, Lebensmittel, Verbandsmaterial, Medikamente. Sie packen die ankommenden Lieferungen sorgfältig aus und tragen sie ins Gebäude.

Dazwischen wird geraucht. Sie mustern sich zwischen hastigen Zügen an ihren Zigaretten gegenseitig mit unsteten Blicken, als ob der jeweils andere eine unausgesprochene Frage nicht bemerken soll.

»Erzählt mal dem Journalisten aus Deutschland, was ihr hier so treibt!«, ruft der Captain ihnen zu und verschwindet im Krankenhaus.

Ob ich Zigaretten habe, fragt der eine. Ich hole eine Schachtel *Donskoj Tabak* aus meiner Jackentasche.

»Die schmecken wenigstens nach Tabak«, lächelt einer der Jungen mich zutraulich an, »wir haben nur Ukrainerkippen, auf der Verpackung steht *Camel* oder *Marlboro*, aber da schmeckt man nur dreckige Luft.«

So kommt man ins Gespräch. Mischa ist ein schlaksiger Kerl, der immer in Bewegung ist, dann wieder sekundenlang erstarrt. Auf seiner blassen Stirn pulsieren bläuliche Adern.

»Ich habe gerade meine erste Stelle bekommen, als Schweißer. Und schon nach einer Woche haben die mich einberufen«, erzählt er, als ich ihm noch eine Zigarette gebe.

»Ich hab' keinen Plan von Politik. Als die Sache angefangen hat, war ich acht, was soll ich wissen? Ich habe drei Schwestern und keine Mutter. Den Wehrdienst wollte ich zuhause in Charkow leisten. Als sie mich nach Mariupol geschickt haben, war ich froh, hier ist das Meer. Ich bin noch nie am Meer gewesen.«

Das Meer muss in der Nähe sein, ich ahne seinen herben Geruch.

Kolja ist kleiner und kräftiger als Mischa. Er spricht selbstbewusst. Die zwei Jahre, die er älter ist, machen sich bemerkbar. Kolja hat Bäcker gelernt. Es sind fohlenhafte Jungs, kaum Flaum auf den Wangen. Ihr Russisch klingt bäuerlich, nichts daran ist kompliziert.

Kolja studiert die Lieferscheine. Mit dem Lesen hat er Schwierigkeiten, gibt er zu. Er hat als Kind verschiedene Schulen besucht, »weil es Probleme gab«.

»Was für Probleme?«

»Mit Geld. Wir sind oft umgezogen.«

Vor der »Spezialoperation« hat die 12. Einsatzbrigade der Nationalgarde, in der beide ihren Wehrdienst leisteten, in den Straßen der Stadt patrouilliert.

»Bewaffnet?«

»Der gute Junge hier hatte eine Pistole mit Gummigeschossen, einen Gummiknüppel und Handschellen bei sich«, sagt Mischa mit einem Blick auf seinen Kollegen.

»Hat er nicht«, zischt Kolja ihn an.

»Warum betonst du das so?«

Kolja antwortet nicht.

»Und wie viele Wehrpflichtige waren in eurer Einheit?«

»Ursprünglich waren wir achtzehn Mann, aber es sind nicht viele geblieben«, antwortet Kolja, »insgesamt sechs sind mit uns ins Krankenhaus gekommen, jetzt sind wir zu zweit.«

»Wie seid ihr hier gelandet? Erzähl mal von Anfang an!«

»Als es krachte, waren wir in der Kantine. Am 22. Februar um 3.30 Uhr hat man Kampfalarm ausgerufen. Uns wurde gesagt, wir könnten warten. Dann kam der Kommandeur, befahl uns, unsere Sachen zu packen, fing an zu fluchen, sagte, es sollten uns Waffen und scharfe Munition ausgehändigt werden. Wir fuhren in das Dorf Berdjanskoje.

Wir hatten eine kleine *Task Force*. Ein Auto mit Blinklicht und eine Gazelle, das waren Späher. Sie fuhren weiter auf der Landstraße und wir blieben vierundzwanzig Stunden lang in der Schule in diesem Dorf. Als die Späher zurückkamen, fuhren wir zusammen nach Mariupol, aber sind dann nicht zur Kaserne, sondern zur Schule, in der wir dann bis Mitte März einquartiert worden sind. Wir haben die Fenster eingeschlagen. Als die Alarmanlage losging, kam die Schulleiterin angerannt und sperrte uns die Schule auf.«

»Welche Nummer hatte die Schule?«

»Dreiundzwanzig.«

»Gab es Zivilisten in der Schule?«

»Nein, gar nicht.«

Kolja wippt unruhig mit dem Fuß und tritt einen Zigarettenstummel aus.

»Als die russischen Stürmer die Stellung erreichten, gingen wir runter in den Keller. Der Kommandeur brüllte: ›Wir sind am Arsch!‹ Der schrie, dass er jedem, der zu fliehen versucht, eigenhändig eine Kugel in den Kopf jagen wird. In der Nacht verteidigten wir unsere Stellung. Am Nachmittag schickte er uns los, zivile Kleidung holen. Ich bat ein paar einheimische Weiber um Hilfe, obwohl das nicht erlaubt war. Eigentlich durften wir nicht mal einen Schokoriegel annehmen, damit uns die Einheimischen nicht vergiften. Wir haben einen verlassenen Reisebus gefunden, da waren Koffer mit zivilen Klamotten drin. Die meisten Jungs haben ihre Wehrpässe verbrannt.«

»Ich nicht«, unterbricht ihn Mischa schüchtern, »wie beweist man sonst, dass man Wehrpflichtiger ist?«

»Als wir aus der Schule rausgingen«, fährt Kolja fort, »riet uns der Kompaniechef, uns von niemandem erwischen zu lassen. Die Ukrainer würden uns erschießen, die Russen foltern.

Wir hatten einen Wehrpflichtigen dabei, so einen irren Typ namens Sereda, der ist schon einen Tag vorher abgehauen, ein ganz Schlauer. Sein Auto haben die Asowschen in der Nähe vom Flughafen zerschossen.

Die Offiziere haben uns ein Foto von dem zerschossenen Auto gezeigt: ›Denkt nicht einmal dran.‹ Die Offiziere sind ein paar Stunden später selber abgehauen, haben sich zivile Kleidung angezogen und ab durch die Mitte. Wir waren denen egal. Die meisten waren aus Mariupol, die wussten ganz genau, wo sie sich verstecken.«

Kolja schaut einen Moment zur Seite und zieht die Augenbrauen hoch, die Stirn in Falten.

»Wir sind Richtung Landstraße, da hat uns gleich ein Wagen mit einem Uniformierten eingeholt – ein Russe. Die Weiber haben ihm sicher verraten, wohin wir gehen. Sie haben uns ins Kommandanturbüro gebracht. ›Entweder ihr gebt gleich alles zu oder ihr werdet eure Geschichten anderswo erzählen.‹ Kartoffelsack über'n Kopf und auf die Knie. So haben sie uns verhört.«

»Ich hatte ja noch meinen Wehrpass«, sagt Mischa leise.

Kolja weicht meinem Blick aus, als er weiterspricht.

»Der Russe hat gesagt, alles wird gut. Er hat uns sogar Kippen gegeben. Am Morgen kam er wieder und sagte, wir hätten zwei Möglichkeiten: Entweder sie sperren uns gleich ein oder da gibt es ein Krankenhaus, das Hilfe braucht, dort wird man uns versorgen. Wir können was Gutes tun. Wenn der Krieg aus ist, können wir nach Hause. Wir sagten gleich zu. Es gab eine Bedingung: Wenn einer abhaut, kommen alle anderen ins Gefangenenlager nach Jelenowka.«

»Und wie behandeln sie euch hier?«

»Passt. Als ich krank war, hab' ich eine Infusion und Medikamente bekommen«, sagt Mischa. »Eines Tages kam das Militär und nahm ein paar Jungs mit, die hier nicht gebraucht wurden. Neun Personen blieben übrig. Diejenigen, die abgeholt wurden, haben sie zum Kartoffeln-Ausgraben geschickt, hieß es. Wir haben sie nie wieder gesehen.

Dafür kam zu uns ein Donezker, der wegen Plünderungen aus der Volksmiliz verstoßen worden ist. Ein Leutnant der 2. Kompanie lag mit zerschossenen Beinen im Krankenhaus und wurde auch mitgenommen.«

»Sie kochen gut in der Krankenhausküche«, fügt Kolja hinzu.

»Ihr seid quasi illegal?«

»Mehr oder weniger ...«

»Aber freiwillig hier?«

»Niemand hält uns auf«, antwortet Mischa. »Aber wo sollen wir hin? Es gibt einen Arzt, der mir die Schlüssel zu seiner Wohnung gibt, ich schlafe dort ab und zu, jemand muss in der Wohnung schlafen, weil die Nachbarn die Wohnung in die Finger kriegen wollen. Und der gute Junge hier hat eine Freundin...«

Kolja nickt.

»Ist die Arbeit schwer?«

Mischa überlegt: »Wir müssen Patienten die Treppen hoch- und runtertragen. Es gibt keine Aufzüge und wenn einer hundertfünfzig Kilo wiegt, ist es schon krass. Als ich im Dienst war, habe ich die ganze Zeit trainiert«, sagt Mischa, »ich habe Gewichte gehoben. Ich war wirklich fit. Dann haben sie meine Kategorie geändert und mir die Waffen weggenommen.«

»Warum?«

»Meine Mutter hat einen Selbstmordversuch gemacht«, antwortet er zögernd. Er starrt auf seine Füße.

»Der nächste Versuch hat geklappt. Sie hat sich... umgebracht.«

Seine Stimme scheuert rau am Kehlkopf, als er das sagt.

»Das tut mir leid. Hast du Kontakt zu deiner übrigen Familie?«

»Ja, schon, über's Internet.«

»Was hört man von der Lage dort?«

»Das Wichtigste ist, sagt meine große Schwester immer, dass man gesund zurückkommt. In unserem Dorf sind außer mir noch drei Männer mobilisiert worden. Zwei haben sie im Zinkkasten zurückgebracht, einer ist verschollen. Mein Vater ist fünfzig Jahre alt, ich hab' noch zwei kleine Schwestern – er kann nicht legal eingezogen werden. Die örtliche Kommandantur fragte mich, ob ich einen Austausch will – nein, das will ich nicht mehr. Ich denke da an die Flucht von unserem Kommandeur. Er sagte: ›Vielleicht gehen wir nach *Asowstal*‹. Ich glaube, sie sind nach *Asowstal* geflohen.«

»Ich habe einen Bruder«, sagt Kolja, »der sich vor der Mobilisierung versteckt, und eine Schwester, die in Russland ist.

Als die ›Spezialoperation‹ begann, war sie auf dem Gebiet, wo die Russen einmarschierten. Als sie sich zurückzogen, ging sie mit. Sie hatte Angst als Kollaborateurin zu gelten.«

»Was ist denn der Unterschied zwischen Ukrainern und Russen?«

»Ich verstehe den Unterschied nicht«, antwortet Kolja, »ich hätte nie gedacht, dass es mal so weit kommen würde. Man sagte uns, dass wir nach dem Krieg russische Pässe bekommen werden.«

Mischa nickt.

»Ich würde sofort nach Russland gehen, wenn ich könnte«, sagt er, »in der Ukraine hatte ich im Leben noch kein Glück.«

»Die Ukraine wird uns zurück an die Front schicken«, sagt Kolja.

»Ich hab' so die Schnauze voll vom Krieg…«, seufzt Mischa.

Dann fährt der Kastenwagen wieder vor die Rampe.

In dem Moment kommt gerade der Captain aus der Pforte: »Los, wir fahren weiter.«

Ich drücke meine Zigarettenpackung Mischa in die Hand.

»Und was machst du, wenn du einen russischen Pass bekommst und dich die Russen einziehen?«

»Mann, was erzählst du da für Horrorgeschichten?«, lacht Kolja und sieht einen Moment lang ehrlich erschrocken aus.

Babuschka

»Pack' meine Krücke fest an, Junge!« Eine Dame im geblümten Morgenmantel hält mir ihren Gehstock hin und zieht sich daran ächzend auf den Rücksitz des Geländewagens. Sie wird heute aus dem Krankenhaus entlassen, hat kein Geld, um einen Fahrer zu bezahlen. Die öffentlichen Verkehrsmittel haben ihren Betrieb nach den Kampfhandlungen noch nicht wieder aufgenommen. Es ist außerdem zu kalt, um in Pantoffeln nach Hause zu gehen, und wir fahren ohnehin in ihre Richtung.

»Ich wollte mich bestimmt nicht umbringen, glaub' das bloß nicht!«, betont sie. Jemand hat sie bewusstlos auf der Straße gefunden und ins Krankenhaus gebracht.

»Schlaftabletten und Schnaps sind eine schlechte Kombination«, sagt sie, »aber was soll man machen, Junge, gegen die Angst?«

Es geht ihr schon seit dem Frühling schlecht, sie hat sich im Keller versteckt, als oben auf den Straßen gekämpft wurde.

»Ich habe damals schon immer Schlaftabletten genommen, ich bin so nervös. Als die Panzer kamen, ist die Telefonverbindung zu meinem Enkelkind mitten im Gespräch abgerissen. Ich hab' meine Katze geschnappt, mein Handy hab' ich vergessen. Ich bin gerannt mit der Katze im Arm, und als ich an den Garagen vorbeikam, gab es eine Explosion, dann eine zweite, an der Stelle im Hof, wo ich immer geraucht habe. Das Eisentor dort hat es komplett weggerissen, Splitter flogen überallhin. Ab dem 2. März saßen wir zwei Wochen lang im Keller. Und als die Kämpfe um Ljapino zu Ende waren, kamen die Russen und sagten, wir können rauskommen, wir konnten es gar nicht fassen. Im Keller gab es fast nichts zu essen, ich habe die Katze mitgebracht, wir haben nur die Marmelade gegessen, die im Keller war. Seitdem habe ich immer Panik, weißt du, seitdem nehme ich Schlaftabletten.

Aber umbringen wollte ich mich nicht. Wenn ich zuhause bin, gehe ich gleich die Katze suchen.«

Wir fahren an den Stahlwerken *Iljitsch*[72] vorbei und biegen zum linken Ufer in Richtung *Asowstal* ab. Es regnet leicht. Der Himmel verblasst zu einem verwaschenen Blau, und auch der mittlere blaue Streifen auf den Flaggen der Donezker Volksrepublik, die hier allseits gehisst sind, wirkt heute heller, beinahe weiß. Die Farben erinnern mich an die schwarz-weiß-rote Fahne des Deutschen Reichs. Wir kommen an einer riesigen brennenden Mülldeponie vorbei und verabschieden uns von der Dame am linken Flussufer recht herzlich.

Das Haus, in dem wir übernachten, gehörte früher einem reichen Einheimischen, nach dem Maidan war es von ukrainischen Nationalisten besetzt, und bis die aktuellen Besitzverhältnisse geklärt sind, ist dort die Einheit vom Captain stationiert. Ich bringe meine Sachen rein und laufe zum Meer. Die grauen, flachen Wellen nehmen in dem kalten Wetter die schmutzigrosa Farbe einer härtenden Keramikmasse an. Rostige Blechgeländer biegen sich im Wind. Die alten Griechen nannten das seichte Asowsche Meer »Meotischer Sumpf«.

Als ich zum Haus zurückkomme, schürt der Captain bereits den Kamin. In dem Brennholzkorb finden wir ein breites flaches Brett, in das Patronenhülsen eingelassen sind, die die Aufschrift »Dreißig Jahre Ukrainische Streitkräfte« tragen und einen Dreizack bilden. Das Handwerksstück war wahrscheinlich ein Geschenk von Waffenbrüdern an die ehemaligen Besetzer des Hauses. Wir werfen das Souvenir ins Feuer und beginnen den Tisch zu decken. Plötzlich knallt es. Glühende Hülsen fliegen durch den Raum. Gerade noch rechtzeitig gelingt es uns, auszuweichen. Überreste des Schießpulvers an den Hülsenwänden sind explodiert. Wir lachen und decken den Rost ab, das Knistern des Kamins hält noch recht lang an und begleitet unser Gespräch.

Kalaschnikow

»Weißt du«, fragt der Captain, »warum ein Schütze laut Dienstvorschrift einen langärmeligen Waffenrock trägt? Ich hab' Narben im Nacken, weil ich das nicht wusste«, fährt er fort, ohne meine Antwort abzuwarten. »Das Kalaschnikow-Maschinengewehr hab' ich so kennengelernt: Es gab eine Hitzewelle, wie üblich hier im Sommer. Ich ließ meinen Waffenrock im Lager und zog meine kugelsichere Jacke über mein Lieblings-*T-Shirt*. Die taktische Gruppe des Bataillons war am Vortag in der Stellung eingetroffen. Es hatte eine Rotation gegeben. Nachdem wir uns mit dem wenigen Wasser, das wir selbst mitgebracht hatten, gewaschen hatten, begannen wir zu graben. Wenn du glaubst, dass ein Soldat im Krieg ständig schießt, irrst du dich. Die Hauptbeschäftigung an der Front sind Grabungsarbeiten. Bleibst du eine Stunde lang an einem Ort, gräbst du ein Loch, um dich zum Schießen hinzulegen. Wenn sich die Einheit einen halben Tag lang nicht bewegt, vertiefst und verbreiterst du dein Loch, um aus kniender oder stehender Position zu schießen. Bleibst du den zweiten Tag, fängst du an Gräben auszuheben, verbindest die einzelnen Zellen mit Kommunikationswegen und legst Ankunftswege von der Etappe zum Schützengraben an. Du gehst tiefer rein, baust Holzkonstruktionen der nächstgelegenen Ruinen ab und stellst Unterstände auf, fällst Holz, suchst Selbstlader und Autokräne und beschaffst alle verfügbaren Stahlbetonkonstruktionen, FBS-Blöcke[73] und sowas. Nach ein oder zwei Monaten an einem Ort hast du eine Maginot-Linie errichtet. Unsere Vorgänger hatten uns einen fünfzig Meter langen Graben mit bröckelnden Wänden hinterlassen. Bis zum Mittag haben wir mit Spitzhacken den steinigen Lehm weggeschaufelt. In der Ferne gegenüber versteckten sich *Ukros* in Gräben und warteten auf den Mittag, dass die sengende Sonne ihren Zenit erreichen und uns blenden würde. Wir ließen unsere Arbeit liegen und gingen zum Mittagessen.

Da fragte mich der Kompaniechef, ob ich mit einem Kalaschnikow-Maschinengewehr umgehen kann. Ich konnte es nicht. Der Kompaniechef hatte ein Funkeln in den Augen und verkündete fröhlich, dass er schon lange nicht mehr auf einem Posten gewesen sei und mich gerne unterrichten würde.

Wir aßen, holten unsere Waffen und gingen an die Front. Mein Sturmgewehr wurde damals zum ersten Mal umgebaut. In der Annahme, dass wir in naher Zukunft angegriffen werden könnten, beschloss ich, es so geräuscharm wie möglich zu machen, und installierte als erstes einen Gummiriemen für den Rücklauf des Verschlusses. Denk daran, dass jede Veränderung einer Standardwaffe Konsequenzen nach sich zieht.

Wir liefen eine Weile und kamen zu einem Maschinengewehrnest. Wir wechselten die Jungs aus und sahen uns um. Die Stellung war für zwei Personen vorgesehen, und wir waren zu dritt. Der Kompanieoffizier nahm einen Platz rechts neben dem Maschinengewehr ein und begann mir zu erklären, dass man als erstes den Zustand des Maschinengewehrs, seine Sauberkeit und Schussbereitschaft überprüfen muss. Gleichzeitig werden auch das Zubehör und der Ersatzlauf überprüft. Aus irgendeinem Grund hatte er die Gürtelkästen vergessen. Irgendwo vor uns waren Ukrainer aus ihren Verstecken gekrochen und beobachteten unsere Verteidigungslinie.

Der Kompanieoffizier zeigte mir, wie man den Griff des Maschinengewehrs mit der linken Hand nach links dreht, den Gehäusedeckel öffnet, indem man mit dem Daumen der rechten Hand auf den Riegel drückt und den Gehäusedeckel mit der linken Hand anhebt. Der Umgang mit dem MG erfordert viel feinmotorisches Geschick. Mit etwas Erfahrung ist das nicht schwierig, aber beim ersten Mal schon.

Bei nach vorne gekipptem Deckel musst du einen Teil des Bandes aus der Schachtel herausziehen und so in den Empfänger einführen, dass die erste Patrone mit dem Rand des Patronenhülsenbodens die Ausziehhaken überlappt. In meinem Fall war das Band bereits aufgewickelt und ich habe es einfach durch ein paar Glieder gezogen. Aus irgendeinem Grund befand sich der Flansch am Boden der Patronenhülse beim Schließen des Deckels an der falschen Stelle und behinderte die Verriegelung. Dann, nachdem das Band ordnungsgemäß verlegt wurde, schloss ich den Deckel des Empfängers und stellte die Sicherung auf die Position ›Feuer‹. Erledigt. Dann wird der Verschlussträger mit dem Nachladegriff nach hinten gezogen, der Nachladegriff nach vorne gedrückt und das Gewehr gesichert. Erledigt.

Die Sonne berührte den Rand der Grünfläche im Westen. Die Vögel waren still, und das Zirpen der Heuschrecken in vollem Gange. Ich stand hinter dem MG, wiederholte, was ich gelernt hatte, und spürte, wie die Abendkühle die Hitze ablöste. Ein Schwarm Stechmücken griff uns an. Der Kompanieoffizier teilte uns mit, dass auf ›acht Uhr‹ eine feindliche Maschinengewehrstellung war, links auf ›halb acht‹ eine weitere, und auf der Grünfläche rechts liefen manchmal Ablenkungsaufklärungstruppen, deshalb wurde auch sie beschossen. Die Position des MG war dem Feind bereits bekannt, es hatte also keinen Sinn, sich zu verstecken. Nachdem die Schießziele markiert waren, gab der Kompaniechef den Befehl, sich bereit zu machen. Es zog eine dröhnende Stille an die Front.

Ich hob den Deckel an, überprüfte noch einmal das Band und nahm alle vorbereitenden Handgriffe vor. Der Kompanieoffizier nahm den Platz der zweiten Nummer ein. Er ordnete an: ›Feuer auf acht Uhr, kurze Feuerstöße!‹

Ich schoss auf ›acht Uhr‹, drei mal drei Schüsse auf die Grünfläche hinter dem Feld.

›Feuer auf halb acht, kurze Feuerstöße!‹

Ich drehe das MG nach links, um das zweite feindliche Maschinengewehrnest zu finden, das irgendwo im Wald versteckt ist. Die Schussrichtung wird durch die Einkerbungen vorgegeben, die jemand vor mir sorgfältig auf der Tafel hinterlassen hat, so dass ich sie nutzen kann, um die bekannten Ziele in der Dunkelheit der Nacht zu beschießen. Der Feind erwidert das Feuer nicht.

›Auf acht Uhr, kurz!‹

›Auf halb acht, kurz!‹

›Feuer auf dem Grün Richtung zehn Uhr, kurz!‹

›Richtung acht Uhr, lang!‹

Da wacht das feindliche MG auf.

›Feuer um halb acht! Kurz!‹

Als ich nach links schieße, wacht das zweite MG dort auf und reagiert in langen Stößen.

›Feuer auf dem Grün auf zehn Uhr! Kurz!‹

Schießen.

›Acht Uhr! Auf halb acht! Zehn Uhr! Acht Uhr! Jetzt lang auf alle Ziele!‹

Die gesamte feindliche Frontlinie wacht auf. Ich streue lange Züge in ihre Richtung und sie auf mich. Auch auf unserer Seite eröffnen alle das Feuer. Auf der gegnerischen Seite schaltet sich der Maschinengranatwerfer ein, weit links, ins Nirgendwo. Auf beiden Seiten fallen ununterbrochen Gewehrschüsse. Fünfzehn Minuten lang bearbeiten unsere 120er-Mörser ihren Maschinengranatwerfer.

Die Nacht bricht herein. Mir ist das Patronenband ausgegangen. ›Rot!‹, schreie ich. Das ist das Signal, das Schießen einzustellen. Ich greife in der Dunkelheit nach der Munitionsbox. Da ich nichts sehen kann, öffne ich den Deckel der Kiste, ziehe den Gürtel heraus und beginne das Maschinengewehr nachzuladen. Kugeln und Granaten schwirren umher, ich konzentriere mich darauf, all die ungewohnten kleinen Handgriffe blind durchzuführen. Erst funktioniert es nicht, doch mit etwas Mühe schlägt der Deckel zu, der Riegel rutscht nach hinten und nach vorne.

›Grün!‹

›Endlich, verdammt! Feuer!‹

Ich drücke den Abzug vorsichtig mit dem Finger, um in kurzen Stößen zu schießen. Ein Schuss ertönt, doch kein zweiter. Erschrocken rüttle ich an der Schraube, hebe den Deckel an und ziehe das Band mit der Hand ab. Der Kompanieoffizier brüllt mir etwas ins Ohr. Ich lege das Band weg. Nächster Versuch. Wieder kein Schuss. Das gleiche zum dritten Mal. Der Kompanieoffizier befiehlt mir, den Platz der Nummer zwei einzunehmen, und stellt sich fluchend ans Maschinengewehr.

Er schafft es auch nicht, kein Schuss. Ich bin fast erleichtert, dass das Problem nicht an meiner Unfähigkeit liegt.

›Was macht die Nummer zwei, während Nummer eins die Panne behebt?!‹, herrscht mich der Offizier an.

›Schießt mit seiner persönlichen Waffe in Richtung des Gegners.‹

›Richtig! Feuer, verdammt!‹

›Jawohl!‹

Ich nehme mein Sturmgewehr und schieße auf acht Uhr. Auch der Feind nimmt uns ununterbrochen unter Beschuss. Nach dem ersten Schuss hat mein Sturmgewehr Ladehemmung. Der Bolzen lässt sich nicht bewegen. Ich erröte vor Ärger und schreie ›Rot!‹, setze mich in Deckung und zerlege das Gewehr.

Ich nehme die Abdeckung des Verschlusses ab, werfe das von mir selbst panierte Gummi ab, das verhindert, dass der Verschluss die hinterste Position erreicht und die Patronenhülse herausgezogen werden kann, bringe den Verschluss manuell zurück, entferne die Patronenhülse und setze das Gewehr wieder zusammen. Die ganze Zeit über stechen mich Mücken, die die dunklen Tiefen des Grabens füllen.

Der Kompanieoffizier versteht endlich, was los ist. Wie sich herausstellt, hat ein Kamerad, so ein Schlitzauge, der die Bänder am Vortag zusammengesetzt hatte, eines davon verkehrt herum angebracht, und in der Dunkelheit hatte ich es ›verkehrt herum‹ befestigt (ein Stahlband, das zum leichten Zurückziehen gedacht ist), so dass der Bandabzugsmechanismus nicht funktioniert. Fluchend nimmt der Offizier eine andere Schachtel und lädt das Band neu. Dann geht das Maschinengewehr los.

Heiße Hülsen fallen auf mich herab – wie ein Feuerregen – auf meine Schultern, meine Arme, meinen Hals, überallhin. Ich brülle vor Schmerz, zwinge mich aber, das Sturmgewehr weiter zusammenzubauen. Die Hülsen prasseln reichlich von oben, ich denke an den Waffenrock, der verwaist im Quartier hängt. Der Deckel geht endlich an seinen Platz. Mit dem Ruf ›Grün!‹ stehe ich auf und eröffne das Feuer in Richtung des Feindes. Der Kompanieoffizier lädt das MG und befiehlt mir, die erste Position einzunehmen.

Ein Pfiff ertönt über meinem Kopf. Ich versuche wieder, alle Handgriffe blind vorzunehmen. Erst erwischt die Patrone den Auszieher am Rande des Hülsenbodens nicht, sie geht immer irgendwo falsch hin.

›Zwei mal zwei!‹

›Bitte?‹

›Multiplikationstabelle, verdammt noch mal!‹, schreit der Kompanieoffizier.

›Vier!‹

›Fünf mal fünf!‹

›Fünfundzwanzig!‹

›Fünf mal acht!‹

›Ich weiß es nicht! Achtundvierzig!‹

Die Patrone ist an ihrem Platz. Ich schlage den Verschluss zu, stelle die Sicherung auf ›Feuer‹ und ziehe den Sicherungshebel zurück. Ich ziele, ziehe den Abzug.

Die Moskitos bringen mich um, die Verbrennungen bringen mich um, Mörser und Granatwerfer von beiden Seiten donnern ohne Unterlass. Kurz vor Mitternacht schalten die *Ukros* die Artillerie ein. Auf unserer Seite haben sich zwei 122-mm-Haubitzen eingeschaltet. Ich friere mir den Arsch ab.

Um zwei Uhr kommt unsere Ablösung angekrochen, aufrecht gehen wäre Selbstmord gewesen. Wir krabbeln zurück zum Quartier, wo wir die Reste des Abendessens und irgendein Gebräu finden. Später lesen wir im Internet, dass der *Ukro* an diesem Tag mindestens einen Toten hatte, mit elf Treffern aus dem MG. Offenbar war der erste Treffer irgendwo auf der Brüstung gelandet und der Rest kam später. Das war der erste Gegner, den ich nachweislich getroffen habe.«

»Was fühlst du, wenn du den Gegner tötest?«

Der Captain grinst: »Einen Rückstoß in der Schulter.«

»Ansonsten«, sagt er nach einem kurzen Schweigen, »gibt's da noch eine Geschichte von einem Schlitzauge. Wir saßen mal im Schützengraben. Der *Ukro* beschießt uns dermaßen, dass es den Unterstand bei jedem Schuss ein Stück aus der Erde reißt. Das war's. *Game over.* Ich sitze da zu zweit mit so einem Schlitzauge. Ich weiß bis heute nicht, wie der Typ hieß, so ein Musel, Rashid, Raoul oder so ähnlich. Jetzt hat mein letztes Stündchen geschlagen, und das Letzte, was ich sehe, ist dieses Schlitzauge. Von dem Gedanken wurde mir richtig schlecht. Kurz habe ich mobiles Netz, ich rufe meine Frau an, sie fragt mich, wo ich bin, ich lüge, ich sei am Schießplatz beim Trainieren, alles gut. Das Mobilnetz verschwindet, wir bleiben sitzen, der Beschuss geht unermüdlich weiter. Dann wird mir klar, dass der Typ der Letzte ist, mit dem ich in diesem Leben noch ein Wort wechseln werde. Ich weiß nicht, wie lang wir da saßen, wahrscheinlich ein paar Stunden, als der Beschuss plötzlich nachlässt. Nochmal Schwein gehabt. Ich weiß nicht mal, wie der Typ hieß. In der Stunde war er mir der nächste Mensch auf dem ganzen Planeten. Der nächste Mensch.«

JUNKOM UND JENAKIJEWO
(16. November 2022)

Wir packen zusammen und fahren nach Jenakijewo. Dichter Nebel zieht dunkle Schleier über schattenlose Häuser wie einen Schweif der weichenden Nacht. Nach ein paar Kilometern verliere ich die Orientierung. Nur wenige Details stechen aus dem Dunst hervor: Lagerhäuser, Plattenbauten, einstöckige belgische Häuschen mit ihrem charakteristischen Mauerwerk aus ungleichmäßig geäderten Handformziegeln.

Elemente des Traums, an die man sich am Morgen einzeln erinnert, ergeben kein zusammenhängendes Ganzes. Ist es besser zu lügen, indem man lose Details durch das verbindet, was man im Traum gar nicht sah? Sagen wir, es war ein Traum über Kalkutta: Bunter Müll treibt im Fluss, Affen laufen über ein Spinnennetz aus Drähten, die rosa Augen eines Aussätzigen auf den Stufen des Kali-Tempels in Dakshineshwar...

Unser Ziel in Jenakijewo ist das Militärkommissariat, wo in einer Garage verzinkte Kästen mit Gebeinen deutscher Soldaten aus dem Zweiten Weltkrieg stehen. Vor eineinhalb Jahren bekam ich eine E-Mail aus dem Auswärtigen Amt der Volksrepublik Donezk. Man habe die Überreste von fünfundvierzig gefallenen Soldaten der deutschen Wehrmacht gefunden. Manche der Gebeine tragen Erkennungsmarken mit eingeprägten Personenkennziffern. Bei einer stichprobenartigen Überprüfung konnten Experten die Zugehörigkeit der Marken zu deutschen Wehrmachteinheiten bestätigen. Die Ausgrabung der Gebeine war schon vor zwanzig Jahren geschehen. Damals hatte eine italienische Institution für die

Ehrung der Kriegsgefallenen, das *Commissariato Generale per le Onoranze ai Caduti*, ein ukrainisches Team beauftragt, nach nicht ordentlich beigesetzten Gebeinen italienischer Soldaten zu suchen. Historisch bedingt sind an den gleichen Orten auch Gebeine von Deutschen gefunden worden. Diese zu bergen ist bekanntlich die Aufgabe des *Volksbundes Deutscher Kriegsgräberfürsorge e.V.*

Weiter hieß es in der E-Mail, die zuständige Stelle in der Republik sei im Besitz von unveröffentlichten Daten des Bundesarchivs, dass laut vom Volksbund bereitgestellten Berichten, die faktisch in Jenakijewo in der Garage gelagerten Gebeine längst in einem Friedhof in Charkow bestattet worden seien.

An der Stiftung des Friedhofs in Charkow im Februar 1998 war die deutsche Bundesregierung beteiligt. Wie kann es sein, dass die offiziell beigesetzten Soldatengebeine jetzt hier in einer Garage liegen? Weiß der Volksbund darüber einfach nicht Bescheid oder handelt es sich um einen Fall vorsätzlicher Störung der Totenruhe? Und, da für das Umbetten Gelder aus öffentlicher Hand geflossen sind, zusätzlich um einen Fall grenzübergreifender Korruption? Da kommen auch Fragen bezüglich der hunderttausend anderen Gräber deutscher Soldaten auf.

Als ich die E-Mail samt Belegen erhalte, versuche ich die Sache in Gang zu bringen. Ich übersetze das Schreiben ins Deutsche, unterbreite es in Politik und Presse, renne aber immer wieder gegen eine Wand, sei es, dass die deutschen Stellen im Kontakt mit der nicht anerkannten DVR befangen sind oder dass es in der Bundesrepublik Kräfte gibt, die den Fall vertuschen wollen. Kaum jemand will sich mit den toten Soldaten auseinandersetzen. Die einzigen, die Interesse zeigen, ist die AfD-Fraktion des Bundestages, aber auch hier stockt es bei der Beschaffung von weiteren Belegen aus

Italien. Von welcher Seite dieser »italienische Streik« ausgeht, kann ich nicht sagen, die Geschichte lässt mich aber seitdem nicht mehr los.

Der Captain kennt sie bereits. Ich erzähle sie unserem Fahrer. Er ist ein ruhiger Typ von Mitte sechzig mit einem silbergrauen Schnauzer.

»Auch manche Tiere trauern um ihre Toten«, sagt der Mann nachdenklich, »auch manche Tiere führen Kriege. Doch nur der Mensch bestattet seine Toten. Das macht doch den Menschen aus.«

Vor der Windschutzscheibe tauchen kegelförmige rotbraune Hügel auf, die der Steppe ein fantastisches Aussehen verleihen.

»Ich erinnere mich, wie ich als Kind die Berghalden mit dem Schlitten runtergefahren bin«, lächelt der Fahrer, »unten Schnee und oben Rauch. Exotisch ist das! Die Eltern haben uns verboten, dorthin zu gehen, man könnte durch die dünne obere Schicht durchfallen und sich verbrennen. Ich sah von oben die ganze Stadt! Dann wurden wegen der Brandgefahr die beiden Spitzen der Berghalden abgetragen und bepflanzt. Davor war der Hügel etwas rauchig. Der Boden ist immer warm und im Winter wärmen sich dort die Hasen aus der ganzen Gegend.«

Wir fahren an einer Reihe von Betonruinen mit schwarzen Fensterschächten vorbei.

»Nachts sieht man hier manchmal einen schillernden Lichtschein. Das ist die stillgelegte Junkom-Mine.«

»Dringt radioaktive Strahlung an die Oberfläche?«, frage ich.

Ich habe gelesen, dass 1979 in der knapp einen Kilometer tiefen Mine eine 0,3 Kilotonnen starke Atomexplosion zur Korrektur tektonischer Platten ausgelöst wurde. Nach Angaben von Forschern entstand dabei in 900 Metern Tiefe eine radioaktive Kugel, deren äußere Schicht aus glasiertem Gestein besteht. Sie soll hermetisch versiegelt sein, dennoch zermahlt Wasser sogar Stein.

»Nein, die radioaktive Strahlung ist ganz normal«, sagt der Captain.

»Man sagt, es ist der Schein von Wanja, dem Lampenträger«, fährt der Fahrer fort, »früher haben in den Bergwerken Kinder die Lampen getragen. Damals wurden die Bergleute nicht wie heute in stabilen Käfigen in die Kohlegruben hinabgelassen, sondern in einem Becken. Ein Junge ging in die Stollen und tauschte die erloschenen Lampen gegen frische aus. Einmal gab es einen Kohlenstoß, zwanzig Männer stürzten in die Grube. Alle Lampen gingen aus. Wanja lief zum Steiger und fragte: ›Onkel, ich bringe die Lampen zu den Bergleuten. Mein Bruder ist dort.‹

Dem Steiger war es egal, dass der Junge in den Tod ging. Man erzählt, dass Wanja immer noch in den Minen umherkriecht, um seinen Bruder zu suchen, und man glaubt, dass das seltsame Glühen von ihm stammt.«

»Keinerlei radioaktive Strahlung jedenfalls«, fügt der Captain hinzu.

»Es gibt noch eine andere Geschichte: Schubin[74], der Geist in der Mine, läuft in einem umgedrehten Pelzmantel, mit einer Fackel in der einen und einem Vogelkäfig in der anderen Hand herum. Wenn sich im Untergrund viel Methan in der Luft befindet, beginnt der Kanarienvogel zu singen. Dieser Schubin ist ein freundlicher Geselle, aber gleichzeitig reizbar, unberechenbar. Schubin warnt vor Gefahr, kann aber Menschen in die Irre führen. Man erkennt ihn an seltsamen Geräuschen, Zwitschern und Klopfen …«

»Man muss kein Bergmann sein, um seltsame Geräusche zu hören«, lacht der Captain.

»Und woher kam dieser Schubin?«

»Man sagt, er war ein Bergmann und seine Gebeine liegen unbestattet noch immer da unten.«

Durch die Windschutzscheibe sehe ich ein rußgeschwärztes Haus, aus dessen Rohren Dampf steigt, daneben verzweigen sich Schornsteine, mit Glaswolle und Folie bedeckt. Auf dem Bahnhof schnaufen mit Koks und Kohle schwer beladene Züge. Dann kommt ein riesiges Umspannwerk der Eisenhütte ins Blickfeld mit seinen in der Ferne weithin sichtbaren Kaminen. Was man an diesem Morgen anfasst, befleckt die Finger mit Ruß.

Gleich neben der Fabrik, außerhalb des Zauns, kann man die rußigen Gewölbe der Kathedrale von Mutter Teresa von Kalkutta sehen. Ach, deswegen träumte ich in der Nacht von dieser bengalischen Stadt.

Das örtliche Militärkommissariat ist ein typischer Sowjetbau mit breiten Wänden und hohen Decken. Wir füllen ein paar Formulare aus, dann kommt ein Beamter und führt uns durch grün gestrichene Gänge in einen Innenhof, den wir diagonal zu den Garagen überqueren. Die Garagen sind eher für Panzer als für Autos ausgelegt. Einige davon stehen leer. Hinter einer von dem Beamten geöffneten Tür sehe ich halbmeterlange verzinkte Kisten, zu einer Pyramide gestapelt. Auf ihren Seiten sind Militärhelme eingestanzt, darunter steht bei einigen mit schwarzem Filzstift geschrieben: *»Soldato Tedesco«*.

»Möchten Sie sich das genauer ansehen?«, fragt der Beamte.

Ich nehme eine der Kisten zur Hand. Der Deckel lässt sich zunächst nicht verschieben, zerbricht dann und zerschneidet mir die Handfläche. In dem Kasten sehe ich einen mit Lehm bedeckten menschlichen Schädel.

Für einen Moment frage ich mich, ob durch den Schnitt Leichengift in meinen Körper gelangen kann, aber natürlich nicht, nein, denn diese Überreste sind viel zu alt. Der Knochen ist gelb mit einer bläulichen Färbung zwischen dem Nasenspalt und dem oberen Teil des Kiefers, der ins Schwarze übergeht.

Ich öffne noch ein paar Kästen. In einigen sind die Knochen mit Folie umhüllt, in manchen liegen Erkennungsmarken mit der Nummer der Militäreinheit und der Blutgruppe.

»Kann ich Ihnen sonst noch irgendwie helfen?«, fragt der Beamte.

»Nein.«

Was kann ich für diese fremden Soldaten tun, als ein Gebet für sie zu sprechen? Ich bin ja nicht mal mit ihnen verwandt. Sagte nicht sogar Hauptmann W. Strik-Strikfeldt, ein Freund von General Wlassow, einmal in seinen Memoiren, dass die Schutzengel von russischen und deutschen Soldaten verschieden seien? Ihre Nachkommen wissen nicht, dass die Überreste ihrer als verschollen geltenden Verwandten in dieser Garage liegen. »Ich hatt' einen Kameraden, einen bessern find'st du nit...«

»Kann ich Ihnen sonst noch irgendwie helfen?«, wiederholt der Beamte seine Frage mit ungeduldigem Nachdruck. Dann gehen wir hinaus an die frische Luft.

AUF DEM WEG NACH OPYTNOJE
(19. November 2022)

Gestern hat das russische Informationsbüro die Nachricht von der Einnahme des Ortes Opytnoje verbreitet. Ich kenne den Namen des Dorfes südlich von Awdejewka, jener Stadt, in der für mich vor fünf Jahren meine Reise in den Donbass begann. Ich weiß nicht, ob das Haus mit dem Wandbild, das ich damals gemalt habe, noch steht. Die Kinder, mit denen ich es entworfen habe, sind hoffentlich alle in Sicherheit. Mein Interesse, Opytnoje zu besuchen, stößt auf unerwartet enthusiastische Unterstützung vom Captain. Er scheint ein eigenes Interesse an dem Dorf zu haben.

Wir brechen vor Sonnenaufgang auf. Die ersten Schneeflocken wirbeln über die Steppe. An der Abzweigung nach Gorlowka weise ich den Captain darauf hin, dass wir in eine andere Richtung fahren. Tatsächlich stellt sich heraus, dass der Captain ein gleichnamiges Dorf meint: Opytnoje, den südlichen Vorort von Bachmut. Gut. In dieser Gegend ist es üblich, verschiedenen Siedlungen denselben Namen zu geben. Wir halten an einer Kreuzung in Sajzewo, etwas nördlich von Gorlowka, wo die Grenze der Republik früher verlief und sich durch die Kämpfe weiter nach Norden bewegt. In diesem Sajzewo steht an der Straßenkreuzung die Skulptur »Donbass-Rose«, geschmiedet aus ukrainischen Granatsplittern von einem in der Gegend berühmten Meister. Wiktor Michalew ist der Name des Schmieds. Er hat ein Mahnmal in der »Allee der Engel«[75] in Donezk errichtet, einen aus Patronenhülsen geschmiedeten Bogen mit eisernen Rosen und Friedenstauben und einem Gedenkstein, der Dutzende Namen von Kindern aufführt, die seit Beginn des Donbasskonflikts von Ukrainern getötet wurden. Wir waren mit dem Captain dort. Es ist schwierig, diesen Ort auszuhalten.

»Wir werden nicht in einem Land zusammen mit Kindermördern leben«, sagte der Captain dort, »wir werden es nicht«, und fügte hinzu: »Dennoch gibt es keinen guten Krieg.«

Und doch geht der Krieg weiter. Hier und dort zieht die uniformierte Masse umher. Wir fahren weiter zum zweiten Sajzewo, das näher an Bachmut liegt. Wiederum sehen wir eine Reihe von abgebrannten Hütten und umgestürzten Zäunen. An den Zeichen an einigen Gebäuden ist zu erkennen, dass sie früher als Quartiere für ukrainische Nationalisten dienten. Wir fragen einen alten Mann nach dem Weg nach Opytnoje. Seine wässrigen Augen glänzen wie ein kristallenes Schnapsglas mit einem klaren Getränk.

»Da!«, er deutet irgendwo in die Leere, eher nach oben.

»Da drüben ist eine Ziegenweide, wo ich mal zwei Kugeln bekam. Ich habe sie hier sitzen«, er macht eine seltsame Bewegung, als ob ein Vogel seine Flügel ausbreitet, womit er wohl auf den eigenen Rücken zeigen will.

»Im Jahr acht.«

»Im Jahr achtzehn«, ertönt eine Frauenstimme hinter der Palisade.

»Vor vier Jahren, im Jahr achtzehn.«

»Und wie steht es jetzt?«, frage ich den Alten, »hast du an dem Referendum teilgenommen?«

»Mitgemacht!«, der alte Herr scheint aufzuwachen.

»Wir haben die Hoffnung nicht aufgegeben, dass jemand uns unter die Fittiche nimmt.«

»Ich weiß nicht«, hält er inne, »seid ihr vielleicht von dort?«

»Und wie ist das Leben so?«

»Was für ein Leben? Wir kamen einmal zu unserem Haus

zurück. Eine Granate hatte den Strommast getroffen, er ist gebrochen, steht aber noch, manchmal gibt es sogar Strom. Die Wasserleitung geht nicht, aber wir haben einen alten Brunnen.«

»Trinkste einen mit?«, fragt er. »Heute feiere ich Geburtstag!«

Wir fahren am Rande des Feldes entlang, wie der alte Herr es uns gezeigt hat.

»Halt!«

Aus den Unterständen am Rande des Feldes springen Uniformierte und schreien, dass das Feld unter starkem Beschuss steht. Das merken wir selbst gleich deutlich. So geht es nach Sajzewo Nummer zwei zurück. Im Hof einer der Hütten reparieren Soldaten ihren *Toyota*.

»Fahrt nach rechts, bis zur gesprengten Brücke, da gibt es eine Straße durch eine sumpfige Wiese.«

»Fährt man da einfach so durch?«

»Bei uns klappt das, ihr schafft das auch!«

Ich weiß nicht, was für einen Wunder-*Toyota* sie fahren, es ist aber weit hergeholt, diesen mit Panzerraupen durchgepflügten Brei als Straße zu bezeichnen.

Gegen die Gewohnheit macht uns ein entgegenkommender Panzer auf der Strecke Platz. Ich erkläre mir die ungewöhnliche Höflichkeit damit, dass der Panzerfahrer wohl aus St. Petersburg, dieser Metropole der Hochkultur, stammt, wie man aus dem Emblem des dortigen Fußballvereins *Zenit*, das außen am Panzer angebracht ist, schließen kann.

»Beginnt da schon Opytnoje?«, ich zeige auf ein paar Hütten, die sich unten an einen grünen Hügel schmiegen.

»In Opytnoje stehen die Ukrainer. Hier verläuft die Front.«

»Die Russen haben doch Opytnoje eingenommen?«

»Das war das andere Opytnoje!«

In der Nähe von Switlodarsk werden wir angehalten. Abzeichen der Garde sind nicht Wolfskopf, Axt und Besen,

Symbole, die noch aus der Zeit von Iwan dem Schrecklichen stammen, wie es bei der Militärkommandantur der Fall ist.

Auf den Ärmeln dieser Männer sind ein Totenkopf und die Aufschrift »*Nothing personal. We are paid for*« aufgestickt.

Einer geht, um etwas über Funk zu klären. Ein tätowierter Riese mit einem grauen Doppelzopf-Bart starrt ausdruckslos in die Ferne. Dort, am Horizont, erheben sich zwei Raben aus grauen Stoppeln. »Ein gutes Omen«, sagt er, »Wotan zeigt uns, dass wir in Walhalla willkommen sind.«

Auf dem Rückweg betrachtete ich müde die endlosen Ruinen, wechselnde Überreste eines fremden Alltags, der sicher auch einmal glücklich war, die zersplitterten Bäume in wild verwachsenen Gärten.

Nein, hier wird niemand etwas reparieren. Keiner kommt zurück. Es gibt Dinge, die nie wiedergutzumachen sind.

Endnoten

1. Ígor Iwánowitsch Strelków (er wird von seinen Mitstreitern *strelók* – »Schütze« genannt) ist ein Pseudonym von Ígor Wséwolodowitsch Gírkin (*1970), einem ehem. Oberst des russischen Inlandsgeheimdienstes FSB. Er ist militärischer Führer der Volksrepublik Donezk.

2. Flagge der *Ukrainischen Aufständischen Armee* (UPA, 1942–1965), einer Partisanenarmee und der militärische Flügel der *Organisation Ukrainischer Nationalisten* (OUN, Bandera-Fraktion OUN-B). Sie symbolisiert das rote Blut der Ukrainer, welches auf dem schwarzen Boden vergossen wurde. Diese Farben werden heute u.a. vom *Rechten Sektor* verwendet.

3. Táras Grigórjewitsch (ukr. Hryhórowytsch) Schewtschénko (1814–1861), Maler und Lyriker, gilt als Klassiker der modernen ukrainischen Sprache und ukrainischer Nationaldichter, trug zum Erwachen des ukrainischen Nationalbewusstseins und zur Schaffung der modernen ukrainischen Literatur bei.

4. Kynokephale, zusammengesetzt aus altgriechisch *kýon* (»Hund«) und *kephalḗ* (»Kopf«), bezeichnet hundsköpfige Fabelwesen in der antiken Literatur und Kunst. So stellte man sich die fremdartigen Völker jenseits der »zivilisierten Welt« (»Ökumene«) vor: exotisch, gutmütig und primitiv, aber zugleich blutrünstig und gefährlich.

5. Der *Rechte Sektor* (*Práwyj Séktor*) entstand im November 2013 als rechtsgerichteter, paramilitärischer Zusammenschluss mehrerer radikaler ukrainischer nationalistischer Organisationen während des Euromaidan-Aufstands in Kiew, wo ihre Straßenkämpfer an Zusammenstößen mit der Bereitschaftspolizei teilnahmen.

6. Als »Junggardisten« bezeichnete man die Teilnehmer am Partisanenkampf gegen die deutsche Wehrmacht im Zweiten Weltkrieg aus der sowjetischen Jugendorganisation *Komsomol*. Ihnen setzte der Schriftsteller Alexánder Alexándrowitsch Fadéjew (1901–1956) mit seinem Roman *Molodája Gwárdija* (»Junge Garde«, 1945–1949) ein Denkmal.

7. Ikone der Gottesmutter *Umilénije* – wird im Deutschen oft mit »Rührung« wiedergegeben, treffender wäre hier aber »Gottesmutter der zärtlichen Umarmung«.

8. *Radio Liberty* bzw. *Radio Free Europe* ist ein vom US-amerikanischen Staat 1949 gegründeter und finanzierter Rundfunkveranstalter, der Hörfunkprogramme in 28 osteuropäischen, vorderasiatischen und zentralasiatischen Sprachen ausstrahlt, um den Hörern in (ehemals) kommunistisch regierten Ländern die US-amerikanische Sicht »demokratischer Werte« zu vermitteln.

9. *Tichari* (»Leisetreter«), aus dem sowjetischen OMON hervorgegangene Spezialeinheiten der weißrussischen Sicherheitsbehörden unter Lukaschenko zur Bekämpfung der organisierten Kriminalität; im Volksmund so genannt, weil sie vermummt und ohne Abzeichen in Autos oder Kleinbussen mit abgedunkelten Fensterscheiben und ohne Nummernschild plötzlich auf der Bildfläche erscheinen.

10. Stanisláw Nikodímowitsch Bulák-Balachówitsch (1883–1940), weißrussisch-polnischer General, kämpfte im russischen Bürgerkrieg zunächst auf der Seite der Bolschewiki, dann auf der Seite der Weißen Nordarmee im Zusammenschluss mit deutschen Freikorps. Im Polnisch-Sowjetischen Krieg (1919–1921) kämpfte er mit einer Hilfstruppe auf der Seite Józef Piłsudskis. Im November 1920 proklamierte er sich für wenige Tage zum Präsidenten der provisorischen Regierung; er wurde 1940 von der Gestapo in Warschau ermordet.

11. Das »Weißrussische Haus« (*Belaruski dom u Warschawje*; auch »Belarussisches Haus« genannt), ehem. Villa des französischen Botschafters in ulica Kryniczna 6 im Warschauer Stadtteil Saska Kępa, ist ein weißrussisches Diaspora- und Kulturzentrum, von wo aus der Widerstand gegen die Regierung Lukaschenko vom Ausland aus unterstützt und z. T. auch organisiert wird. Ebenfalls hat hier seit 28. Februar 2022 ein Hilfszentrum für freiwillige Kämpfer in der Ukraine seine Arbeit aufgenommen.

12. *Belarúski Schljach* (»weißrussischer Weg«) bezeichnet einen Selbstfindungsprozess der Weißrussen in der Geschichte. Nach dem Vorbild der gleichnamigen Zeitung (1918) gründete Fábijan Akíntschyz 1931 in Vilnius eine pro-polnische weißrussische Organisation mit dem Namen *Wiedergeburt* und im Gefolge 1933 die Zeitung *Nówy Schljach* (»Neuer Weg«), welche die Konsolidierung der weißrussischen nationalistischen Bewegung einleiten sollte. Heute geht es neben der nationalen Selbstfindung auch um eine Agenda von Weißrusslands kultureller und politischer Annäherung bzw. Integration in die EU und evtl. die NATO, neben der außenpolitischen strategischen Wahl auch um westliche Werte.

13. *ByCovid19* (*By* steht als internationales Kürzel für Weißrussland) ist eine 2020 ins Leben gerufene Wohltätigkeitsinitiative zur Unterstützung der Ärzte mit notwendigen Materialien und medizinischen Geräten zur Vorbeugung und Behandlung von Corona-Infektionen.

14. *Dwor peramjén* (»Hof der Veränderungen«) ist der inoffizielle Name eines Anwohner-Innenhofes in Minsk, der sich im August 2020 während der Proteste nach der sechsten Wiederwahl von Lukaschenko zum Präsidenten in Weißrussland zum Treffpunkt für Oppositionelle entwickelte – andere inoffizielle Namen lauten: *Plóschtscha peramjén* (»Platz des Wandels«) und *Plóschtscha Di-Dschéjew* (»Platz der DJs«). Auf dem mit Mitteln der Anwohner errichteten Spielplatz fanden regelmäßig Konzerte und Lesungen der Oppositionellen statt, bis sie am 8. Mai 2021 durch Verhaftung von Wassílij Logwinow als beschuldigter Initiator endgültig unterbunden wurden.

15. Der Belowescher Urwald (*Belawéschskaja Púschtscha*) ist ein 876 Quadratkilometer umfassendes Naturschutzgebiet auf beiden Seiten der Grenze zwischen Weißrussland und Polen. Der Wald gilt als eines der letzten verbliebenen Urwaldgebiete in der gemäßigten Klimazone Europas. Der weißrussische Teil des als UNESCO-Weltnaturerbe anerkannten Gebietes steht als Nationalpark vollständig unter Schutz, auf polnischer Seite sind es nur 15 Prozent, der Rest des Waldes wird trotz Protesten und Klagen gerodet.

16. Dies ist der letzte Satz von *Metsch i plámja rewoljúzii* (»Schwert und Flamme der Revolution«), ein 1977 in der kulturpolitischen Zeitschrift *Njemán* (Nr 9/1977, S. 130–135) in Minsk veröffentlichter Aufsatz – quasi eine Lobeshymne – der späteren Literaturnobelpreisträgerin (2015) Swetlána Alexíjewitsch (*1948) zum 100. Geburtstag von Felix Dserschínskij, des Gründers und Leiters der bolschewistischen Geheimpolizei *Tschekà*. Der Artikel widerspricht so ganz ihrer heutigen antikommunistischen und friedensbewegten Haltung.

17. Wincenty Konstanty Kalinowski (weißruss. Kastuś Kalinoŭski, 1838–1864) war einer der Anführer des Januaraufstandes von 1863/64 gegen die Teilungsmacht Russland und gilt in Polen und Litauen sowie bei einigen Weißrussen als Nationalheld. Ob die unter den Pseudonymen *Jaśko haspadar s pad Wilni* (Jaska, der Gutsherr aus Wilna), *Ignat Witażenc* und *Wasyl Switka* verfassten Briefe ihm zuzuschreiben sind, ist heute umstritten.

18. *Moskál* ist ein von der Stadt Moskau abgeleitetes historisches, heute überwiegend negativ konnotiertes, Ethno-Stereotyp für Großrussen (im Vergleich zu »Kleinrussen« – Ukrainern und Weißrussen). Speziell waren und sind damit Soldaten gemeint, aber mit den üblichen

Verallgemeinerungen das gesamte Volk. Im Deutschen könnte man den Begriff mit »Moskowiter« wiedergeben.

19. Tamerlan (auch Timur Leng, »der Lahme« genannt, 1336–1405) war ein turko-mongolischer Militärführer und Eroberer. Über seiner Gruft im Gur-Emir-Mausoleum stehen die Worte: »Wer dieses Grab öffnet, wird einen Tyrannen entfesseln, der schlimmer ist, als ich es jemals war« (ihm werden 17 Millionen Tote in Zentralasien zur Last gelegt). Der Spruch wird heute als Fluch aufgefasst, der den Zweiten Weltkrieg ankündigte, da zwei Tage, nachdem der sowjetische Archäologe Michaíl Gerassímow sein Grab am 20. Juni 1941 öffnete, Hitler die UdSSR angriff. Als dann im Dezember 1942 die sterblichen Überreste Tamerlans in die Gruft zurückgebracht wurden, erlitt Hitler-Deutschland bei Stalingrad eine schwere, oft als kriegsentscheidend gewertete Niederlage. Die UdSSR hatte rund 27 Millionen Kriegstote zu beklagen.

20. RT (*Russia Today*) ist ein am 10. Dezember 2005 vom russischen Staat gegründetes und finanziertes Auslandsfernsehprogramm mit zugehörigen Nachrichtenportalen im Internet; es will nach eigener Aussage die »russische Sichtweise« auf das internationale Geschehen darstellen und ein Gegengewicht zu »westlichen Medien« bilden.

21. Die *Organisation des Vertrags über kollektive Sicherheit* (OVKS) ist ein im Jahr 2002 in der moldauischen Hauptstadt Chişinău gegründetes Militärbündnis, das von Russland angeführt wird. Oberstes Organ der OVKS ist der *Rat für kollektive Sicherheit*. Ihm gehören außer Russland noch Armenien, Weißrussland, Kasachstan, Kirgisistan und Tadschikistan an; ausgetreten sind Aserbaidschan, Georgien und Usbekistan; Serbien ist parlamentarischer Beobachter.

22. *Koljádki* sind »im Gehen gesungene Gesänge« mit volkstümlichen Texten und einem Refrain, eine alte ostslawische Tradition ähnlich den »Sternsingern«, die von Haus zu Haus gehen, dabei meist Weihnachtslieder singen und dafür etwas geschenkt bekommen.

23. Das Nonnenkloster zu Ehren der Ikone der Gottesmutter *Sporítelniza chlébow* (»Getreidesegnerin«) ist im mittleren Ural gelegen. Auf der Ikone ist die Muttergottes dargestellt, die in den Wolken sitzt und ihre Hände ausstreckt, um ein abgeerntetes Feld mit Garben und Blumen zu segnen. Die Ikone wurde 1890 mit dem Segen des Heiligen Ambrosius von Optina gemalt, der in der Provinz Kaluga hungerte. Der Festtag dieser Ikone (15. bzw. 28. Oktober) ist auf Beschluss des Patriarchen Alexij seit 1995 im russisch-orthodoxen liturgischen Kalender verzeichnet.

24. Mit »Feuertaufe« und »roter Tod« ist hier das Martyrium durch Verbrennen gemeint.

25. Dem geborenen Dragan Davidović wurde wegen »Ungehorsams gegen die kirchlichen Autoritäten« sowie »Verbreitens von Verleumdungen und Unwahrheiten« bereits 2010 sein Mönchstatus aberkannt und er wurde von der serbisch-orthodoxen Kirche exkommuniziert. Seither proklamiert er eine sog. »Wahre Serbisch-Orthodoxe Kirche«. Während der Corona-Pandemie trat er als vehementer Impfgegner auf.

26. Moses der Mohr (bzw. der Äthiopier oder der Schwarze, 320–390/395) war ein Einsiedlermönch in Ägypten, Glaubensbote bei den Sarazenen und späterer Bischof. Als Äthiopier hatte er dunkle Hautfarbe und wurde daher traditionell als »Mohr« dargestellt.

27. Gemeint ist der ehemalige Kremlberater Anatólij Boríssowitsch Tschubájs.

28. *Jábloko* (»Apfel«), offiziell: *Russische Vereinte Demokratische Partei Jabloko* (*Rossíjskaja objedinjónnaja demokratítscheskaja pártija Jábloko*), ist eine sozialliberale russische Partei. Von 1993 bis 2007 war sie in der russischen Staatsduma vertreten. Sie steht in Opposition zu Putin, tritt für die Rechte von Frauen, Alten und Minderheiten ein, fordert eine Steuerreform, freien Wettbewerb mit Unternehmerschutz, ein neues Rentensystem, aktive Sozialpolitik und steht für Antikommunismus.

29. *Emet* = »Wahrheit«

30. *Nowitschók* (»Neuling«) ist eine Gruppe stark wirksamer Nervengifte und -kampfstoffe der vierten Generation, die ab den 1970er-Jahren in der Sowjetunion entwickelt und mindestens bis in die 1990er-Jahre in Russland weiter erforscht wurden.

31. Gen-Z steht für »Generation Z« und bezeichnet junge Menschen, die zwischen den Jahren 1995/97 und 2010/12 geboren sind. Sie folgt auf die Generation Y (auch *Millennials* genannt) und ist die erste Generation, die mit dem *Smartphone* aufwächst.

32. Die Gruppe *Wojná* (»Krieg«) ist ein von Olég Worótnikow und Natálja Ssókol gegründetes russisches Künstler-Kollektiv, das mit Straßenkunst politische Provokation betrieb und durch Protestaktionen gegen die russische Regierung bekannt wurde. Zu den international bekanntesten ehemaligen Mitgliedern gehören Jekaterína Ssamuzéwitsch und Nadjéschda Tolokónnikowa – letztere beiden bekannt von dem »feministischen« *Performance*-Kollektiv *Pussy Riot.*

33. Gilgamesch, in der sumerischen Königsliste, in späteren Epen und anderen späteren Texten als ein früher König von Uruk genannt, war vermutlich

einer der wichtigsten Herrscher der Sumerer und wurde noch über viele Jahrhunderte in Mesopotamien verehrt und vergöttlicht. Uruk war in seiner Zeit, aber auch bereits davor das wichtigste städtische Zentrum in einem weiten Umkreis mit Arbeitsteilung, Handwerk und Bürokratie.

34. »Meinst du, die Russen wollen Krieg?« (*Chotját li rússkije wojný?*) ist der vielfach zitierte Titel eines Gedichts von Jewgénij Jewtuschénko aus dem Jahr 1961 im Kontext der angespannten Zeit des Kalten Krieges und im Vorfeld der Kubakrise. Jewtuschénko reagierte damit auf die »antisowjetische Hetze«, die er auf einer Reise durch Westeuropa und die USA erlebt hatte.

35. *Sobránije* = »Versammlung«

36. The Rockefeller Foundation / Global Business Network (GBN): *Scenarios for the Future of Technology and International Development* (May 2010), S. 18–19, https://www.nommeraadio.ee/meedia/pdf/RRS/Rockefeller%20Foundation.pdf

37. »Biocompatible near-infrared quantum dots delivered to the skin by microneedle patches record vaccination«, in: *National Library of Medicine. National Center for Biotechnology Information*, Published in final edited form as: Sci Transl Med. 2019 Dec 18; 11(523): eaay7162, https://www.ncbi.nlm.nih.gov/pmc/articles/PMC7532118/

38. Als *Speakeasy* (»Flüsterkneipe«, »Flüsterstube« oder auch als »Mondscheinkneipe« übersetzt) bzw. *Blind pig* wurden während der Alkoholprohibition in den USA von 1920 bis 1933 illegale Kneipen oder Clubs bezeichnet, in denen insbesondere hochprozentige Getränke, aber auch Bier, ausgeschenkt wurden.

39. Die *Brigade Asow*, anfangs *Bataillon Asow*, später *Regiment Asow* genannt, ist eine Fronttruppe der Ukraine, die im Ukraine-Konflikt seit 2014 sowie im Russisch-Ukrainischen Krieg gegen russische Truppen im Osten des Landes kämpft. Im Mai 2014 zunächst als Bataillon aufgestellt, wurde es noch im selben Jahr als Regiment in die Nationalgarde des Innenministeriums der Ukraine eingegliedert und gilt heute als (politisch rechts orientierte) Eliteeinheit.

40. Die Legion *Swobóda Rossíi* (»Freiheit Russlands«, auch »Freies Russland« oder »Freiheit für Russland«) ist ein Verband der ukrainischen Streitkräfte und dort Teil des internationalen Freiwilligenkorps, das im März 2022 – nach Beginn des russischen Einmarsches in die Ukraine – aufgestellt wurde. Sie besteht aus Überläufern der russischen Streitkräfte sowie anderen russischen und weißrussischen Freiwilligen, die zuvor nicht Mitglieder militärischer Formationen waren.

41. Die *Russische Kommunistische Arbeiterpartei der Kommunistischen Partei der Sowjetunion* (*Rossíjskaja Kommunistítscheskaja Rabótschaja Pártija w ssostáwje Kommunistítscheskoj Pártii Sowjétskogo Ssojúsa*, RKRP-KPSS) – bis 2012 bekannt als *Russische Kommunistische Arbeiterpartei – Revolutionäre Partei der Kommunisten* (RKAP-RPK) entstand im Oktober 2001 als Zusammenschluss der 1991 gegründeten *Russischen Kommunistischen Arbeiterpartei* und der ebenfalls 1991 gegründeten *Revolutionären Partei der Kommunisten*. Sie galt als Schwesterpartei der deutschen MLPD. Aus formalen Gründen wurde der RKAP-RPK im Mai 2007 vom Obersten Gerichtshof Russlands der Parteienstatus aberkannt. Die *Kommunistische Partei der Russischen Föderation* (KPRF) schätzte sie als revisionistisch ein. Bei den Wahlen zur staatlichen Duma 2003 rief sie allerdings dazu auf, die KPRF zu wählen.

42. Das Lewada-Zentrum (*Lewáda-Zentr – Levada Center*) ist ein 2003 gegründetes, nach seinem Gründer, dem ersten sowjetischen Professor der Soziologie, Júrij Lewáda, benanntes Meinungsforschungsinstitut in Russland, dessen Ursprünge bis auf das Jahr 1987 zurückgehen. Es gilt als einziges vom russischen Staat bzw. russischen staatlichen Investitionen unabhängiges Meinungsforschungsunternehmen. 2016 wurde das Lewada-Zentrum in Russland als »ausländischer Agent« eingestuft.

43. Iwán Alexéjewitsch Búnin (1870–1953), russischer Schriftsteller, Lyriker und Übersetzer. Bunin führte die Tradition der russischen realistischen Prosa des 19. Jahrhunderts fort, die das Leben im ländlichen und provinziellen Russland vor der Oktoberrevolution beschreibt. 1933 erhielt Bunin als erster Russe den Nobelpreis für Literatur.

44. *Piroschkí* (Piroggen, Siedegebäck) sind in erster Linie russische gebackene oder frittierte Hefebrötchen in Bootsform mit einer Vielzahl von Füllungen aus Fleisch und/oder Gemüse. *Piroschkí* sind ein beliebtes *Street Food* und Hausmannskost in Osteuropa.

45. Die *Kubánka*, eine zylinderförmige Pelzmütze mit rotem Stoffdeckel, ist eine verkürzte Form der *Papácha* und wurde traditionell von den Kubankosaken getragen. Schon im Ersten Weltkrieg und im Russischen Bürgerkrieg unter Weißgardisten und Rotarmisten verbreitet, wird sie im Konflikt in der Ostukraine seit 2014 gern von den Vertretern der Volkswehr der Volksrepublik Donezk und der Volksrepublik Lugansk verwendet.

46. Das Zitat stammt aus dem Gedicht *Zhálostj k Ewrópje* (»Mitleid für Europa«, 1929/30) von Borís Juliánowitsch Popláwskij (1903–1935), das den Untergang der *Titanic* als Vorankündigung zum Ersten Weltkrieg beschreibt.

47. Das »Denkmal für höfliche Menschen« (*Pámjatnik wjéschliwym ljúdjam*) im Zentrum der Stadt Simferopol auf dem Platz der Republik ist den »unmarkierten« Soldaten der Streitkräfte der Russischen Föderation gewidmet, die ohne Armeeabzeichen im Februar/März 2014 nach dem Machtwechsel in der Ukraine am Wiederanschluss der Krim an Russland beteiligt waren. Das Denkmal wurde am 11. Juni 2016 erröffnet und eine Inschrift angebracht: »Den höflichen Menschen von den dankbaren Bewohnern der Krim. 27.2.2014«.

48. Wladímir Wólfowitsch Schirinówskij (1946–2022), sowjetischer und russischer Rechtsanwalt und russischer Politiker, war der Gründer und von 1991 bis zu seinem Tod Vorsitzender der imperial-nationalistischen *Liberaldemokratischen Partei Russlands* (LDPR).

49. Das Lied *Wstawáj, rússkij naród* (1937) wurde zusammen mit der Kantate *Alexander Néwskij* für Sergéj Michájlowitsch Eisensteins Film *Alexander Néwskij* (1938) gedichtet; beide wurden von dem Komponisten Sergéj Prokófjew (1891–1953) vertont.

50. »Neue Welt« (*Nówyj Swjet*) ist ein berühmtes, heute noch bestehendes Weingut an der Ostküste der Krim. Der Ursprung liegt im Jahr 1878, als der russische Fürst Lew Sergéjewitsch Golízyn (1845–1915) in Sudak ein Landgut kaufte. Golizyn hatte durch viele Reisen sehr gründlich den Weinbau in Frankreich, Italien und Deutschland studiert, bevor er begann, auf seinem Besitz ein Weingut aufzubauen. Im Berg Koba-Kaja entstand eine große Kellerei für die Herstellung von Schaumwein. Bei Balaklawa (heute ein Stadtteil von Sewastopol), wo es ähnliche klimatische Verhältnisse wie in der Champagne gibt, ließ er schließlich die Weinberge für die Gewinnung von Sektgrundwein anlegen.

51. Dieser Name ist *Yehei*, nach der Erklärung der jüdischen Sekte *Chabad*, die u. a. in die Beilis-Affäre (Ritualmordprozess in Kiew 1911) verwickelt war: »Es ist bekannt, dass Zeir Anpin in seinem unreifen Zustand zunächst drei Facetten der Intelligenz besitzt, die sich in drei Namen von Elokim ausdrücken: buchstabiert mit dem Buchstaben *Yud*, buchstabiert mit dem Buchstaben *Hei* und buchstabiert mit dem Buchstaben *Alef*. Diese drei Buchstaben bilden das mnemonische Akronym *yehei* (was bedeutet: ›Es möge sein‹)« (übersetzt nach https://www.chabad.org/kabbalah/article_cdo/aid/380180/jewish/Caught-By-the-Throat.htm).

52. Fürst Grigórij Alexándrowitsch Potjómkin an Katharina II., 14. Dezember 1782.

53. »Philosophendampfer« bzw. »Philosophenschiff« wird eine Aktion der bolschewistischen Regierung Sowjetrusslands genannt, bei der missliebige Intellektuelle im September und November 1922 per Schiff außer Landes gebracht wurden. Der Urheber der Ausweisung, Lenin, bezeichnete dies als »langfristige Säuberung Rußlands«.

54. *Der Bund der russischen Solidaristen e.V.* (russ. *Naródno-Trudowój Ssojús rossíjskich solidarístow* – NTS; wörtliche Übersetzung: »Volksarbeitsbund«) ist eine Organisation von Exilrussen in Deutschland. Im Zweiten Weltkrieg arbeitete der NTS eng mit der Russischen Befreiungsarmee (ROA) um General Andréj A. Wlássow zusammen. Der Verein betrieb Infiltrationsarbeit in der Sowjetunion durch Untergrundgruppen und Flugblattaktionen, betrieb einen eigenen Verlag (Possev) mit in der UdSSR verbotener Literatur und gab eine gleichnamige Zeitschrift *Possjéw* (»Aussaat«) heraus.

55. *Oj, ty Halja* = »Oh, du Halja«

56. *Berkút* (»Steinadler«) war eine aus dem sowjetischen OMON hervorgegangene taktische Spezialeinheit der ukrainischen Polizei, die dem Innenministerium unterstellt war. Ihr Aufgabenbereich lag in polizeilichen Sonderlagen wie Überwachung von unfriedlichen Menschenansammlungen und Eindämmung von Krawallen sowie Terrorismusbekämpfung. Wegen ihrer umstrittenen Rolle auf dem Euromaidan wurde sie am 26. Februar 2014 aufgelöst. Auf der Krim besteht seit März 2014 wieder eine *Berkut*-Einheit, die dem russischen Innenministerium unterstellt ist.

57. Mit Iskander dem Gehörnten ist im Koran Alexander der Große gemeint. Er ist nicht der *katéchōn*, der »Aufhalter« aus dem Thessalonicher-Brief, aber strukturell ist diese Legende eine Beschreibung der Funktion eines Reiches zur Eindämmung infernaler Mächte.

58. Zitat aus Gottfried Benn, Gedicht *Durch jede Stunde* (1933).

59. *Slúschba bespéky Ukrajíny* (»Sicherheitsdienst der Ukraine« – SBU) ist als Inlandsgeheimdienst eine Nachfolgeorganisation des KGB der Ukrainischen Sowjetrepublik mit Sitz in Kiew, er entstand durch einen Beschluss der *Werchówna Ráda*, des ukrainischen Parlaments, am 20. September 1991.

60. Das Sankt-Georgs-Band (auch »Georgsband« oder »Georgsbändchen« genannt) mit drei schwarzen und zwei orangen Streifen, ist ein russisches militärisches Abzeichen, das noch aus dem Zarenreich stammt. Im heutigen Russland ist es seit 2005 das wichtigste Zeichen der Erinnerung an den Sieg im Deutsch-Sowjetischen Krieg. Seit den regierungskritischen

Massenprotesten 2011 und 2012 in Russland und dem Krieg in der Ukraine seit 2014 dient das Georgsbändchen auch als Zeichen der Unterstützung des politischen Kurses der russischen Regierung und des Präsidenten Wladímir Putin.

61. Für die Heiligsprechung der Zarenfamilie wählte die russisch-orthodoxe Kirche die Kategorie *strastotérpzy* (»Leidensdulder«), eine feine, aber wichtige Abstufung zum »Martyrer«.

62. *Mogíla* (ukr. *mohíla*) = »Grab«

63. *Beschbarmák* (»Fünf Finger«) ist das Nationalgericht der nomadisch lebenden Turkvölker in Zentralasien und Teilen von Russland, die ihre Mahlzeit normalerweise mit bloßen Händen aßen. Das gekochte Fleisch wird dabei mit einem Messer in feine Stücke geschnitten, mit gekochten Nudeln gemischt und mit einer Zwiebelsauce abgeschmeckt. Es wird gewöhnlich zusammen mit *Chorba,* einer traditionellen Suppe mit Schaffleisch, serviert.

64. *Mánty* (oder türk. *Mantı*) sind kleine mit Hackfleisch oder Linsen gefüllte Teigtaschen. In der türkischen Küche gelten *Mantı* als Spezialität der Provinz Kayseri. Sie sind auch in Russland, der Ukraine, Armenien, in Zentralasien (unter anderem Usbekistan) und anderen Teilen Asiens verbreitet. Als ein Nationalgericht gelten sie zum Beispiel in Kasachstan.

65. Die *Kossoworótka* (wörtl. »schräger Kragen«), ein Element der traditionellen russischen Männerbekleidung, ist ein Hemd, dessen Halsausschnitt nicht mittig, sondern seitlich versetzt angeordnet ist. Sie wurde als Oberhemd wie auch als Unterhemd getragen. Wenn über der Hose getragen, wurde sie oft mit einer Art Stoffgürtel mit Fransen umschnürt, dessen Knoten auf die linke Seite zu liegen kam.

66. *Tschórnyje ssótni* (»Schwarzhundertschaften«) wurden monarchistisch-nationalistische Organisationen bzw. deren Vertreter aus allen Schichten der Bevölkerung in den letzten Jahrzehnten des Bestehens des Russischen Reiches genannt, wie die *Russische Monarchistische Partei*, der *Bund des russischen Volkes* von Alexánder I. Dubrówin (1855–1921) oder der *Erzengel-Michael-Bund*, die sich um die von Sergéj S. Uwárow (1786–1855), Bildungsminister unter Zar Nikolaus I., ausgegebene Losung »Orthodoxie, Selbstherrschaft und Volkstümlichkeit« scharten.

67. *Grad* (»Hagel«) steht für das BM-21, ein Mehrfachraketenwerfersystem im Kaliber 122 mm, das in der Sowjetunion entwickelt wurde. Der GRAU-Index lautet 9K51 Grad. BM ist eine Abkürzung für *Bojewája maschína* (»Kampffahrzeug«).

68. Die großen Steinfiguren wurden um 1200 n. Chr. von den turksprachigen Kumanen, die von 1055–1240 n. Chr. Südrussland beherrschten, an markanten Punkten in der Steppe aufgestellt. Es sind Darstellungen von Frauen und Männern in ihrer jeweiligen Tracht und Bewaffnung, die als Heimstatt für die Seelen der Verstorbenen angesehen wurden. Die Figuren halten jeweils mit beiden Händen ein Gefäß vor dem Leib, wohl als Symbol für die Teilnahme der Toten an einem Umtrunk.

69. Das HIMARS (Akronym für *High Mobility Artillery Rocket System*) ist ein leichtes Mehrfachraketenwerfer-Artilleriesystem auf einem Lastwagenfahrgestell des Herstellers *Lockheed Martin*. Die Typenbezeichnung des US-amerikanischen Militärs lautet M142.

70. *Naródnyj front* = »Volksfront«

71. »Wenn jeder im Dorf einen Faden spendet, erhält der Nackte ein Hemd« – russisches Sprichwort

72. Nach Wladímir Iljítsch Lénin benannt, den man umgangssprachlich nur mit seinem Vatersnamen bezeichnete

73. Der *FBS-Block* ist eine Fahrzeugsperre; wenn er nicht als passive Sperre im 1,20 m Abstand steht, ist er das Grundelement für die Durchlasssperre.

74. Der Name leitet sich von *schúba* (»Pelzmantel«) ab.

75. Die »Allee der Engel« (*Alléja ángelow*) bezeichnet eine Gedenkstätte im Kultur- und Erholungspark von Donezk, die unter anderem aus einer Steintafel mit den Namen der Kinder besteht, die seit Beginn des Ukraine-Konfliktes im Jahr 2014 getötet wurden. In den acht Jahren fielen mindestens 152 Kinder im Donbass dem Konflikt zum Opfer.

Inhalt

Über den Autor

Ilia Ryvkin wurde am 2. Dezember 1974 im russischen Petrosawodsk geboren und lebt derzeit in Berlin.

Als Journalist und Dramaturg erhielt er zahlreiche Auszeichnungen und Stipendien. Ryvkin ist als Korrespondent für Osteuropa und Zentralasien tätig. Seine Lyrik und Kurzprosa erschienen auf Deutsch wie Russisch in mehreren Ländern in literarischen Sammlungen und Anthologien. Darüber hinaus sind zwei lyrische Monografien erschienen: *manifest fronta rastenij – pflanzen-front-manifest* und *Poverchnostnosti*.

Als Bühnenautor hat Ryvkin mehrere Theaterstücke geschrieben, darunter »Paranoia Schwein« (2018), »Die fatalen Eier« (2021) und in Co-Autorschaft »Leute« (2022). Bei der 7. Berliner Biennale für zeitgenössische Kunst hat er – zusätzlich zu seinen eigenen Beiträgen – ein Seminar für zeitgenössische russische Poesie kuratiert.

Ryvkin ist zudem im Bereich der darstellenden und visuellen Kunst tätig und organisierte im November 2015 im Rahmen seines Projekts »Kunst schafft Verständigung« eine gemeinsame Ausstellung junger Künstler im Museum für zeitgenössische Kunst in Odessa.

Sigismundo, after that wreck in Dalmatia.
Sunset like the grasshopper flying.

Ezra Pound

Eine Kugel kennt weder links noch rechts.
Die Tradition jedoch schon,
was sie in die Nähe des Todes rückt,

jenes Meisters des Subtrahierens und Teilens,
dessen Geschichte zu erzählen heißt

immer etwas abzuziehen,
dem Textmassiv nichts hinzuzufügen,
wie es beim Prosaschreiben der Fall wäre.

Nur pfeifen, zwitschern, nur ein Lied singen
voller Mängel, Fehler, loser Buchstaben,

jene Saat aus Elementarteilchen,
die in Kornblumen, in Brennnessel, Weidentee oder
Wegerich stecken bleiben,

in einem Friedhofsengel.

Leicht wie ein Kind beim Fangenspiel
kann er dich berühren und ist gleich wieder fort,
denn du bist es jetzt

— der Tod, —

und du läufst, du suchst in der Dunkelheit
nach jemandem, den du berühren kannst.

Arme breit der Nacht entgegengestreckt,
streifst du in den ewigen Gefilden umher,
ein verschollenes Kind.

»Halt!«, rufe ich, „Wie vor einem süßen
Blumenduft scheu bleibst du hier fern!

Einer, der alle Helden erschlug,
wagte es nicht, in ihre Nähe zu treten,

der Rose von Mariupol. Ich schrieb über eine
Rose. Da war eine junge Griechin,

an einem jener Vormittage,
an denen sich nichts ereignet,
da alle Dinge versuchen, wetterbedingt

ihre angeschwollenen Umrisse
aus der Welt zu ziehen,
pflegte sie Rosen in ihrem zerbombten Garten.

»Schwinde, Kraft der Rose von Mariupol«,
rufe ich.
Und Alberichs Gelächter verstummt.

»Er ist nicht mehr da, der Meister der Teilungen«,
sagt meine Frau zu mir,

während unser Kahn auf mäandernden Pfaden
durch Schlingpflanzen und Schwanenflaum Bahnen
zieht.

»Keiner ist da, mein Herz«, antworte ich,
»So gib mir die Hand, deine weiße Hand.«

Lübben, 23. August 2023

Impressum

Bibliographische Informationen der Deutschen Nationalbibliothek,
abrufbar unter http://dnb.ddb.de

Buchgestaltung und Satz: Keilergrafik, Murrhardt
Umschlag, Vor- und Nachsatzblätter: Alexey Belyaev-Gintovt

Ilia Ryvkin
Russendämmerung
296 Seiten, Dresden 2023
1. Auflage 2023

Das Lektorat besorgte Christina Brock (www.textschluessel.de).
Als Korrektor unterstützte außerdem Julia Schütrumpf.

ISBN: 978-3-948145-26-2